刑事眼《デカガン》

伝説の刑事の事件簿

三沢明彦
Akihiko Misawa

東京法令出版

刑事眼《デカガン》

―伝説の刑事の事件簿―

序

鷹の眼と蟻の眼——鑑識の世界に伝わる言葉である。

現場を大きく見渡して事件の全容をつかむ。なぜあの被害者に、あるいは家に犯人が狙いを定めたのか。どこから侵入してどこに去ったのか。前足と後ろ足である。動機は何だろう。現場にカンがあるのか。街全体を頭に描きながら、なぜ、そしてどのようにホシ（犯人）が犯行に及んだのかを推理する。鷹の眼である。

そのうえで、現場周辺を徹底的に観察する。鑑識ならば床に這いつくばり、蟻の眼で髪の毛一本見落とさない。刑事なら現場百遍。行き詰まったときには現場に戻る。一軒一軒丹念に聞き込みを続ける「地取り」は捜査の基本である。手抜きをすれば、もはやプロではない。刑事《デカ》と名乗れなくなる。

何千人もの泥棒の手口を記憶する手口捜査官、モサと呼ばれる凄腕スリとの真剣勝負に賭ける刑事、雑踏から手配犯をあぶりだす見当たり捜査官……。本書に登場する刑事たちは師匠の技を盗み、厳しい現場で長年鍛え上げられ、ようやく「自分は刑事だ」と胸を張れるようになったのだという。スリ刑事は「現場を捨てたら眼が死ぬ」と話した。

それはまさに職人の世界である。

彼らは「眼」がすべてだと口をそろえる。現場に残されたわずかな特癖を見逃さない。かすかに視線が落ちる「スリ眼」を拾う。何時間にも及ぶ尾行では、ホシの心を読んで、だまし、だまされあいの心理戦を繰り広げる。

自らの眼を信じて、ひたすらホシを追い続ける伝説の刑事たち。愚直なまでの彼らの生き方は、低迷する日本社会に「本物のプロとは何か」と問いかけている。

平成二二年四月

三沢　明彦

目次

序

第一章　形無きを見る……1
明治維新後、日本警察の礎を築いた川路利良（大警視）は探索の心得として「声なきに聞き、形無きを見る」と語った。泥棒の手口には癖がある。それは「無形の遺留」とも言われる。手口捜査官は現場の無言の声に耳を澄ます。

第二章　無用の用……39
「無用の用」とは荘子の言葉。一見無意味と思われることもいつかは役立つ。この世に無意味なものはない。手口捜査官はそう信じ、泥棒にまつわる情報を丹念にメモしてきた。それがやがて生きることになる。

第三章　泥棒語り……65
全国を渡り歩いた大泥棒がいた。彼は旅先から刑事に手記を送り続けた。自分の話を真剣に聞いてくれる相手は結局、刑事しかいなかったのである。三冊の大学ノートには闇に生きた男の深い孤独がにじんでいた。

第四章　一瞬に賭ける……91
時効という言葉が嫌いや。見当たり捜査官はそう言った。何百人もの手配犯の顔を頭にたたき込み、雑踏から探し出す。特別な能力なんていらん。ひたすら写真を見て、現場に出る。見当たりばかですわ。

第五章　落ちる眼、スリ眼を追う……127
腕のいいスリはモサと呼ばれる。スリの刑事は獲物を狙って落ちる視線を拾う。それがスリ眼である。彼らは師匠の背中を見ながら、何年もかかってモサと対決する技を自分のものにする。まさに職人の世界である。

第六章　真剣勝負を捨てたら、眼が死ぬ……195
獲物に当たらない日々。スランプに陥ったとき、上司に「的《まと》やれ」と命じられた。自宅から尾行しろ。罠を仕掛けろということだ。しかし、スリ刑事には現場勝負こそが命。彼は拒絶した。弟子が俺の背中を見ている、と。

第七章　鷹の眼と蟻の眼……253
なぜ、なぜ、一体なぜこの家が狙われたのか。カラ（未遂）を踏んだなら、なぜ中断したのかを考える。現場に立った刑事は何度も自分に問いかけるのだという。「なぜ」から始まる泥棒刑事の眼は捜査の基本である。

第八章　答えは現場にある……299
捜査に階級は関係ない。偉いのは強い刑事。被疑者を落とせる刑事。泥棒刑事は捜査を狩りに例えた。相手に気付かれれば逃げられる。ライオンはどんな小さな獲物でも手を抜かない。デカも同じだ、と。

あとがき

第一章　形無きを見る

事件《ヤマ》しょった、いい泥棒が少なくなった。昔は泥棒にもこだわりがあった。いい泥棒もいなくなったけど、いい刑事も育たなくなった。いい泥棒がいい刑事を育てるもんだ。これも時代かねぇ。

◇

おれの手口捜査は麻雀に例えれば両面待ちよ。どんな細かな情報でも聞く。現場をじっくり観察する。でもね、それだけだと単騎待ち。こいつは刑務所にいるのか、外に出てるのか、やつらの動向をじっとうかがっているのよ。それができて初めて両面待ちになる。

◇

やつは尾行に気付いていた。でも振り切ったと思ったときに油断が生じるのよ。そこにつけこむ。尾行は駆け引きだよ。

◇

泥棒の世界はおもしろい。いろんなやつがいる。嫌いなやつも確かにいる。でもどうしても憎めないやつもいる。信用できるやつだっていないわけじゃない。奥が深い。だからやめられない。幸か不幸か、泥棒の世界にのめり込んじゃったんだよ。

闇に消えた三〇二号

昭和三九年冬。東京オリンピック景気に沸いた東京の下町には、地面を激しくたたきつける冷たい雨音だけが響き渡っていた。東海道新幹線や首都高速道路が整備され、都心は急速に変貌を遂げつつあった。しかし、隅田川を渡り、荒川を越えて千葉方面に向かうほどに、下町のあちこちには雑草が生い茂る空き地が目立ってくる。

前年の昭和三八年には吉展ちゃん誘拐殺人事件、埼玉県狭山市で一六歳の女子高生が殺害された狭山事件が起きていた。高度成長は一方で公害を生み、都市と農村の格差を広げながら、庶民の生活、風俗、そして犯罪の形態までも変えていったのである。五輪閉幕とともに景気後退局面に突入した日本は、戦後の凄惨な記憶を少しずつ消し去りながら、いまだに混とんの真っ只中にあった。

その夜、東京湾へと注ぐ荒川の黒々とした流れはいつもより速いようだった。住民たちは何も知らずにぐっすりと寝込んでいるのだろう。街に人の気配はない。しかし、漆黒の闇の中には、息を殺してじっと獲物を狙う男たちがあちこちに潜んでいた。

荒川近くに軒を並べる小さな商店街の周辺には、警視庁城東署の刑事たちがひそかに配置されていたのである。

捜査三課の応援を得て、今日は張り込み初日だ。緊張の日々はおそらくこれから何日も続くのであろう。必要なのは忍耐。そして犯人《ホシ》は必ず現れるという信念なのである。刑事たちはその覚悟を固めていた。

狙いは一人の泥棒であった。昭和三〇年から連続発生する盗犯情報第二号事件ということで、ホシは三〇二号と呼ばれていた。住人たちが寝静まった夜、民家にこっそりと忍び込む。彼らは「のび師」と呼ばれていた。

指紋が残るのをおそれて、手に触れたものをすべて風呂の残り湯の中に放り込む。それが三〇二号の手口の特徴であった。新宿や牛込辺りの犯行が多い。しかし、前科前歴もないのだろう。捜査三課が共同捜査本部を設置して何年も追ってきたのに、いまだに正体は分からない。常習窃盗犯の癖が書き込まれた犯罪手口原紙をいくらめくってみても該当者はヒットしない。現金しか盗まないので、質屋への品触れも出せない。盗品からたどる「なし割り捜査」の出番も回ってこなかった。

ここ何年かは動きがぴたりと止まっていた。しかし、そいつが再び動き出したのである。久しぶりの連続発生だ。しかも新宿ではなく、下町に姿を現した。

果たして三〇二号は罠にかかってくれるのだろうか。うまくいけば大金星になる。泥棒担当の刑事たちは口には出さないものの、だれもがひそかに闘志を燃やしていた。これは競争だ。勝負なのだ。これほどの大手柄を他の刑事に奪われてなるものか。

強烈なライバル心。それが猟犬の本能なのだ。

その思いはみんな同じだった。

おれの張っている所へ来い、おれの前に姿を見せてみろ、このおれがおまえの両手に手錠をかけてやる、と――。

都電・葛西橋駅からほど近い商店街の一角にある米穀店の応接間には、二人の刑事が入り込み、暗闇の中でじっと様子をうかがっていた。何時間経ったのだろう。突然、「ピーン」という甲高い音が沈黙を破った。なんだろう。おかしい。ガラスが割れたのか。ひびが入った音のようだ。

刑事たちの頭が闇の中で同時に動いた。音は廊下の向こうの風呂場からだ。来たか。刑事たちは息を止めた。

しかし、動きはない。再び闇と沈黙に覆われた。

いや何かが起きている。刑事は異変を確信していた。ドアの隙間から目を凝らしていると、しばらくして風呂場のガラスの向こうにかすかな光が流れた。懐中電灯のようだ。音もなく風呂場の戸が開いた。弱い光が廊下を照らした。ふわりふわりとその光が近づいてくる。応接間のドアが静かに開いた。そこからすっと手が伸びた。

来た。刑事はとっさにその手をつかもうとした。

だが、一瞬タイミングが早かった。男は刑事の手を振り払って身を翻すと、脱兎のごとく風呂場に向かって走り出した。刑事たちもあわてて後を追う。男は風呂場の高窓から飛び降りた。向こう側は幅一メートルもない狭い路地だ。刑事も後を追って飛び降りる。

しかし、風呂場の外壁には自転車が立てかけてあった。刑事はその上に転落し、足を絡め取られて動けなくなった。けがを負ったようだ。その場にうずくまる刑事の背中を踏み台に、もう一人の刑事が路地に飛び出して追跡しようとした。

路地の真ん中にも別の自転車が倒れていた。三〇二号が追跡を振り切るために倒したのだろう。もたついているうちに、男の後ろ姿は闇に溶け込んでいた。

米穀店から五〇〇メートルほど離れた鮮魚店には、城東署の若き刑事・坂本満が張り込んでいた。無線で犯人逃亡を知り、あわてて外に出た。坂本だけではない。周囲の商店に潜んでいた刑事たちもまた雨の街に一斉に飛び出した。が、すでに遅かった。緊急配備も空振りに終わった。降りしきる激しい雨が逃走ルートの足跡さえもぬぐい去っていた。

極悪非道な泥棒たち

その年、城東署管内で起きた六件の被害が三〇二号の犯行であると主張したのは、ほかでもない、まだ弱冠二七歳の坂本満だった。

それには理由があった。手口に特徴があったからだ。ターゲットは米穀店、鮮魚店、酒店など現金扱いの商店に限られていた。全体的に物色が荒い。しかし、逃げ道の確保は入念に準備している。

そして、自分が手に触れたものはすべて浴槽に放り込む。もちろん指紋を残さないためだ。

何年かぶりに姿を現したのび師の痕跡は、城東署だけでなく、警視庁捜査三課の刑事たちをも緊張させた。坂本の意見が通り、犯人が狙いそうな場所で待ち伏せをかける「よう撃捜査」を行うことが決まった。張り込み場所は、新米刑事の坂本が選んだ。

読みは確かに当たっていた。逮捕まであと一歩のところまで迫った。だが、そこまでだった。彼は再び闇の向こうに姿を消した。警察は千載一遇のチャンスを生かせなかった。敗北である。三〇二号の方が一枚上手だったのである。

翌日、坂本が現場を検証すると、一軒置いて向こうの八百屋も直前に被害に遭っていたことが分かった。そして、米穀店の隣家の縁の下からは百円玉を棒状に積んだ釣り銭が何本も見つかった。おそらくは、米穀店でもうひと稼ぎした後に取りに戻ろうとして隠しておいたのだろう。

どこまでも用心深いホシだった。

この事件後、三〇二号は動きを止めた。

しかし、この話はまだ終わらない。

因縁なのだろうか。それから二〇年近くの歳月が経ったころ、坂本は「三〇二号に違いない」と思うホシに遭遇したことがある。それまでも「もしかしたら」という被害は時折発生していた。しかし、手がかりはなく、相変わらずその正体は謎のままだった。

東京・桜田門の警視庁本庁舎五階。刑事部捜査三課の部屋で、警部補に昇任した坂本は、綾瀬署の現行犯逮捕の報告書を一瞥して、「おっ」と思わず声を出した。手口が三〇二号に酷似している。たまたま逮捕されたようだ。綾瀬署の盗犯係にすぐに問い合わせてみた。年格好も合う。当たりかもしれない。

男は住居侵入については認めたものの、窃盗となると完全黙秘だという。相当にしぶとい。刑事と向かい合っても全く動じないという。

ホシは落ちなかった。結局は、住居侵入という微罪での起訴に終わった。この時もまた、坂本は指をくわえて見ているしかなかった。

「あいつが三〇二号に間違いない。おれには分かる。その後、立川署でも捕まったが、本件以外は何もしゃべらなかった。

こいつはね、ある殺人事件に絡んでいるかもしれないということで、捜査一課の取調べを受けたことがある。でもシロクロはつかなかった。他の県の殺人事件でも名前が浮上してたたかれた。結局何もしゃべらない。落とすことができなかった。やっていたのかもしれない。違うのかもしれない。しかし、二度も殺しの捜査線上に浮かんだことは事実だ。それほどのワルだった。

〝のび〟はこわいよ。家人に気付かれると、居直り強盗になることもあるから。そして時には殺しになることだってあるんだから」

三〇二号のことはもはや思い出したくないと言う。憎しみさえ感じる、とも。

逮捕できなかったからだけではない。殺人事件にかかわったかもしれないと思うと、許せなくなるからだ。

「仁義も何もない。外道だ」と。

そう言えば、坂本にはもう一人心の底から憎んでいる泥棒がいる。

平成一四年八月、千葉県松戸市のマブチモーター社長宅を襲い、妻と長女を殺害した犯人・小田島鉄男である。ネクタイで首を絞めて殺した後、貴金属を奪って家に火を放った。それだけではない。もう一人の男と組んで、千葉と都内でほかにも二件の強盗殺人を繰り返した。極悪非道の犯行である。

ずいぶん昔のことになる。

坂本は小田島を逮捕し、取り調べたことがあった。やはりのび専門だった。そのときはかなりの余罪を自供した。マブチモーター社長宅の強盗殺人事件で逮捕された直後、「どうやって落としたんですか」と千葉県警の捜査員から尋ねられたことがあった。

でも答えようがなかった。特別なことがあった訳じゃない。とにかく印象の薄い野郎だったから。

「小田島の取調べに苦労した記憶もない。でも、刑務所でいろいろなことを覚え、その後手口がどんどん荒っぽくなった。刑務所では服役者同士で情報を交換する。どこに金があるか。狙いやすい所はどこか。一発で大金を稼ぐ方法はないかってね。大抵は手口がエスカレートする。三〇二号もそうだけど、大嫌いな連中だ。泥棒なんてしょせんろくなもんじゃない。それでも、なかには人情の分かるやつだっている。刑事と心が通うやつもいる。でも人の命を何とも思わん、そんなクズ野郎どもは大嫌いだ。やつらのことなんか、今は思い出したくもない」

極悪非道な泥棒たちの話に及ぶと、坂本はとたんに機嫌が悪くなる。

両面待ちで追いつめる

坂本の顔に刻まれたしわは、泥棒刑事一徹の人生を物語っている。しかし、こわもてではない。はったりもない。むしろ柔和なイメージである。

現役時代、彼の頭の中には二六〇〇人の泥棒の顔、名前、手口などがたたき込まれていた。警察署の刑事として泥棒捜査の現場に身を置き、四〇歳を過ぎてから捜査三課の手口捜査（常習者対策）担当となった。

警部となって六〇歳で定年となった後も、捜査三課に残って、後輩の相談に乗りながら、泥棒をひたすら追い続けてきた。人生のすべてを泥棒捜査に注ぎ、引退後の今は、悠々自適の生活を送っている。

決して鬼刑事ではない。

ホシの不幸な生い立ちに涙したことも一度や二度ではない。

情にもろいのだ。

取り調べた相手に「親父さん」と慕われることも多かった。

「でもね、刑事と泥棒はしょせんだまし合い。人情家のように振る舞っても、あくまでもホシを落とすため。どこかで計算しているのよ」と彼は言う。

泥棒との対決の長い歴史を語るとき、優しい眼に一瞬厳しい光が宿る。そして笑いながら、いつもこう締めくくるのだった。

「泥棒の世界はおもしろい。いろんなやつがいる。嫌いなやつも確かにいる。でもどうしても憎めないやつもいる。信用できるやつだっていないわけじゃない。奥が深い。だからやめられない。幸か不幸か、泥棒の世界にのめり込んじゃったんだよ」

しかし、話の途中で、

「事件《ヤマ》しょった、いい泥棒が少なくなった。何百件という余罪のある三桁（みけた）ボシがね。昔は泥棒にもこだわりがあった。こう言っちゃなんだが、プロ意識のようなものがあった。のびはのび。あき（空き巣）はあき。人は傷つけない。もちろん許されることじゃないけどね。

でもね。いい泥棒もいなくなったけど、いい刑事も育たなくなった。ヤマしょったいい泥棒がいい刑事を育てるもんだ。これも時代かねぇ」

と深いため息を漏らすこともあった。

警視庁捜査三課で手口捜査を担当していたころ、毎朝出勤すると、所轄の刑事が坂本の登庁を待ち受けていたものだ。管内の泥棒被害を説明し、「いったい犯人は誰なんでしょうか」とお伺いを立てるために。

この手口はだれなのか。刑事の話にじっくりと耳を傾け、坂本は腕組みしながらじっと考え込む。

あいつは今、刑務所に沈んでいる。やつは都内にはいないはずだ。あいつはもう年だろう。仕事はできない。しかし、やつならば、刑務所を出所したばかりだな……。大勢の泥棒の顔が浮かんでは消え、浮かんでは消え。一人ずつ消していき、最後に一人の男の名前が残る。そして、長い沈黙のあとに坂本が重い口を開く。

「それはおそらく○○ですね。裏取れたら的《まと》かけましょう」

現場の状況を聞き取りながら、都心の闇に巣食う二六〇〇人の泥棒の中から、手口を頼りにたった一人の常習窃盗犯を捜し出す。それが手口捜査である。「的割り」とはその一人に絞って尾行や張り込みを続ける捜査手法だ。

所轄の刑事はひたすら驚くばかりである。でもそれが的中するのだから、坂本のもとには、毎朝所轄の刑事が競うように押しかけてきたのもうなずける。

自分の手でホシを捕まえたい。他署に負けたくない。強烈なまでの競争心。それこそが刑事魂だろう。所轄の刑事にとって、坂本詣でこそが、その第一歩だったのである。

「大勢の泥棒がいたとしても九〇パーセントはゴミ。捜査三課が年がら年中見ている必要はない。おれの手口捜査は麻雀に例えれば両面待ちよ。

一つは情報。泥棒が捕まると所轄から犯罪手口原紙が送られてくる。そのときの取調官から話を聞くのよ。犯行にまつわるどんな細かなデータでも聞いておく。癖でも何でも、どんなことでもいい。取調べの様子も。ホシに関する情報を徹底的に収集すること。それが大切なことなんだ。そして現場をよく見ておくこと。

だけどその情報だけだと単騎待ち。もう一つは、そいつが今どこにいるか、いつも見続けていること。刑務所にいるのか、どこに住んでいるのか。もし刑務所にいないのなら、どこかでそいつの手口が起きていないか、いつも目を皿のようにして全国の被害状況を見ている。これはあいつの仕業なのか、どうなのか。動き始めたのか、眠っているのか。やつらの動向をじっとうかがっているのよ。それができて初めて両面待ちになる」

所轄という第一線の現場に長年身を置いてきたからこそ、手口を見る眼力も鍛えられたのだろう。

無形の遺留を見落とすな

刑事の世界では「現場百遍」と言われる。

確かに現場は多くのことを語りかけている。

指紋があり、足跡がある。さまざまな微物も検出される。犯人を指し示す証拠の宝庫である。

もちろん、こうした現場資料、物証の採取は欠かせない。

しかし、それだけならば現場の声をすべて聞き取ったとはいえない。犯行場所、侵入経路、侵入方法、物色のやり方、逃走の方法……。現場で手口をじっくりと観察することで、常習窃盗犯の顔が浮かび上がってくるのである。

手口とは犯人の習癖である。常習窃盗犯の場合、過去の体験から成功率の高い方法を体得している。捕まらずに金品を手にするにはどうしたらいいか。人間はこだわりを持ち続ける生き物だ。だから手口に反復性、慣習性がみられるのである。それこそが、犯罪手口が「無形の遺留」といわれる由縁なのである。

かつての名探偵、名刑事は無意識にであっても、手口捜査を実践していた。このやり方ならあいつ、この癖はやつにしかない。頭の中に過去のデータを蓄積し、その引き出しの中から容疑者を見つけ出していたのである。

ここで犯罪手口制度について振り返っておこう。

日本では大正六年、刑事被告人原紙取扱規程が定められ、犯罪常用手段欄の記載がスタートした。そして昭和一一年、強盗、窃盗、詐欺の三罪種の犯罪手口制度が全国で統一化され、昭和五七年に性的犯罪が加わって四罪種に。平成元年には殺人、放火、誘拐、恐喝がプラスされて八罪種になって現在に至っている。

犯罪手口制度は長い間、犯罪手口原紙と被害通報票が二本柱だった。手口原紙には、警察に検挙された常習者の氏名、生地、職歴、身体特徴、方言など基本的な個人データのほか、侵入、物色、逃走、その他の特癖事項、犯歴などが記録されている。筆跡を押さえるための自署欄もある。

一方の被害通報票には未解決事件の手口が記録されている。いわば表裏の関係で、この二つを重ね合わせることによって、犯人が割り出されるのである。

複数県にまたがって犯行を重ねる可能性がある被疑者の犯罪手口原紙は警察庁にも送られ、昭和四一年以来コンピュータに記録されてきた。すべてコンピュータ化されるのは、平成一六年になってからだ。この時から、二本柱はそれぞれ犯罪記録、被害記録と呼ばれるようになった。

オールジャパンの心意気

都道府県警の手口捜査官は管轄区域を越え、全国のどこでどんな特異被害が発生しているのか、リアルタイムでチェックしている。そしてそれがだれの仕業なのか、寝ても覚めてもじっと考えているのだ。だから当の犯人が気付かないうちに、遠く離れた県警の手口捜査官に目を付けられていることも少なくない。

彼らは、全国を荒らし回る泥棒の動きを、資料を通して追っているのである。ひそかに、そして辛抱強く。こいつは次にどこに飛ぶのか、自分の県にはいつ来るのか、と。そして各県警の手口捜査官たちは毎日のように情報を交換し合っている。

これはやつの仕業だ。うちはここまでつかんでいる。まだ目を付けられていないと油断しているようだ。ホシがそっちに飛ぶかもしれない。よう撃捜査してほしい。そちらで指名手配は打てないものか、——と。

手口捜査はオールジャパンだという。都道府県警の壁もなければ、警察署同士の縄張り意識もない。

猟犬のごとくにホシを追う刑事のエネルギーの源泉は、強烈なライバル意識である。自分の手でホシを捕まえる。その思いがあればこそ、どんなに過酷な捜査にだって耐えられる。結果は、零点か満点か。それしかない。しかし手柄争いは時に狭隘な縄張り意識にもつながりかねない。縦割りの弊害を生むときだってある。

実は、私は今回の取材を通じて初めて知ったのである。猟犬のごとき刑事たちの活動を、彼らとは別の論理で貫かれているネットワークが支えていたことを。「縄張りにこだわっていて喜ぶのは泥棒だけ」とさらりと言ってのける手口捜査官たちの存在を。

彼らが脚光を浴びることは決してない。主役はあくまでも現場でホシを追う刑事たちなのだから。手口捜査官はあくまでも脇役にすぎない。だから彼らは決して名声を求めない。最後まで縁の下の力持ちなのである。

なんともたくましい

闇に潜む泥棒もしょせんは人間である。極悪非道なやつもいれば、どこか間の抜けた、憎めないやつもいる。自らの臆病を糊塗するために虚勢を張る。人知れず朽ち果てるしかない泥棒人生に慚愧の念を抱いている者もいる。

泥棒たちの素顔は実に多彩である。そして刑事との攻防はさらに刺激的でもある。

刑事と泥棒のぎりぎりのせめぎ合い。

それは昭和、平成の裏面史でもある。

警視庁の元警部・坂本満の頭にたたき込まれた二六〇〇人のデータは、多くの事件を解決に導いてきた。坂本が出会った泥棒たちの素顔は極めて人間くさい。彼の話からは、泥棒たちの卑劣さも含めて、人間という存在の弱さ、もろさが鮮やかに浮かび上がってくる。

彼は昭和一二年三月、東京の下町で生まれた。

父親も警察官だった。大学で法律を学び、いったんは銀行に就職したが、上司とぶつかって辞表を出した。警察官になったのは、「悪いことをして銀行を辞めたわけではないことを実証するためだった」と笑い飛ばす。警察学校卒業後、城東署に配属されたのは昭和三六年九月二二日。すでに二四歳になっていた。

「おれは若いころから生意気だったよ。本部は大嫌い。なぜって、所轄の手柄をみんな持っていっちゃうからね。でも刑事は大好きだった。泥棒刑事の善し悪しは、若いときからどれくらい現場を踏んでるかで決まるもんだ」

さて、しばらくは彼の若いころの思い出話に耳を傾けよう。

刑事に上がる前の新人警察官時代。ある日、交番に立っていると、目の前で自転車がひっくり返った。

「大丈夫ですか」と声をかけると、どこかそわそわしている。一刻も早くその場を離れたがっているように見える。明らかにおかしい。

「どうしました」

職務質問しながら観察していると、荷台に弁当箱がくくりつけられているのに気付いた。ふたを開けさせると、中から大きな鋼材が出てきた。レアメタルのモリブデンである。近くの工場の従業員が持ち出して売り払おうとしていたのだ。窃盗で手錠をかけた。泥棒刑事になろう、と思ったのはそのときからだったという。

当時の下町には不良少年たちが跋扈《ばっこ》していた。バイクや自転車を盗んで乗り回し、飽きると川に放り込む。いくら捕まえてもキリがなかった。

何とかしなければ。署の少年係に連絡する前に、不良少年たちから様々な話を聞いて、仲間内の情報を取るようになった。交番勤務のない時間帯には町に出て、不良少年たちの動きを探った。

立川の米軍基地の武器庫から砲弾を盗み出し、中学校の校庭で火薬を抜き出して爆発させた非行少年グループを突き止めた時は、基地の司令官から感謝状をもらった。

厳重警備の下にある米軍基地が、たかが不良中学生に破られたのではあまりにもみっともない。治安上も大問題である。事件が公表されることはなく、固く口止めもされたのは言うまでもないことだが……。交番勤務の傍ら事件を発掘する積極的な姿勢が上司に認められ、二年もたたないうちに刑事課の捜査係に異動となった。

城東署の刑事時代には謎の泥棒「三〇二号」と出会い、手痛い敗北を味わったが、小岩署時代には手柄を挙げている。

「出張泥棒」を捕まえたのである。

東京・下町の小岩、本田、亀有署管内の江戸川沿いに宵の空き巣が頻発した。千葉県との境である。

坂本はバイクの荷台に簡単な鑑識道具を積んで、現場をひたすら回った。窓ガラスの二か所にドライバーを差し込んで三角のひびをいれる「二点三角」のガラス割り。一件起きると、何日かかけて周辺も次々にやられる。それが周期的に起きている。狙われるのは一階の角部屋。いずれも高い塀や生け垣に隠れていた。

「一二六件を同一犯と判断した。『地』の泥棒じゃない。遠くから出張してきている、とね。そりゃ周期性をみれば分かる。しばらく被害が続いたと思ったら、ある日ぴたりと犯行が途絶える。それが繰り返されているんだから。

でも捜査三課から人が来て、現場を当たった。所轄の言うことなんか信用していなかったんだろう。捜査三課の臨場班はホシが三人いると言う。全部が同一犯というわけじゃない、とね。冗談じゃない。おれは全部の現場を歩いている。半年も一年も経ってからやってきて、おれの判断は違うといちゃもんつけるんで、キレちゃったよ」

結局、坂本の意見は通らず、共同捜査本部は設置されなかった。しかし、署長は全署警戒という奥の手を使って、交番の警察官も張り込み要員に回したのである。

「ご用心　魔の金曜日　宵ドロ」と新聞にすっぱ抜かれてしまったことが、署長を刺激したのかもしれないが……。

そして所轄だけのよう撃捜査がスタートした。

本部のように、二人一組なんて余裕があろうはずもない。単独の張り込みだ。署員たちは日よけのよしず張りの後ろにうずくまったり、冷蔵庫が入っていた大きな空箱に身を隠して小さな穴からのぞいたり。

しかし、しょせんは寄せ集め部隊。張り込んでいたはずの場所で被害が出たこともあった。監視しているはずの車の姿が見当たらないという失態もあった。

それでも犯人は網にかかった。ここでもまた、坂本の読みが当たったのでる。出張泥棒という見方もそのとおりだった。犯人は九州在住の男であった。日暮れの住宅街をふらつきながら、部屋に電気がつかない家だけを狙う。一二六件のうち余罪として送致できなかったのは、わずか五件にすぎなかった。所轄で鍛えた坂本の目は、本庁の臨場班にだって負けていないことが証明されたのだった。

さて、昭和二三年生まれのこの泥棒、なかなかのやり手である。

「地元じゃ絶対にヤマを踏まない。東京で仕事するときは神奈川に、神奈川で仕事するときは東京にアパート借りちゃうんだよ。九州から飛行機でやってきて、しばらく滞在して荒稼ぎしてから九州に帰る。

手口のもう一つの特徴は、部屋をめちゃくちゃに荒らすこと。宝石箱やらなんやらぶちまけて、引き出しなんかも出しっぱなしだから。そのうえに座布団を置く。隠したいんだか、なんなんだか。

こいつには家族がいてね。九州に女房子供が。傑作なのは、旦那が捕まると女房が家を売り払うの。刑務所に入っている間、それを生活資金にするんだね。旦那が出て空き巣で金稼ぐと、また新しい家を買う。知っているだけで三軒の家を建てちゃ、売っ払ってるから。

いつだったか、九州の県警の手口捜査官からね、『女房が古物商の資格取っちゃいました。まいったですよ』と報告されたことがあったっけ。盗品を隠していて処分されたらかなわんなぁ、と言い合ったなぁ」

いやはやなんともすさまじい。

たとえ泥棒であっても、なんとたくましいこと。もちろん女房もしたたかだ。

坂本は小岩署の後、本庁の防犯部で四年間売春を担当し、警部補として本所署の刑事課へ。再び盗犯に戻ったが、そこでも更に個性的な泥棒に出会うことになる。

突き付けられた挑戦状

「あいつにはまいった。おれに挑戦してきやがった。ばかな野郎だけど、でもどこか憎めない。思い出深い泥棒の一人だったねぇ」

坂本が楽しそうに振り返る泥棒がいる。

窃盗前科七犯、逮捕歴八回。そのうち二回は的割り捜査で逮捕されたという。

ホシは、大企業の独身寮をターゲットにする空き巣だった。たまたま都内の盛り場で酔ってけんかし、本所署に暴行の現行犯で逮捕された。取調べには刑事課盗犯係長の坂本が当たった。

「あんたは係長、それとも（巡査）部長？」とハナから挑戦的である。

盗犯の係長だと分かると、

「確かに寿司屋の親父を殴ったよ。だけどけがさせてないだろう。被害届を出したのか。おれの前が前だから無理に被害届を出させたんだろうよ。いいよ、いいよ。暴行で送ってくれ。全部認めるよ。長くても一〇日の辛抱だ。罰金で釈放《パイ》だよ」

本件の取調べが終わった後、坂本が「ところで……」と切り出した。

「ちょっと待てよ。泥棒話は出さないでくれ。この事件だって、警察の腹が見え見えだ。留置場に戻してくれ」

その後は完黙。坂本はまいってしまった。

一〇日間の勾留が認められた後も、

「暴行事件は終わってるだろう。どうせ係長が検事に頼んで勾留つけたんだろうよ。泥棒もきれいにしていけってか。確かに二〇〇や三〇〇のヤマは持ってるよ。やってないとは言わないよ。でもね、暴行でパクっておいて、『ヤマ出せ』はないだろうよ。

おれにしゃべらせたかったら、泥棒のケツ持ってきな。泥棒でパクってみな。そしたら全部しゃべるよ。そうじゃなかったら留置場に戻してくれ」

とまくしたてるだけだ。

釈放の前日、彼は坂本に挑戦状を突きつけた。

「泥棒しゃべらなくて悪かったな。刑事課長にしかられたか。課長が文句言ったら、泥棒にも仁義があると言っとけよ。暴行でパクられて、泥棒までペラペラしゃべったら、刑務所《ムショ》に行ってなんて言われるか。ばかにされちゃうよ。互いに立場違うんだから今回はあきらめてくれ。

だけど一〇日間も世話になったんだから、係長にチャンスを一度だけやるよ。明日パイになっても、ホテルは二〇日間だけ替わらない。おれは捕まらないよ。

二〇日間、おれがヤマ踏むか、係長がパクれるか。この賭けはおもしろいよ」

「おまえ、いくら持っているんだ」

と坂本がいまいましそうに突っ込んだ。

「二〇〇〇円よ。ホテル代はなんとかするよ。おれはサツ（警察）とは違うよ。嘘はつかない。必ずホテルにいる。最近のデカ（刑事）は泥棒の後つけまわしてパクるんだろう。おれも二回やられたから、手の内は知ってるよ。だけど絶対に捕まらないよ」

刑事VS泥棒——メンツを賭けた戦いのゴングが鳴った。

油断はこわい

約束どおり、泥棒はホテルに直行した。もちろん尾行がついている。三度目の的割り捜査は、泥棒側が尾行を承知し、刑事の側も泥棒が尾行を承知していることを知っている、という奇妙な戦いになった。

最初のうち、刑事たちは翻弄されるばかりだった。

両国のホテルを朝出ると、電車に乗る。ドアが閉まる間際で飛び降りる。車内に取り残された刑事に手を振ってからかうこともあった。刑事を郊外まで引っ張って、ネギ畑の中を走って振り切ることも。どうやら尾行をまいた後、神奈川や千葉で仕事をしているようだった。

しかし、何日かすると、行動パターンが把握できるようになってきた。

的割り八日目。顔の割れた刑事は陽動作戦の「捨て駒」にすることにした。最終地点までの尾行には交通や公安の刑事を投入した。

一三日目。その日は五組の刑事が尾行についた。秋葉原、品川、京浜蒲田駅で四組が脱落。京浜急行・追浜駅で下車したときは、一組二人の刑事だけが残っていた。

やつは改札口を出て、タクシー乗り場に立っていた。刑事が離れた場所からじっと観察していると、客待ちのタクシーは三台。後から来た人に「どうぞお先に」と譲っている。そして三台目のタクシーにすばやく乗り込んだ。もうタクシーは残っていない。

「これで尾行は完全にまいた」とすっかり安心したのだろう。タクシーの客席では一度も振り向かない。

刑事はあわてた。このままじゃ、最後の一組も脱落だ。周囲を見渡すと、一般の人の車が走っていた。刑事はその車を止め、「捜査に協力してほしい」とお願いした。間に合った。タクシーはまだ前を走っている。やつはもはや振り返る気配もない。

前のタクシーが停止した。車から二人の刑事がうかがっているのに全く気付いていない。すっかり油断しているのだろう。警戒心はなくなっている。

男はゼネコンの独身寮に入った。

刑事が坂本に連絡すると、

「分かった。すぐに帰ってこい」

と意外な指示が返ってきた。

「えっ」と刑事は声を上げた。

「なぜですか。出たところを逮捕しましょう。なぜ帰るんですか」

「ばかやろう、おれの言うとおりにしろ」

と坂本は怒鳴りつけた。

住居侵入だけだと、やつは絶対に謳《うた》わない。暴行で捕まえといて窃盗なんて、とすっとぼける野郎だ。それにやつは現金しか狙わない。今は独身寮にはだれもいないはずだ。盗んだ金かどうか、すぐには確認できない。今すぐに逮捕しても、住居侵入だけで最後は逃げられてしまう。

坂本はそこまで先を読んでいた。それに二〇日間はホテルにいるという約束を破るやつじゃない。

夕刻になって、坂本は刑事たちを連れて独身寮を訪ねた。部屋の主が戻ってきたのは、案の定夜遅くなってからだった。被害者は四人。被害届を受けて、翌日逮捕状を取った。

坂本は両国のホテルに向かった。懐には逮捕状を忍ばせている。駅のホームからは三階の部屋が丸見えだ。ガラス越しに人影が揺れている。約束どおり逃げてない。

ドアをノックした。

「なんだ、係長かい。何よ」

と訝《いぶか》しげな泥棒に、坂本は「迎えに来たんだよ」と静かに言った。

やつはきょとんとしている。そしてすぐに表情が硬くなった。

「ケツとられたんか」

彼はおとなしく車に乗ったものの、まだ半信半疑のようだった。本所署の前で車を止めた。すると、男は自分でドアを開け、走り出した。

しまった。逃げるつもりか。坂本は青くなった。

署に連れて来た時が一番危ない。こちらには、自分の陣営に入れたという安心感が生まれる。だが、向こうは警察に入ればおしまいと最後の抵抗を試みる場所だ。

分かっていたはずだ。油断していた。

しかし、彼は車を降りると、署の階段を駆け上がって、刑事課の部屋に飛び込んだ。顔なじみの刑事たちに大声であいさつした。

「戻って来ちゃったよ」

心配は杞憂だった。

かわいいところあるじゃないか。

坂本はほかの刑事に気取られないように、「ふー」と安堵のため息を漏らした。

だが、逮捕状を見せると、彼は「嘘だ」と大声を張り上げた。そんなはずはない。あの時、尾行は途中で完全にまいた。だれもついて来られなかった。どうしても納得できないようだった。

「最後のタクシーだから、もう大丈夫と思い込んだんだろうよ。刑事が民間人の車を借りるなんてやつの頭にないからね。おれがホシを署に連れていくときもそうだったが、油断は怖い、ってことよ」

男はすっかり観念し、「余罪書くから、紙持ってきてよ」と坂本に言った。人が変わったようだ。勝負に負けて、警察の力を思い知ったのかもしれない。

取調室の机の上にわら半紙をどさりと置いた。余罪の上申書を取るためである。きれいに削った鉛筆五本と消しゴムも横に並べる。

どさり、というのは、坂本のいつもの手である。

「『冗談じゃないですよ、こんなにないですよ』とホシは言う。でもいっぱい紙を置くとやっぱり書くの。少ししか置かないと、少し書けばいいと思っちゃう。五〇件出させたら、引き当たりやって、また紙をどさっと。それを三回ぐらいやるのよ」

今回もその手が効いた。

ただ、二〇〇件ぐらい余罪を出させても、どうも神奈川の事件が少ない。まだ完落ちじゃない。隠している余罪があるはずだ。それならば、と一計を案じた。
二、三日、無視してから、若い刑事に「怖い顔してやつ連れてこい」と指示した。ホシは「何だろう」という顔つきだ。
「おまえ、まだ隠してるだろう」

とにらみつける坂本に、

「いえ、きれいにしゃべっています」と答える。

しかし、顔がこわばっている。

坂本はニコリともしない。

「おれの顔に泥塗ったな。神奈川が迎えに来るってよ」

もちろん嘘である。そう、だましたのである。結局、「すみません」と謝りながら、神奈川の余罪もどさりと出すはめになった。

刑事VS泥棒の大一番。賭けは、刑事の側の完全勝利に終わった。

坂本は昭和五八年、四六歳のときに捜査三課に異動した。偽札担当を務めた後、自動車泥棒、そして手口捜査に携わるようになった。

そこでもまた多彩な泥棒に出会うことになる。

石川五右衛門、蜘蛛の陣十郎、ルパン……

「ふたつ名」を持つ連中がいるという。

大半は新聞が大袈裟な見出しをつけたものなのだが……。その由来はといえば、昔の大泥棒の名前を拝借する場合が多いようだ。

ならば、ここで歴史に名を残した大盗賊のことに触れておきたい。

まずは泥棒の語源から。これには諸説ある。

押し取りに「坊」がついて、「とりぼう」が「どろぼう」に。「取り奪う」が転じた。顔に泥を塗って、用心のために棒を持ったから。一六世紀、愛知の一向宗が一揆を起こし、徳川の家人も加わり、土呂坊と呼ばれたことがあった。それが語源とする説もあるのだという。

ねずみ小僧次郎吉は江戸時代後期に実在した大泥棒である。徒党を組んで悪の限りを尽くすのではなく、この時代には珍しく一匹狼だった。

御三家の水戸藩、尾張藩など一〇〇か所以上の武家屋敷を破り、盗んだ金は三〇〇〇両にものぼったとか。品川・鈴ヶ森刑場で磔串刺し。貧しい者に盗んだ金を分け与えた義賊とされるが、真偽のほどは分からない。遊興費や賭博に使い果たしたともいわれている。墓は東京・両国の回向院にある。

鬼薊《おにあざみ》清吉又は鬼坊主清吉は「十六夜清心」の歌舞伎で有名だが、実際には徒党を組んで商家に押し入る手荒な強盗団だった。義賊などでは断じてない。兇賊である。やはり三〇歳で獄門。墓は東京・豊島区の雑司ヶ谷霊園にある。

武蔵野にはびこる程の鬼薊　今日の暑さに枝葉しほるる

これが清吉の辞世の句だった。

「白波五人男」の頭領が日本駄右衛門。弁天小僧菊之助は架空の人物だが、「問われて名乗るもおこがましいが」と大見栄を切った日本駄右衛門は、実在の大泥棒である日本左衛門がモデルになった。

何十人もの強盗団を組織し、東海地方の豪商、豪農宅に押し入る極悪非道な乱暴者だったという。もちろん義賊であろうはずもない。最後は自首して処刑された。東京・墨田区の徳之山稲荷神社には「首洗い井戸跡之碑」が残っている。

ちなみに泥棒を意味する「白波」の由来は、後漢末期の中国で黄巾賊の首領である張角の残党が白波谷にこもり、白波賊と呼ばれたことから。

歴史をひもとくと、大泥棒は義賊とされる場合が多い。江戸末期から明治にかけて活躍した狂言作者・河竹黙阿弥の白波ものが歌舞伎で大当たりしたため、義賊のイメージが定着したのだが、大概は後世の脚色である。

さて、白波五人男には弁天小僧の名セリフがある。

「問われて名乗るもおこがましいが、知らざぁ言って聞かせやせう、浜の真砂と五右衛門が歌に残せし盗っ人の種は尽きねえ七里ヶ浜……名さえ由縁の弁天小僧菊之助たぁ、おれがことだ」

ここに登場する安土桃山時代の大盗賊・石川五右衛門こそが、歴史上最も有名な大盗賊であろう。泥棒界のいわば不出世の大スターである。

公家である山科言継の日記「言継卿記《きょうき》」の文禄三年（一五九四年）八月二四日の欄には、石川五右衛門とみられる盗賊が処刑された記述がある。

「盗っ人すり一〇人、又一人は釜にて煮らる。同類一九人はりつけにかかる。三条橋の川原にて成敗なり」

釜ゆでの刑となったのは石川五右衛門とされている。大坂城に潜入するなど、時の権力者である関白・豊臣秀吉と対決したとも言われ、ヒーローの登場を待ちわびる庶民によって、今の五右衛門像が作られていったのであろう。


さて警視庁の名刑事・坂本満の話はまだまだ尽きない。

稀代の大泥棒が没して四〇〇年の歳月を経て、光栄にも彼の名をいただいた泥棒が現れた。

昭和の石川五右衛門——。

いにしえの大盗賊がよみがえったのである。昭和一一年生まれ。ふたつ名をいただいた大泥棒の貫禄とは、どれほどのものだったのだろう。

「確かにヤマはたくさんあった。都心の事務所荒らしだが、鍵の破り方が見事だった。板金工の道具に食いきりがある。ペンチに似たものだ。これでドアの握り玉を切っちゃう。それで心棒を取っちゃうの。もう三〇年も前のことかな。当時まだ珍しかった金券ショップに最初に狙いをつけたのが野郎だった」

と坂本は懐かしそうに振り返る。

大物気取りでは、元祖にも負けていなかった。

ある県警の職務質問を受けたときのこと。彼は平然としてこう言ってのけた。

「ご苦労様です。何か事件がありましたか。免許証を見せろ？　ははあ、私の車が東京ナンバーだからですね。どうぞよく見てください」

照会すると、なんと前科前歴がごっそり。警察官は目を剝いた。

五右衛門は畳みかける。

「びっくりしたでしょ。私は大泥棒なんですよ。どうせこの場で済むわけないのですから、早く警察署に行きましょう」

警察署に到着して、トランクを開けるように言われると、

「どうぞ、どうぞ。靴が二足入ってますよね。足跡の照会もするんでしょう。今履いているのも必要ですか。いいですよ」

と五右衛門は涼しい顔だ。

トランクの片隅からはドライバーも出てきた。警察官は「これは何だ」と緊張の面持ちで追及する。

しかし、彼は平然として言い放った。

「ああ、軽犯罪法違反ですか。強制でやりますか、それとも任意？　任意なら私は帰らせていただきます。私は『泥棒はやってない』とは言いません。でも証拠はありますか。あるなら逮捕してください」

時間が経っても、彼は一向に動じる気配がない。さらに警察官の神経を逆なでする言葉を投げつけた。

「私のことなら警視庁捜査三課に聞いてください。なんでも分かりますよ。私を捕まえられるのは、警視庁だけですよ。もう二時間経ったけど足跡照会はどうだったですか？　どうです。何も出てきませんか。それでは私は帰らせていただきます」

堂々としたものである。

それにしてもここまでコケにされた県警の警察官たちは、地団駄踏んで悔しがったことだろう。

余談だが、警視庁編纂の『警視庁史　明治編』によると、明治二〇年から三三年にかけて、「明治の石川五右衛門」と恐れられた大泥棒が、関東や東北地方の豪家を荒らし回っていたという。六人の子分を従え、土蔵から現金や大判小判の古金銀を奪う。大量の古金を両替して足がついたのだが、表向きはかたぎの商売をしながら、一〇年の長きにわたって犯行を繰り返していたそうである。

確かに大盗賊ではある。しかし、明治の五右衛門も、昭和の五右衛門も共に義賊ではない。欲にまみれたただの泥棒にすぎなかった。

「昭和のルパン」なんて少しキザな泥棒もいた。フランスのモーリス・ルブラン原作の怪盗紳士・アルセーヌ・ルパンよりも、日本では今やモンキー・パンチ氏の漫画「ルパン三世」の方が有名だが、こちらもまた昭和四年生まれと高齢ながら、細身でダンディー。女性にやたらともてた。気位も高い。

「こいつは嫌なやつだよ。何度も逮捕されているから、警察の裏を知り尽くしている。ダンスホールが好きでねぇ。女もね。的かけて尾行しても、新橋のダンスホールで待たされることが多かった。こっちは寒さの中でじっと張り込み。やつは美人と踊っている。本当に憎たらしいやつだった」

平成六年三月、東京の下町にルパンらしい手口が頻発し、坂本が捜査三課の刑事に「これはやつの手口だ。やってみないか」とけしかけた。ある朝、坂本が出勤すると、その刑事が飛び込んできた。

「やった。やりましたよ」

「朝っぱらから何事だ」と怪訝《けげん》な顔つきの坂本の前で、刑事は得意げに何枚かの写真をデスクに並べた。小料理屋の前でしゃがみ込む姿。二枚目は窓を割って侵入する場面。三枚目は盗みを終えて小料理屋を出た瞬間をとらえていた。

ルパンだ。尾行の刑事が犯行の一部始終を車の中から撮影したのである。

彼は尾行に気付かなかった。逮捕されても、まんまとやられたことが信じられない様子だった。それくらい絶対の自信を持っていたのである。

「何台の車で追いかけたのですか。五台ぐらい使ったでしょう。私を追うのは大変だったでしょう。私は昼寝て夜働けばいいけれども、刑事さんは二四時間張り付かなくてはいけませんからね。ダンスホールに行ったり、女と遊んだりしているのも見ていたんでしょうね。きっといらいらしていたんじゃないですか」

取調室でルパンは饒舌だった。

「新聞にはもう出しましたか。タイトルはそうですねぇ。『昼は家で昼寝。夜は夢と快楽。その影で平成のルパン踊る。ヤマ五〇〇件以上』ってなもんですか」

「泥棒と刑事は同じ目をしていますね。目と耳が勝負を分ける。私はね、若いころにガラス割りを教わって『のび』が仕事になったんです。人は環境に左右される軽薄な生きものなんですねぇ。ところで警視総監の年頭訓辞を聞いて、論文もう書き上げましたか。私も以前、『近代における科学捜査・捜査官のあり方』について論文を書いたことがありましてね。本当ですよ。もう逮捕は一三回目ですよ。だから警察、検察、裁判所のことはよく知ってます。私は身体で勉強しているから、生きた法律を知っているんです」

どうせ口から出まかせに決まっている。だけども、どこかもっともらしい。それだけに憎ったらしい。

「そろそろ異動シーズンですねぇ。餞別大変でしょう。五万円ぐらい吹っ飛びましたか」

雑談には積極的に応じるが、取調べとなると、やはり一筋縄ではいかないから始末が悪い。

「主任さんも苦しいでしょうが、私も苦しいんです。取調官と被疑者は同じ立場なんですよ。家に帰っても私の顔が浮かぶでしょう。土日は帰った方がいいですよ。私も助かりますから」

ルパンは留置場の同房者から刑事の癖などの情報も仕入れていた。

「被疑者だって、いつもアンテナを張っているんですよ。取調べではね、心理作戦で刑事を怒らせると勝ちですよ。刑事が怒ると手の内が分かる。そしてね、怒るときは決まって資料がないときなんですよ」

どこまでも食えないやつだ。

「あいつだけは苦手だった。どうしようもない」

と坂本が眉根を寄せた。

飛べないムササビ

「宵のムササビ」は黄昏時に屋上から屋上へと飛び移り、雨樋などを伝って中高層マンションの部屋に侵入する空き巣だった。昭和四六年生まれというから、昨今の社会情勢と同様に、高齢化著しい泥棒の世界ではまだまだ若手である。

かつて銀座のビルからビルへと飛び移り、クラブや事務所を荒らし回っていた男が「銀座のムササビ」と呼ばれたことがあった。その二代目でもある。もっとも高所狙い専門で、「ムササビ」の異名を持つ泥棒は各地に大勢いるのだが……。

関東地方の県警に初犯で逮捕されたときは何百という余罪を出した。すらすらと供述した。だから、「やつはよくしゃべる」と泥棒刑事の間で評判になった。

しかし、次はそうはいかなかった。

同じような手口が連続発生し、県警の刑事が競馬場で「ムササビ」を引っ張った。今回もすぐに落ちるだろうとタカをくって、逮捕令状は用意していない。しかし、そう甘くはなかった。

「冗談じゃない。おれだって学習能力がある。令状がないなら何も言わない。絶対に謳わない」

とムササビは突っぱねる。県警は失敗した。

その後、上野の旅館に彼が潜んでいるのを見付けたのは坂本だった。

「情報だよ。泥棒仲間からよ。エスだよ」

「エス」はかつて取り扱った泥棒。スパイの「S」である。仲間の動向を探るには彼らの情報が欠かせない。闇の世界を知るためには、その世界の住人たちを味方に付けることが必要なのである。江戸時代の火付盗賊改方・鬼の平蔵こと長谷川平蔵がそうだったように。泥棒のことは泥棒に聞け、というわけだ。

「多いときで、七、八人はいたかな。『松戸競輪行ってみな。毎日来てるよ』『この間新聞に載っていた被害、あれはやつの仕事だよ』『あいつなら山谷で見かけたよ』ってね。

前に捕まったときに親身になってくれた。たばこをくれた。飯を食わせてくれた。そんなちょっとしたことでエスになるのよ。捜査に協力してくれるの。ムササビの件もそんな一人からの情報だった」

直ちに共同捜査本部が設置され、的割り捜査がスタートした。刑事が旅館から尾行する。犯行現場を押さえるためである。

途中に開かずの踏切がある。ムササビは自転車で旅館を出て、いつもその手前で止まった。自転車の刑事も仕方なくそこでストップする。やっと踏切が上がっても、やつはじっとしている。尾行かどうか確認するためだ。

そうなったら仕方ない。刑事は先に行かざるを得ない。決して無理はしない。ばれそうになったら尾行を打ち切る。それが大原則だ。ばれるくらいなら、いったん打ち切って次の機会に賭ければいい。

ムササビはそれを見て、安心したように再び自転車をこぎ出すのである。

しかし、当然のことながら尾行は一組だけではない。相手が策を弄するならその裏をかく。それが鉄則だ。ほかの刑事に先回りさせる。踏切を渡って途中で待ち受けても、ムササビもそれには気付かない。連日の尾行で、次第に彼の行動が解明されていった。

刑事の一人が、自転車の荷台にいつも建築現場の麻袋が入っていることを不審に思った。しかも時々、それが違う袋に替わる。その刑事が麻袋をすり替えて、捜査本部に持ち込んできた。鑑識に回すと、中から猫の毛が検出された。なんだろうと、みんなが頭をひねった。

逮捕によって、その謎は解けた。

ある日、ムササビは公園のベンチに静かに腰掛けていた。エサにつられて、ノラ猫が近寄ってくる。彼は猫を捕まえると、麻袋の中に放り込んだ。自転車の荷台に入れ、住宅街へ。自転車を降り、民家の窓ガラスを割るとノラ猫を家の中に放り込んだ。しばらく物陰でじっと待っている。

三〇分後、ムササビはその民家に侵入した。センサー対策である。猫を家に放して、警備員が来るか来ないか、確認していたのだった。

かつて高所狙いだった手口もガラリと変化していた。まさかあのムササビが空を飛べなくなって、猫使いになっていたなんて。だれも思ってもみなかった。

「やつは尾行に気付いていた。でも振り切ったと思ったときに油断が生じるのよ。そこにつけこむ。でも的割りは難しい。的で一回やられたやつは、二度目は難しい。それだけ用心するから」

「尾行は駆け引き」と坂本は断言する。

「やつらだって必死だよ。同じ電車に乗っているとき、相手がドアの閉まる直前に急に降りるじゃない。尾行を確認するために。おれはそんなときのために、いつもじゃら銭を持っていた。

ホームにばらまくの。それで飛び降りる。あーあという顔で次の電車を待ってればいい。それで野郎が電車を待たずに行っちゃったら、尾行を切っちゃう」

壁を伝う蜘蛛の陣十郎

「蜘蛛の陣十郎」なんてやつもいた。大佛次郎原作の「赤穂浪士」に登場する大泥棒である。NHKの大河ドラマ「赤穂浪士」で宇野重吉が演じ、一躍有名人となった。

昭和の時代によみがえった初代・蜘蛛の陣十郎は都内の美術館に侵入し、金庫を破ろうとした。

警備員が巡回に入って見つかりそうになったとき、ロッカーを足場に天井に手をついて、壁にへばりつく形で身を隠したのだった。まるで蜘蛛のごとくに。それで江戸時代の大泥棒の名前をいただくことになった。

大阪府警科学捜査研究所の元ポリグラフ担当である松野凱典が著書『科捜研　うそ発見の現場』(朱鷺書房)に陣十郎のことを書き残している。

松野によると、陣十郎はビルとビルの谷間を両手両足でよじ登ったという。松野は彼をポリグラフにかけたことがある。数々の逸話を耳にしていただけに緊張したが、目の前の怪盗はごく普通の中年男だった。

よくしゃべる。それでも犯行については否認である。

「見ず知らずの男に預金通帳で金をおろすよう頼まれただけ。窃盗なんか知らない」

の一点張りだった。

ポリグラフでは反応が出た。しかし、途中で、

「おまえなんかの検査は受けない」

と怒り出し、結局検査は不可能となった。

それでも一か月後、彼は落ちた。遺留臭気を警察犬がかぎ分けたからだという。陣十郎は全国のビルを荒らし回っていた。夜になると、黒シャツ黒ズボンに着替え、七つ道具をしょってビルをよじ登る。

侵入中に警察官に囲まれても逃げ切ったこともあった。突然姿を消したのである。あとから分かったことだが、マンション屋上の給水タンクの中に首だけ出して半日間隠れていたのだった。

松野によると、陣十郎は盗んだ金でヤミ金を開業し、留置場ではせっせと督促状を書いていたという。

初代が大正一〇年生まれなら、二代目・蜘蛛の陣十郎は昭和三五年生まれと、この世界ではまだ若い。屋上から雨樋やひさしを伝って侵入する手口で、昭和六三年九月に警視庁に逮捕されている。蜘蛛の陣十郎の異名を持つ泥棒はほかにも何人かいたようだ。テレビ人気は侮れない。

第二章　無用の用

資料のヤマと格闘してきたとです。現場をじっと見て、この手口はだれなのか考える。タマを絞る。それを現場に少しでも早く伝える。膨大な資料との格闘です。そこに警察人生の勝負を賭けてきたとです。

◇

手口は人間の顔と同じ。現場で同じもんは、一つとしてなかろうが。それぞれの現場に特徴があるとよ。例えば、顔のほくろを見落とすとか、そういったことで失敗する。だから、現場では現場の顔をしっかりと見る。

◇

先を急ぐあまりに『有用の用』のみに目が行きがちです。私の場合は手口資料を一枚一枚手でめくってきたので、『無用』から『有用』に変わるときがあると知り、「琴線に触れたもの」は大事にメモにとってきたとです。『無用の用』です。

◇

手口はオールジャパン。警察同士で隠し合っているようでは、タマは捕れん。うちで捕れなくたってよか。よそで捕まえてくれてもよか。情報の共有とスピードが大切なんですよ。

警察人生をこの一点に賭ける

もう一人の手口捜査官に登場していただこう。

長崎県警の木坂節也である。

警視庁捜査三課の坂本が所轄での豊富な現場経験を持っていたのに対し、彼は現役時代、刑事部屋の一角でひたすら資料と向き合ってきた。それは二八年間に及んだ。名刺には警察庁指定広域技能指導官、刑事伝承官とある。定年を迎えた後も、非常勤として長年積み重ねたキャリアを後輩に伝えてきた。

手口捜査とは何か。ずばり問うてみた。

「一線の泥棒刑事は現場でホシを追い続ける。私は資料のヤマと格闘してきたとです。現場をじっと見て、この手口はだれによるものかを考える。タマを絞る。それを現場に少しでも早く伝える。膨大な資料との格闘です。そこに警察人生の勝負を賭けてきたとです」

犯人逮捕の刑事ドラマとは無縁だったが、彼のひと言ひと言には、その道一筋を歩んできた職人の重みがあった。

「手口は人間の顔と同じ。人はみんなそれぞれ違うやろが。現場で同じもんは、一つとしてなかろうが。それぞれの現場に特徴があるとよ。例えば、顔のほくろを見落とすとか、そういったことで失敗する。だから、現場では現場の顔をしっかりと見ろ——私は師匠にはそう教えられてきたとです」

木坂が師匠と慕う沖田益三は昭和二五年に広島県警に一般職として入った。大先輩である。鑑識課、捜査一課、捜査三課と所属は変わったものの、一貫して手口担当だった。彼もまた退職後、伝承官として後輩に自らの経験を伝え続けた。

「県警の縄張り根性なんかいらん。警察同士情報を隠し合っていて、喜ぶのは泥棒だけ」

沖田はいつもそう話していたという。育った場所は違っても、沖田の声は、木坂ら次の世代の後輩たちにしっかりと届いていた。

もうずいぶん昔のことになるが、都内で有名な女性ばかりを狙う連続強盗事件があった。中国地方の方言をしゃべる、という事件通報が警視庁から発せられた。

広島県内では、学校の女性教師ばかりを狙う強盗事件が起きていた。その男の顔が沖田の頭をかすめた。

「同じような手口のやつが広島におりゃせんか。そしたら手口がどうもこれに似とる。ああいうやつが東京に出ると、どんなところを狙うか考えた。有名人の女性を狙うじゃなかろうかと。それで警視庁に教えたんじゃ。それが当たりでした。あいつは大阪で逮捕された」

と沖田は振り返る。

捜査現場は確かに競争である。他人を出し抜くぐらいの気構えがないと、とてもじゃないが務まらない。

一刻も早く犯人を逮捕する。一線の刑事たちはそのために自分の警察人生を賭けている。自分の手で手錠をかけるという執念、使命感こそが、日本の治安を支えてきたと言っても過言ではない。

しかし一方で、強烈な競争意識、縄張り意識は時に縦割りの弊害も生み出してきたのも事実である。都道府県警の壁が捜査の障害になることもある。ピッキングに外国人強盗団。平成になってから急増したヒット・アンド・アウェーの外国人犯罪は、そうした日本警察の弱点をつかれたものだった。

手口捜査にはこうした壁がない。

「手口はオールジャパンです。各地の担当者が目を皿のようにして全国の発生をじっと見守っている。もちろん長崎からも。そして頻繁に情報を交換しとる。警察で隠し合っているようでは、タマは捕れん。うちで捕れなくたってよか。よそで捕まえてくれてもよか。情報の共有とスピードが大切なんですよ」

木坂の言葉にはいささかも揺るぎがない。

アシがつかないように

ここで手口についてもう少し詳細に見てみよう。

窃盗は大きく分けると、侵入窃盗、詐欺盗、乗り物盗、非侵入窃盗に分かれている。

侵入窃盗は以下の区別がある。

家人が不在の家に入る空き巣狙い（あき）、家人が寝静まった深夜を狙う忍び込み（のび）、夕食の団欒時や昼寝時に侵入する居空き。ＡＴＭ破り、金庫破り、旅館荒らし、官公署荒らし、学校荒らし、病院荒らし、給油所荒らし、事務所荒らし、出店荒らし、工場荒らし、更衣室荒らし、倉庫荒らし……。

「空き巣なんて恐ろしい」

とのび専門の泥棒が語ったことがあったという。

「目の前に家人がいる。ぐっすり寝込んでいるのを確認できるから安心して物色できる。空き巣はいつ家人が帰ってくるか、怖くて仕方ない。びくびくしながらよく仕事ができるもんだ」

普通は逆じゃないかとも思えるのだが……。まぁ、泥棒には泥棒なりの考えがあるということなのだろう。

そして詐欺盗は——。

公務員の身分を詐称し、金品を窃取する職権盗。結婚式、葬儀場で祝賀客、弔問客を装う慶弔盗、何らかの口実を設けて家人を外出させて家に入り込む追出し盗、買い物客を装い、店から金品を盗み出す買い物盗、口実を設けて家を訪ねる訪問盗。

乗り物盗は自動車盗、オートバイ盗、自転車盗の三種。

非侵入窃盗は次のとおりである。

不正取得のキャッシュカードで現金を引き出す払い出し盗、ATM狙い、銀行や郵便局ですきをみて現金を窃取する窓口狙い、銀行への現金輸送の途中、あるいは銀行から現金を引き出して帰る途中の者をターゲットにする途中狙い（ちなみに昭和四三年に府中刑務所脇で起きた三億円強奪事件は途中強盗という手口に分類されている）、屋外から屋内に置いてある金品を盗む室内狙い、見舞客を装う病室狙い、宿泊しているホテルの部屋から窃取する客室狙い、脱衣場狙い、下着類を盗む色情狙い、工事資材や道具類を盗む工事場狙い、ひったくり、すり、電車や繁華街で寝込んだ人を狙う仮睡者狙い、万引き、置き引き、車の中の金品を狙う車上狙い、自動車や船の部品を持ち去る部品狙い、自動販売機荒らし、賽銭狙い、自分の職場を荒らす職場狙い、同居人狙い……。

時代とともに分類にも変遷がある。

昭和四八年一一月号の「捜査研究」（東京法令出版）の分類記録を見ると、なかなか興味深い。以下の形態が最新の分類から姿を消していた。

追いはぎ、辻強盗など路上強盗がひょう盗、神社、寺院、博物館の宝物を盗む宝物盗、納屋を狙う小屋荒らし、電話借用などを口実に家に入る借用盗、指輪などを言葉巧みにすり替えるすり替え盗、修繕の見回りなどを口実に訪問し、すきをみて金品を窃取する見回り盗、身元を偽って店員やお手伝いとして雇われて犯行に及ぶお目見え盗、船・いかだ盗、ペットを狙う動物盗、物干しの衣類を盗む干し物盗、そして、屋外に架設又は埋設されている電線を窃取する電線盗。

まだある。

船内を荒らす浮巣狙い、庭の植木や石灯籠を窃取する庭荒らし、農作物を引っこ抜くという野荒らし、屋外の薪炭、マンホールのふたなどを取る雑物盗、電話機荒らし、陳列棚のガラス窓を割る陳列窓破り、運送荷物を抜き取る荷抜き……。

そういえば、公衆電話の小銭を荒らす泥棒が一時期横行したが、携帯電話の普及とともに姿を消したのはつい最近のことだった。

分類は時代とともに絶えず見直されている。

以上はターゲットや犯行形態によって分類されたものだが、手口記録には犯人の侵入特癖、物色特癖、逃走特癖、その他の特癖が書き込まれる。

沖田が言うように、現場は同じものは一つとしてない。だからこそ、「無形の遺留」といわれる手口は、今も昔も犯人割り出しに大いに役立っている。

侵入手口は様々である。

鍵をこじ開ける。雨戸、ガラス戸を割る。屋根や壁を破る。瓦をはがして屋根をこじ開ける手口は「てんきり」と呼ばれる。高所からロープを伝って降りる。雨樋を伝って上る。ゴミ箱を踏み台にして塀を乗り越える。電柱を上る。自動車の騒音に紛れて民家に入り込む。ヤマ見（下見）をする。ご丁寧にも足をふいて中に入る。

鍵を開ける手口にもいろいろある。

パイプレンチでドア錠をこじ破る。焼き切る。ピッキング、サムターン回し、カム送り……。

ガラス窓を割る場合も、それぞれ独自のやり方がある。背の高い者は高いところ、低い者は低いところを割る。よく見ると割り方もそれぞれ違う。

石を投げる投石破り。パチンコ玉をゴム銃で撃つ。ドライバーをサッシに差し込んでひびを入れて、ガラスを割る。これにも二点三角、三点四角割りなどがある。ベテランはサッシに一度差し込んだだけで、きれいなひびが入る。だが、駆け出しの泥棒はそうはいかない。二回、三回と繰り返し、やっとひびが入るのだそうだ。素人かどうか、見ただけで分かるという。

焼き切りは、以前はろうそく、ベンジン、接着剤のボンドが使われていたが、昭和四〇年代から下火になった。しかし、最近は安価な携帯用ガスバーナーが出回るようになり、再び焼き切りが増え始めているという。

ピッキングといえば中国人窃盗団だが、警視庁捜査三課の名刑事・坂本満によると、それより以前に日本人でピッキングの技を独学で覚えた泥棒がいるという。

鍵屋に就職して技術を習得したのだ。

彼は侵入したマンションの玄関ドアに、「マンション管理会社ですが、事情がありドアの鍵を替えました。今最上階にいますので、鍵を取りに来てください」と張り紙を貼っていた。時間稼ぎである。この男、車を何台も所有していた。駐車場から駐車場へと何台も乗り継いで、刑事の尾行を振り切ろうとしていたのだという。

物色特癖も同様だ。

金庫を部屋の真ん中に移動したり、ロッカーを空き地に運び出したりする。昼間でも電気をつけたままで物色する。点灯物色である。机の中のものを部屋中に散乱させる。それも足の踏み場もないほどに。何が盗まれたか、分からなくさせるためだろうか。

指紋を警戒して、割ったガラス片を持ち帰る。土中に埋める。触れたものをすべて水につける泥棒もいる。坂本が追い続けた三〇二号のように……。

極めて危険だが、放火で証拠隠滅を謀るとんでもないやつも時折見かける。

平成一四年八月、千葉県松戸市のマブチモーター社長宅を襲い、妻と長女の命を奪った極悪非道の強盗殺人犯・小田島鉄男もそうだった。小田島はこの事件直後、東京都目黒区の歯科医師宅と千葉県我孫子市の金券ショップ社長宅に押し入り、二人の命を奪っている。さらには平成二年六月、東京都練馬区の建設会社社長宅で一家七人を人質に取り、社長が引き出した三億円を奪う事件も起こしていた。

当時の練馬署刑事課長・酒井誠一郎が述懐する。酒井もまた、泥棒一筋の刑事人生を送ってきた。第七章で改めて登場してもらうことになるが、今は刑事課長として対決した小田島について語ってもらおう。

「やつの本質はのび師だった。社長が金をおろす間に部屋を物色していた。引き出しを下から開ける。これはプロの泥棒の手口。貴金属も探し回っていた。億単位の金を奪おうというのに、部屋に置かれていた金もごっそり盗もうとしていた。泥棒根性が体の芯まで染みついているからだ」

タンスの引き出しを下から開けるのは効率がいいから。手慣れた手口である。さらにベテランになると、鍵のかかった引き出しだけを狙うという。もちろん、その中にはお宝が隠れているに違いないからだ。

逃走特癖の例も数多く報告されている。坂本の捜査メモをめくると、その顔ぶれは実ににぎやかである。

犯行場所で朝まで寝込んで、夜明けを待って逃げる。盗みに入った先で家人の服に着替えて逃げる。見つかると、「警察に言ったら、仕返しに来る」と捨てぜりふを残す——など。ほかにも侵入口を開けたまま逃走する、窃取した金品を盗んだ車で運ぶ、盗品を被害者名で質入れする、駅前のロッカーに一時預ける、などの特癖がある。

警備会社と契約している民家ばかり狙う空き巣がいる。

まず金持ちが多い。警備会社のセンサーが入っているので、家人が安心しきっている。いったん侵入してしまえば、室内には無造作に金目のものが置かれている。貴金属や現金も簡単に見つかるというのだ。

「それにたとえ通報があっても、警備員の到着までには時間がある。短時間のうちに仕事を終えれば逃げ切れる」

とその泥棒は供述したそうだ。

要するに、「普通の民家を狙うよりもはるかに効率的」というわけである。

自転車も泥棒には結構人気がある。

小回りがきく。その上、尾行の刑事も自転車を使わざるを得ないので、すぐに見分けがつくからだ。

その中にはとんでもない健脚もいた。埼玉から京都まで自転車で旅しながらの泥棒行脚。千葉の自宅から群馬県まで自転車で往復した泥棒を尾行した刑事は、ついに途中で息切れしてしまったという。職務質問を避けるため、無灯火は御法度なのは言うまでもない。

その他の特癖は更に多彩である。

逃げる前に、部屋の椅子や玄関の履物を全部逆さまにするのは、「足がつかないように」という意味のようだ。履物の周りを小石で丸く囲むケースもあった。おまじないのようなものなのか。おそらくは、表札を裏返したり、屋内のお守りをはがしたりするのと同じように、「捕まらないように」という願いがこもっているのではないか。あまりにも滑稽な行為に思わず吹き出してしまうのは、私だけではないだろう。

履物といえば、おもしろいやつがわんさといる。犯行後、カバンの中に入れておいた靴に履き替える。足跡を残さないため履物にタオルを巻き付ける。

わざと左右大きさの違う靴を履く。故意に蛇行の足跡を残す。両方とも右足だけの靴を履く。

これらは犯人が複数だと思わせるための偽装工作なのである。

家の酒を飲み干す。冷蔵庫を開けて腹一杯食事をする。犯行後に気が緩むのか、室内に脱糞してからトンズラする、誠に下品なやつも時たま登場する。これについては、「運がつく」とゲンを担いでいるという、まことしやかな説もあるのだが……。

その昔、鶏の血をビニールの小袋に入れて持っていた泥棒がいたそうだ。この男は逮捕されそうになると、血を口に含んで結核患者を装ったという。時代を感じさせるエピソードではある。

手口記録は犯人割り出しに役立つだけではない。取調べにも有効だ。

特癖欄に「否認の癖があるが、困窮の末に死亡した母親のことに触れると、涙もろくなり自供する」とある。それならば試してみようと、取調官がその話をふると、「嘘は言えない」と涙ながらに余罪をしゃべり始めたケースもあった。

ジンクスを担ぐ泥棒も少なくない。

スランプに陥ると、犯行場所に向かう前に皇居・二重橋に立ち寄る。正座して精神を統一するのだそうだ。この男は空き巣専門。狙いを付けた家のそばに隠れ、家人が外出するのを確認してから侵入するのが常だったとか。

犯行前に近くの神社の賽銭箱に一万円札を。犯行後にも再び神社を訪れ、盗んだ金の一割を賽銭箱に投げ込んだ男がいた。一〇〇万円取ったら、一〇万円をお賽銭に回して、「おかげさまで、逮捕されないで無事に成功しました」と感謝するのである。

余談ではあるが、この賽銭男は頭が実によかった。ある晩、埼玉県内の会社に忍び込んだ。大金庫を開けるにはダイヤル番号が必要だ。そこで社長室の机から社長の名刺を探し出し、自宅に電話をかけた。

「県警の者ですが、たった今、お宅の会社に泥棒が入りました。通報があって飛んできたら、金庫の中から声がします。どうやら泥棒に閉じこめられたようです。このままでは窒息してしまいます。番号を教えてください」

偽電話で、まんまと大金を手にすることができた。まさか、お賽銭のおかげではないとは思うのだが……。

現場に向かう途中に霊柩車、黒猫を見ると、ゲンを担いで犯行をやめる。雨が一滴でも降ったらこの日は取りやめと決めている泥棒がいるかと思えば、反対に雨の夜しか盗みに入らない泥棒もいる。

ジンクスは人それぞれである。

私たちから見れば「なんだ、くだらない」と笑ってしまうようなものであっても、本人たちは「捕まりたくない」「お宝を手にしたい」と真剣そのもの、至って大真面目なのだろうが――。

さて、手口や特癖の紹介がいささか長くなったかもしれない。ここで長崎県警の手口捜査官・木坂節也の話に戻ろう。

「広域犯はとにかく足が速い。長崎辺りだと、滞在はせいぜい一泊。九州に常習窃盗犯が入ったら、すぐに目を付けないといけん。そのためには縄張り意識なんてあったら、追いつかんでしょ」

刑法犯の認知件数は、治安の危機が叫ばれていた時期に比べてやや減ったとはいえ、体感治安はまだまだ回復してはいない。

都道府県警や警察署の競争意識でホシを追う刑事警察の中で、手口捜査だけは異質である。早い時期からオールジャパンの気概に燃え、縄張り意識から解放されていた。

「手口捜査はプロファイリングでもあるのです」

と木坂は言う。

一七八万件に上る手口記録のうち、一三〇万件が常習者窃盗犯である。

「確かにデータから犯人を割り出すという意味ではそうも言えるでしょう。これだけのデータがあったからこそ、日本警察はプロファイリングを抵抗なく受け入れることができた。さらにほかの罪種のデータを増やして充実させれば、常習者の割り出しだけでなく、犯行パターンによる犯人像の推定も可能になるでしょう。それこそプロファイリングそのものですよ」

と警察庁の担当者も同意する。

長年にわたって積み重ねられた手口捜査のデータはまさに日本警察の宝。プロファイリングも含めて、その活用についてはさまざまな可能性を秘めている。

これは……、なめ穴だ

木坂は昭和一五年一一月、長崎県松浦市で生まれた。高校を卒業してぶらぶらしていた時に、松浦署から沿岸監視員に誘われたのだという。密航や密輸の監視役である。それが縁となり、しばらくして大阪府警の採用試験を受けた。

拝命は昭和三六年一〇月。前の年には池田内閣が所得倍増計画をスタートさせている。植木等のスーダラ節が大ヒットし、「わかっちゃいるけどやめられない」の歌声が街に流れていた。しかし、木坂は高度成長の波に乗って浮かれる大都会の空気になじめず、三年半で故郷に戻ることになった。

長崎県警に籍を移し、昭和四六年には九州管区警察局の刑事課へ。そこで手口資料担当となった。駆け出し時代は、先輩の目が光っている間は原紙を見ることができない。だから不在中にこっそり一枚一枚メモを取るしかなかった。

仕事は教えられるものではない。徒弟社会同様に自分で盗むものだったからだ。そうして自分の頭の中に常習者の名前、顔、経歴、手口をたたき込んでいったのである。

手口資料担当を四年で卒業した後、ホシを割り出す手口捜査係になった。

少しでも早く現場の刑事にホシにまつわる情報を伝えたい。そのために様々な工夫もした。ホシの特癖をメモした小票を作って現場に持っていった。その場でこの手口はあいつだと素早く指摘できるように。

各署の職務質問の記録を毎日借りてきて、常習窃盗者の動向の確認も続けた。同じ人間が何回か職務質問に引っかかっているとしたら、それはそいつが動いているということだ。車のナンバー、時間帯、地域などのデータは、やがて犯行の分析に重要な意味を持つようになる。

九州管区警察局から長崎県警捜査一課手口係に異動し、七年たった昭和五五年の話である。温泉地として有名な雲仙で旅館荒らしが発生し、現場を踏んだ。旅館の上階の客室が狙われている。非常階段や雨樋を伝ってベランダに飛び移っているのだ。

ベランダに出て室内を眺めてみると、障子に小さな穴が開いているのに気づいた。

これは……、「なめ穴」だ。

犯人が指に唾液をつけて障子に穴を開け、客が寝入っているかどうかをそっとうかがっていた痕跡である。これも特癖の一つだ。もっとも今は、DNA型鑑定を使えば一発でばれてしまうのだろうが……。

高所侵入の旅館荒らし。なめ穴。バッグをベランダに持ち出して、金目のものを抜き取る手口。

これはやつしかいない。彼のアンテナには引っかかるものがあった。

熊本出身の大泥棒である。

温泉客の車のキーを盗み、その車で移動しながら全国の有名温泉地を荒らし回っている。

木坂は全国の五年分の被害通報票を徹底的に調べ上げた。同じ手口の犯行は二〇〇件に上っていた。行動パターンも浮かんできた。東北から福井、岐阜と南下すると、いきなり島根、鳥取に足を伸ばす。そして間をすっ飛ばして九州に一気に入る。長崎には年に一度立ち寄るくらいだ。

木坂が遠く離れた長崎から全国の発生状況を辛抱強くじっと見守っていた、石川県警の被害通報票に目が止まった。輪島の旅館で被害が出た。

これはやつだ。また動き始めた。

「次はうちに来よる。絶対来るけんな。捕まえてやる。よう撃かけちゃろう」

木坂は雲仙を管轄する小浜警察署の刑事課長に電話をかけた。

昭和五九年秋のことである。実に四年の歳月が過ぎていた。

やつは盗んだ車に乗って、次の犯行地である九州に入るに違いない。

そうにらんだ木坂は、

「石川、島根、鳥取ナンバーの盗難車に気を付けろ」

と温泉地を管内に持つ各署に檄を飛ばした。

数日後、雲仙のホテルに石川ナンバーの乗用車が停まっているのに気づいたのは、交番の警察官だった。

照会すると、やはり盗難車両だ。ホテルのフロントに写真を見せると、ずばりヒットした。網にまんまとかかったのである。すぐに車の窃盗容疑で逮捕した。

この泥棒、東北から沖縄まで二四〇件、一億円に上る余罪をすらすらと吐いた。

それには理由があった。

警察署に連れていかれると、壁に非公開の手配書が貼られていたのである。広域旅館荒らしの手配書だ。そこには自分の顔写真と名前があった。それをチラリと見て、「これじゃあシラを切り通すのは難しい」と観念し、完落ちしたのであった。

「無用の用」を忘れない

次もまた旅館荒らしの話である。

こちらは客が食堂に集まっている夕食時を狙う泥棒だった。ホテルの備品室に入り込んでは浴衣を着込み、泊まり客を装って、合鍵で部屋を次々に荒らし回る。

「これは逮捕するのに一〇年かかったとです。結局うちはよう捕り切らんで。長崎の割り出しで、静岡で面がとれて逮捕状取った。最後は愛知の見当たり捜査官が捕りよったとです」

見当たり捜査とは頭に何百人もの指名手配犯の顔を記憶させ、街に出てひたすら該当者を捜し回る捜査手法である。まだ歴史は浅い。しかし、大阪府警、愛知県警、警視庁の見当たり捜査員たちは着実に成果を上げている。

彼らの活躍は第四章に譲りたい。

平成二年、兵庫県警の被害通報票に木坂の目が止まった。瀬戸内海の淡路島のホテルがやられた。

「これはやつだ」とすぐにピンときた。

調べてみると、二か月前に刑務所を出たばかりだ。それから全国の被害通報票を拾ってみた。二年間じっと被害を見続け、一〇〇件にまとまった段階で全国の警察に連続事件として参考通報を出した。平成四年のことだった。

そのあとも静岡、石川、熊本など各地で被害が続いた。そのたびに各県警の手口捜査官たちが連絡を取り合い、目撃証言を得た静岡県警がようやく指名手配にまでこぎ着けた。熊本県警は盗難自転車を押さえていた。

逮捕は平成一二年。名古屋駅前で見当たり捜査官が発見したのである。時効分も含めると余罪は一〇〇〇件にも上っていた。

広域窃盗犯の逮捕にはオールジャパンの手口捜査の手法で対応するしかない。木坂は長年の経験で強い信念を持っている。それが実を結んだのだった。

預金通帳を盗んで多額の預金を引き出す空き巣・通帳詐欺犯の話も大いに参考になる。平成七年、長崎署、浦上署管内で二件連続して発生した。

木坂は防犯ビデオの写真を取り寄せて、被害の状況を伝えて協力を求める事件通報を全国の警察に発信した。

すぐに広島県警から反応があった。前年の三月、さらには昭和六三年に同様の事件が起きている、と。

これは全国版の事件だと血が騒いだ。

犯人の推定年齢、空き巣の犯行状況、通帳詐欺という特癖を基にコンピュータで検索をかけたが、ヒットしない。もう一度やり直しだ。

データを絞り直すことにした。

今回の手口の最も大きな特徴はなんだろう。常習窃盗犯の手口は変化する。しかし、変わらないものもある。この泥棒の変わらない特癖は何だろう。木坂は被害状況を見ながらじっと考えた。

そして確信を抱いた。

点灯物色である。昼間でも電気をつけ、そのまま逃走している。これこそがやつの特癖である。通帳詐欺の特癖を外して点灯物色で検索をかけると、約一〇〇人の泥棒が浮かんだ。

自署欄の名前と、犯人が通帳に残した文字の筆跡を一つひとつチェックしていった。同じ特徴を持つ者が一人だけいた。早速指紋を照会するとずばり一致した。このホシは平成一二年、警視庁管内で逮捕された。

ところで、なぜ最初の検索ではだめだったのか。

そこには、コンピュータの落とし穴が潜んでいたのである。警察庁は、犯罪手口照会に電算システムを導入しつつあった。しかし、当時はすべてがデータ化されたわけではない。

「昔のデータが入力されていなかったとです。実は昭和四二年に犯歴があった。高知で通帳詐欺をやっていた。それが漏れた。今は完全にコンピュータ化されましたけど、あまりにも特癖をたくさん入れると、漏れる。一人のホシでも手口は変わりますしね。刑務所で勉強したり、失敗で学んだりもしていますから。

でも変わらぬ手口があるとです。それを見極めることが大切。こいつの場合、それは点灯物色だったんです。平成元年に福岡で空き巣をやった時に、特癖として点灯物色が残されていた。それがヒットした」

「昔は、仕事は盗めだった」とも言う。木坂も先輩の目を盗んで、一枚一枚メモを取ったものだった。

時代は変わった。手口捜査の現状をどうみているか。彼に聞いてみた。

「あまり芳しく思っていません。苦労がないから、その場その場で終わってしまう。自分の中に蓄積がない。コンピュータの検索になって、便利なようだが、安易にもなっちょる。自分の頭に経験として残らない。先をあまりにも急ぎ過ぎる。

だからタマを絞り切らん。シロクロつけられん。これじゃろか、あれじゃろかと迷いが浮かんで、一人によう絞れん。疑いの強い方から三段階にしてみたりしよる。そういう態度が検索にも出るんですよ。特癖にはコード番号がついちょりますが、何をどう入れればいいか。つまるところ、犯人の普遍的な手口の特徴をつかみ、検索条件に選定することです」

　この話には続きがある。

　平成一〇年一月の昼ころ、佐世保市内の民家に空き巣が入った。預金通帳と印鑑が盗まれ、その日のうちに現金一〇〇万円が引き出された。銀行員は「犯人は俳優の千葉真一に似ている」と証言した。

　木坂は所轄の盗犯係長から手口照会を受けた時、引っかかるものを覚えた。千葉真一。どこかで見た記憶がある。どこだったか……。

　自分で作っていたメモ帳をめくってみた。日ごろから気になったことを欠かさずに付けているメモ帳である。

「千葉真一に似ている」という書き込みがそこにあった。三年前の平成七年、長崎署と浦上署管内で発生した例の空き巣・通帳詐欺事件で、通帳詐欺のキーワードでコンピュータ検索をかけた時に引っかかってきた別の容疑者の情報である。

　点灯物色のホシを探していた時、気になって書き込んでおいたのだ。それが生きた。

　昭和二三年生まれの空き巣は間もなく逮捕された。福岡、熊本、大分、長崎の四県で三五件。預金の引き出しは一二〇〇万円に上っていた。

　木坂は振り返る。

「犯人を求め、先を急ぐあまりに『有用の用』のみに目が行き、検索の過程で再犯性が認められ、将来の手口照会で『有用』となり得る者も、今は『無用』と切り捨てられがちです。私の場合は手口資料を一枚一枚手でめくってきたので、『琴線に触れる者』は『無用』から『有用』に変わるときがあると、『無用の用』を大事にしてメモに残してきたとです」

「無用の用」は荘子の言葉。

一見無用と思われるものもどこかで役に立っているものだ。意味のないものはこの世に存在しない。

そんなことを言っているのだろう。

若いころ、先輩の目を盗んで手口原紙をメモしてきた木坂だからこその言葉である。

彼はこうも語っている。

「第一線の刑事から手口照会のボールが投げられると確実にキャッチし、必ずストライクをとってやると、直球を返すと。それを信条として取り組んできたとです。刑事に情報を早く伝達するために、仕事につながることはなんでもメモすることを心掛けました。ページをめくることでしばしば犯人が割れることがあったとです」

「手口捜査は常習者との戦い」と木坂は言う。

その戦いに勝つためには事前の備えを怠るわけにはいかないのだ。

常習者の浮き沈みもその一つである。彼もまた警視庁の手口捜査官・坂本満と同様に常習者がいつ逮捕され、刑期は何年で、いつ出所したかを追跡していた。

彼が手口担当となってから、ずっと付け続けたメモには、県内の常習者四三〇〇人、県外の広域犯二七〇〇人の情報がつづられているという。

説教強盗の教え

木坂から通帳詐欺の検挙の経緯を聞き取りながら、私はといえば、どこか引っかかるものを覚えていた。

「そうだ」と思い至ったのは、読売新聞社の資料室に立ち寄った時のことだった。同じような経過をたどった事件を調べたことがあった。

説教強盗が都内を荒らし回ったのは、大正一五年から昭和四年にかけて。金融恐慌の真っ只中で、庶民は困窮の極みにあえいでいた。

『警視庁史　昭和編』によると、最初の犯行は大正一五年七月。北豊島郡西巣鴨街池袋の民家に覆面をした男が忍び込んだ。しかし、家人に見つかり、竹棒を構えて「金を出せ」と脅したため、居直り強盗になった。

そう、説教強盗はもともと「のび師」であった。

その後もあちこちで犯行を繰り返し、昭和二年五月の事件では、懐中電灯を点灯させながら「静かにしなさい。騒ぐとためにならない」とすごんで現金と時計を奪った後、「犬を飼いなさい」「庭の暗い所に電灯をつけなさい」などと二時間近くも被害者に説教している。「説教強盗」と呼ばれるようになったのはその時からである。犯行は実に六五回に及んだという。

捜査は難航した。

警視庁は当初、昭和二年三月の犯行が第一号とみて、それ以降の事件のみを捜査対象としていた。被害者の証言から、東北北部のなまりがあること、侵入時には半纏を裏返しに着ていることなどが分かっていた。

手口は刻々と変わっていった。のびから居直り強盗、説教強盗、女性だけとみると縛り上げて暴行に及ぶこともあったという。

捜査に進展がなく、昭和四年になると、捜査方針の見直しが行われた。昭和二年の第一号とみられる犯行の前、それ以前の事件の中にも、まだ手口が未熟な段階の犯行が隠れているのではないか――。

類似手口の洗い出しの結果、ある事件が浮かび上がった。板橋警察署管内の民家が大正一五年一〇月に忍び込みの被害を受けていたのである。就寝中の家人に気づかれた犯人は居直って、主人を脅して四〇万円を奪って逃走している。

説教こそないものの、懐中電灯を点滅させるなど手口が酷似している。侵入口のガラス戸からは指紋が検出された。そしてその指紋から、犯人の妻木松吉がついに逮捕されたのだった。

捜査員は説教強盗という言葉に振り回されたのである。手口は変わるのである。慣れるに従って、凶悪化したり、巧妙化したりする。

「道を歩いているときに、密行員らしい二人連れが歩いているのに四、五回会った。中止しようと思ったが、運試しでやった。翌日の新聞に『説教　非常線潜る』と出て、優越感を持った。毎日の新聞に警察の警戒状況や捜査陣の動きが詳しく書いてあるので、私はだんだん利口になり、その裏をかくことができた」

と妻木は得意げに供述している。

彼の用心深さには刑事も舌を巻いたほどだった。

「泥棒は入るより、逃げる方が肝心。逃げるときは道路を歩かずに田畑、原野、山林だけを通って安全と思うところまでは、二里でも三里でも走り続ける。大丈夫と思うところで初めて道路に出て、汽車に乗る。いったん上野や浅草のように反対方向に行ってから引き返す」

懐中電灯や凶器は逃げる途中で捨て去り、次の犯行の前に新しいものを買う。不審尋問を受けたときのために、がま口には小銭しか入れず、紙幣は靴下の中に隠した。

女房には「仕事で徹夜になる」と嘘をつき通し、いつも二食分の弁当を作らせていた。何度か、尋問も受けたが、「徹夜仕事です」と空の弁当を見せると、無事に解放されたという。

彼の本来の手口とはのびであった。懐中電灯を使い、家人に見つかると居直る。その特癖こそが周到な説教強盗を割り出す決め手となったのである。「説教」は新聞に取り上げられ、優越感を持ち始めたころ、得意の絶頂期に突然現れた特癖だった。

木坂から長崎の空き巣を聞いて、妻木の懐中電灯が長崎の空き巣の点灯物色に重なったのである。

世紀をまたいで起きた二つの事件の解決のカギは手口であった。本来の手口とは何か。二つの事件は、手口の本質を見抜く目がいかに大切かを教えている。

木坂は師と仰ぐ広島県警の元手口係・沖田益三に大きな借りがあるのだという。

昭和五九年のことだった。

金庫破りが発生し、長崎県警が被害通報を発信した。大金庫の裏側の鉄板をバールでめくる手口で、小さな金庫は山の中で破壊していた。背板破りである。

「うちで今的割りをやっている男がいる。しかし、タマは最近急に見えなくなった。それとよく似とる。実家は長崎だし、ひょっとしたら……」

と沖田から打ち返しがあった。

長崎の実家を当たると、男はやはり帰っていた。的割り捜査をスタートさせ、間もなくそのタマを取った。しかし、長崎の事件は数件のみで、供述を得られない。

木坂は沖田に「困っています。何か落とすネタはないですか」と尋ねた。

「ホシは広島市内の寿司屋に入る直前に、客としてヤマ見（下見）にきたとですよ。一見客であやしいということで、広島県警は似顔絵を作っちょった。それがそっくり。その似顔絵を本人に突きつけると、観念して堅い口を開きおったです」

広島で四〇〇件。中国、四国、九州を合わせると、余罪八〇〇件の大事件になった。とはいえ、事件解決の糸口は広島県警の捜査である。木坂は沖田への感謝を込めて、「そちらに余罪を回したい」と申し入れた。検挙原票を回し、広島県警の解決とするのである。

しかし、彼は受け入れなかった。

「個人的に教えたもの。おまえがやれ。うちのことは気にするな」

それが「大きな借り」だという。

手口捜査はオールジャパン。木坂は師匠である沖田から、改めてその心意気を教わったのである。

第三章　泥棒語り

旅先で人知れず朽ち果てたのかもしれない。刑務所で息を引き取ったやつもいただろう。泥棒なんて末路は哀れなもんよ。いつ捕まるか分からない。だから、ビクビクしながら生きている。

◇

人様の物に手をつける。ワルには違いない。でもまだどこかに人の心が残っている。少なくとも強盗や人殺しのような外道じゃない。

◇

人の心が残ってるやつらには、早く罪を償って、少しでも穏やかな最期を迎えてほしいね。それがなかなかできないんだよ。まっとうな人間に戻るのは、足を洗うってのは、本当に難しいもんだ。

最後はだまし合いよ

警視庁捜査三課の名刑事・坂本満の話に再び戻る。

泥棒の世界はおもしろい。刑事一筋の人生にも悔いはない、と彼は言う。

でもふと思うことがある。逮捕した泥棒のうち何人が更生したのだろう。おそらくは最後まで足を洗えなかったやつがほとんどだったのだろうな、と。

泥棒人生の果てに、彼らはどんな最期を迎えたのだろうか。

旅先で人知れず朽ち果てたのかもしれない。刑務所で息を引き取ったやつもいたことだろう。いずれにしても畳の上で、この世とおさらばしたやつはまずいないに違いない。それも仕方ない。人様を泣かせたやつが、安らかな最期を迎えられるわけがないのだから。

「泥棒なんて末路は哀れなもんよ。いつ捕まるか分からない。だから、ビクビクしながら生きている」

と坂本は小声で語る。でもその目はどこか寂しげでもある。そんな最期をいやというほど見てきたからだ。

都心の飲食店を専門に狙う泥棒はパンツ一枚になって侵入するのが習性だった。小柄で身軽。その特性を生かしたやり方を自分で考え出したのである。

調理場の換気扇を内側に落として、小さな穴から入り込む。油でべとべとなので、衣服を脱ぐ。紙幣はパンツのゴムに挟み、レジの五百円玉を口いっぱいに含む。油まみれで換気扇の穴から這い出てくる姿を想像すると、ぞっとしてしまうのだが……。

この男、しょっちゅう警察署に顔を見せていたそうだ。刑事が「今何やってる」「どこに住んでる」と自分に関心を寄せて情報を取ろうとしたら、そろそろ危ないと判断し、犯行場所を変えるのだという。常に刑事の影に怯えている。よせばいいのに、それでもいつしか警察に足が向いてしまう。ビクビクしながらも、懲りずに犯行を繰り返すのである。

空き交番に入り込んで交番のお巡りさんを装い、警察電話から「B号照会一本お願いします」と警察署にかける泥棒がいた。

B号は指名手配照会。自分の名前を伝えて、まだ手配されていないかどうか確認するのである。

一一〇番をやたらとかける泥棒もいる。自宅付近の駐車車両をすべて追っ払うためである。刑事の張り込みを牽制しているのだろう。あるいは強迫観念のなせるわざなのかもしれない。違法駐車だという訴えだが、盗っ人猛々しいとはまさにこのことだ。

自宅の外側に何か所も防犯ビデオを設置し、部屋の中から外の様子をうかがっている男もいたという。この男は仕事を終えて帰ると、履いていた靴を脱いで、靴底を包丁でずたずたに切り裂く。そして外に投げつける。

「足跡もこれだけ傷つければ使えないだろう」

と尾行の刑事にあてつけるためだ。

尾行がなくともやっていたところをみると、これも恐怖心の裏返しであろう。

早朝奥さんに自宅周辺の掃除をさせて、張り込みを確かめさせる者もいた。もちろん奥さんは夫の正体を知っているわけなのだが……。終電、始発を必ず利用する泥棒は「車内は人が少ないので一般人と刑事が見分けやすい」と供述したという。


邸宅荒らしは紳士泥棒だった。

スーツ姿で高級住宅街を荒らす。かつらまでつけていた。都内の有名私大卒業で、手口も独特である。庭の掃き出し口の引き戸から入る。引き戸の下の敷居にバールを差し込み、引き戸を上下させる。何度もやっているうちにクレセント錠が外れる。

普通はガラス破りで窓を割るのだが、邸宅の窓ガラスは厚い。そこで編み出した手口が「クレセント外し」なのである。この手口は彼だけのものだという。

でも悪いことはできない。いつかは天罰が下るものだ。

年とともに腕が鈍り、周囲のだれもが刑事に見えるようになったのである。尾行がつくと思うと、外に出られなくなる。そしてついには仕事ができなくなった。

「慎重に、慎重に」と自分に言い聞かせてはいても、いつどこで刑事に見られているか分からない。尾行されているんじゃないか。家を張り込まれているかもしれない。不安は増すばかりである。

やがて神経が参って、プレッシャーに耐えられなくなるのだろう。

どんなに虚勢を張ったところで、泥棒たちは内心いつもビクビクしているのである。

「取調べってのはねぇ、そこをつくのよ。ビクビクしているホシをおだてて、安心させてやる。おれはいかにおまえを大切にしているか、分かってやれるか。相手に擦り込むのよ。何回も言うが、だまし合いよ」

　坂本はにやりと笑った。


　あるのび師の話もおもしろい。

「やつは電気をつけてもすぐに消せば家人は起きないと言っていた。一度つけてすぐに消せば部屋の様子は分かる、ってね。昭和二三年生まれだったかな。

　でもある時、気付かれて侵入道具だったドライバーを突きつけちゃった。それで逮捕容疑が窃盗じゃなく強盗になっちゃった。罪が重くなった。それからは、ドライバーで窓を叩いて侵入した後、いったん外に出てドライバーを畑の中に埋めるようになった。身につけていると、また強盗になっちゃうかもしれないから」

　彼は東海地方のある街に住んでいるはずだった。ここしばらくは地元でおとなしくしている。少なくとも坂本はそう思い込んでいた。

　しかし——。

　坂本はある日、都内の交通違反歴を一斉に照会した。常習者が含まれていないか、定期的にチェックしていたのである。夜中の一時ころ、目黒区内でのび師の違反が見つかった。レンタカーである。

　なんだ、やつはこっちに来ている。おとなしくしてりゃいいのに、我慢できなくなって、ついに動き始めたのだろう。調べてみると、隣接署管内でも窃盗被害があった。

　この方面のレンタカー会社を片っ端につぶすと、なんとやつは連日のように車を借りていた。

半年間で、その台数は五〇台。都内の道路に設置されているNシステム（自動車ナンバー自動読取システム）でも追跡を開始した。

しばらくして、レンタカー会社から再び予約が入ったと連絡があった。

車での尾行は難しい。しかし、栃木まで気付かれることはなかった。おそらくは目を付けられているとはまだ思ってもいなかったのだろう。警戒の素振りは全くない。

尾行は成功した。栃木に入って、民家の塀を乗り越えたところを、住居侵入の現行犯で逮捕された。

「尾行されて捕まったのは初めて。二度とドジ踏まないように刑務所で勉強し直してくる。それにしても警視庁は怖い。都内ではもうやらない」

と彼はうなだれた。

警戒心が弱かったわけではない。用心深さはむしろ人並み以上だった。

同じ所ばかりで続けると危ないので、今日は都内、明日は神奈川と場所を変える。刑事が休みを取る土日と祝日にだけ仕事をした。履物は犯行のたびに履き替える。一度でも使ったものは川に捨てる。

これだけの用心を重ねながら捕まってしまったことに、のび師はショックを受けたようだった。

「刑務所で勉強し直す」とは、仲間で手口や狙いやすい場所、体験談を教え合っているのである。刑務所は、泥棒たちが自らの技術を磨く場にもなっているというのだ。実に困った話だが……。

のび師は取調官にこうも告白している。

「泥棒が否認するのは、刑事の取扱いに対する不満、刑期の心配、女や家族の心配からだ。これがクリアされれば少しは話すようになる。だけど調べがうまい刑事はいるね。コロリとだまされることもある。刑事とホシは一生付き合えるわけじゃない。その場その場のだまし合い。だまされた方が負け」

坂本も言うように、刑事VS泥棒の戦いはだまし合いなのである。

駆け引きに勝つ秘訣とは相手を知り尽くすこと。もちろん心の弱みも含めて。それは心理戦である。

憎めないやつもいる

「最後はね、おれが一番かわいがっている泥棒の話をするよ。空き巣だよ。かわいがってるって言っても、おれは泥棒とは酒も飲まないし、取引もしない。外での個人的な付き合いは一切なかった。警察署内で飯ぐらい食わしたことはあるけどね。でも慕われちゃったのよ、そいつには。定年になった時、突然電話がかかってきたの。

『現職だから遠慮してたけど、もういいでしょ。私は稼業で全国渡り歩いているから、各地の名産品送らせていただこうと思って』ってね。

だめだよ。まだ残るんだよ、って言うと、向こうは『そうですか。だめですね。お孫さんがお嫁に行く時まで長生きしてください』って言いやがんの。北から南まで全国回ってる野郎だよ。

昭和二三年生まれだから、もういい年だ。その後も電話が何回かあった。いつも『早く足洗え』って、そのたびに言い聞かしているんだけどねぇ。

野郎はこう言うんだ。

『五〇〇万円たまったらやめようと思ってるんですけど。三〇〇万円たまったところで、いつも崩れちゃうんですよ。使っちゃう。でも坂本さんのいる東京ではヤマ踏みませんから。あとね、よその県でも『坂本』姓の表札の家にも入らないようにしています』ってね。変なやつだね。礼儀も正しい。おれが捕まえた中では一番頭の回転が早い泥棒だった。おれのジョークにもうまい具合に返してきた」

最初に出会ったのは小岩署時代だった。

ガラスこじ開け、ねじ錠破り、ラッチ送り……。いくつもの手口を持っているが、いつも窓を開けて逃走口を確保するのが特癖だった。

なかなかの知恵者でもある。

盗品を質入れする際に必要なのが印鑑だ。新しい木製の偽名印鑑を使うと店の人に怪しまれてしまう。しかし、それを袋に詰めて下水に一週間漬けておくと、いかにも古めかしい、使い古した感じの印鑑が出来上がる。疑われることなく、金を借りられるというわけだ。

そうかと思えば、ほろりとさせられた時もあった。

被害者宅を訪ねた時のことだ。

「おかしいんですよ。たんすの中に一五万円の入った封筒を入れていたんですけど。泥棒が入った後、テーブルの上に封筒が置いてあったんです。その中に六万円だけ残っていたんです。そんな泥棒がいるんですかねぇ」

とおばあさんがしきりに首をひねった。

坂本は取調室で聞いてみた。

「いったいなぜなんだ。おばあさんが不思議がってたぞ」

泥棒は照れくさそうにうつむきながら答えた。

「あのうちに猫いなかったですか」

坂本は全く気付かなかった。

「あのうちの猫は目が見えないんですよ。ヤマ踏んで引き揚げようと思ったら足にまとわりついてきたんです。この金取っちゃったら、この猫捨てられちゃうかもしれない。そう思ったらかわいそうになって、少し残してきたんですよ。猫の食い扶持まで盗んじゃいけないってね」

坂本はおばあさんのびっくりした顔を思い出した。

人様の物に手をつける。ワルには違いない。でもまだどこかに人の心が残っている。少なくとも強盗や人殺しのような外道じゃない。

千葉県までホシを連れて引き当たりに行った時、帰り道で雷雨に遭遇した。エンストしたため、大雨の中で一緒に車を押した。こいつは逃げない。その時には、そんな確信が芽生えていた。

小岩の次は碑文谷署でも逮捕されている。この時は全国一二〇〇件もの余罪を自供した。三桁ボシどころではない。四桁の大泥棒である。

「山陰地方の県警だったかな。ある日、こんな泥棒知ってますか、と現地の刑事から連絡が入った。『知ってるよ』というと、本人に代わった。なんだ捕まったのか、ってね。それで『全部しゃべるんだぞ。いいな、きれいにしろ』ときつく言うと、『分かりました』と余罪を全部吐いた。

そうかと思えば、とんでもないこともあった。『胃の調子が悪い。刑務所で体を治したい』と自首してきたのよ。刑務所は病院じゃないって怒ったんだけどね。いろんなことがあったけど、どこか憎めない」

三冊の大学ノートには

ある日、警視庁捜査三課に郵便物が送られてきた。宛先に坂本の名前が書かれている。裏の送り主を見ると、なんとあの大泥棒の名前。坂本が「憎めないやつ」と話す泥棒からだった。封筒を破ると、中には一冊の大学ノートが入っていた。その後も二冊が送られてきた。坂本宛の大学ノートは計三冊になった。

まずは「懲役見聞録」と題されたノートから。

「私はこれまで六回の判決をもらい、おつとめしておりますが、初犯や二回目はもう二〇年以上も前。今は大分変わっていると思いますので簡単に述べさせてもらいます。

二回目は長さん（坂本）の時です。思い出しますねぇ。

横浜（刑務所）に送られ、新入りで喧嘩をしてしまい懲罰があけてしばらくすると、九州の福岡に送られてしまいました。たばこを吸ったり、倉庫から砂糖を盗んで砂糖湯を飲んだり、担当さんと気まずくなって、戻ってきました。

ある時、福岡の山口組の親分と熊本の反山口組の親分がもめ事を起こし、刑務所が大あわて。小倉の親分がジュースで乾杯して手打ちになりました。二〇年が過ぎて、当時一緒にいたやくざが次々と殺されたと聞きました」

三度目の刑務所では洋裁工場に回され、「担当さん」に反抗して一五人の服役者が仕事をボイコットした。

「今なら間に合うから引き返せ」と説得されてもだれも応じない。

「ここで引き返そうものなら、刑務所では二度といい顔できません。だれが裏切ったか、調子いいこと言ったか、チンコロ（密告）したか。仲間の村八分はよその懲役で会っても言われ続けますから」

四回目には担当検事の態度にいたく感心している。

「『全国どのくらいやった』と聞かれ、私が三、四県除いて全部ですと言うと、それはなぜ、なぜだと聞いてくれ、しばらくして広島の調書が出てくると、私の泊まっていたホテルの名前を見つけて、『あそこは高いね。広島にいたころ、知ってるよ』と世間話。ほかにも調べがいっぱい残っていて、大変だよと冗談も言う。

ある時は否認のほかの犯人の話になって、『ここから入ったんだろう』と聞いているのに、本人は知らないと言っている。どう思う、と聞かれたことがありました。私はそいつは初めてですか、前ありますか、と聞きました。前があるということなので、『そりゃバックレです』と答えました。その後あの事件はどうなりましたか、と検事に聞くと、『あれはうまくいったよ』と答えてくれました」

別れる時には「おれの前で二度と盗みはしないと誓え」と迫られ、「はい」と答えている。ただ、約束が守られることはなかったわけだが……。

広い北海道の刑務所に入ったこともあった。そこでは塀の外の農場で働いたという。

「改めて外に出されると、逃げるなどと不心得な者は皆無で、広い畑で毎日農作業に励み、私は生まれて初めて百姓仕事をしたので、こんなにきついとは思いませんでした。ジャガイモ、ニンジン、カボチャ、大根、小豆などいろいろ作るのだから食費は安く済むはずです。

冬に入ると毎日雪かきと小豆の選別です。秋には収穫祭を行い、畑のごちそうや汁粉などが食べきれないほどでます。傑作は農作物を官舎へ配って歩きながら、担当さんたちの奥さん連中の顔を拝んだ時、です。きれいな奥さんだと、おやじは懲役連中に冷やかされたものでした」

彼は刑務所で、日本赤軍や連続企業爆破事件の過激派や広域暴力団の組長を襲ったヒットマン、世間を震撼させた連続殺人犯、強盗殺人犯などの姿も見ている。著名な過激派も塀の内側では独居房の懲罰を恐れて、静かに工場で働いているという。ヒットマンについては、「やくざと同様大物になるほど、落ち着いていていて物静か」と評している。

「社会にいた時に立派な名刺を持った人が、年取って懲役に来たときは悲惨な目に遭います。刑務所に来たら、社長も会長もありません。周囲が無視するので、ガタガタに神経をすり減らして参っているのを何度も何度も見ました」

刑務所内では出所後の仕事について話したこともあった。

「金庫破りで一〇年の人間やほかの人と運動場でよく話をしました。この人たちはおいしければ

（懲役が）五年や八年ぐらいはイケイケです。私はたとえ一人五〇〇万円、六〇〇万円と成功報酬が多くても、リスクが大きいのはごめんです。短期と違い長期は、たとえ捕まっても一発ご祝儀といって、出たら大ヤマを狙っている人間が多いことを知り、勉強になりました」

しかし、刑務所を出所して驚いたことがあったという。

「先日書店に行って、鍵やピッキングのことが細かく書かれた本を見て、あいた口がふさがりませんでした。まるでピッキングをやれと言わんばかり。

そういえば、未決の雑居で二か月ほど一緒だった主婦強盗強姦殺人事件の男は自分のことばかり言っていました。一〇年ぐらいで済むかもしれないので頑張っている、と。ほかにも四人も殺した男とか、一般の人間にはとうてい考えつかない頭の持ち主もいます。

私も年を取るに従い、東京の街のとげとげしさが嫌になってきました。あまり長生きしたくありません。それでも生きざるを得ない人生がむなしくなってきた今日このごろです」

娑婆と刑務所を行ったり来たり。その果てに泥棒は厭世観さえ抱いている。それでも足を洗えない。

泥棒行脚の日々とは

大学ノートには、服役していたころの刑務所の思い出のほか、北海道から沖縄まで全国各地を泥棒行脚した時の日記がつづられていた。

好きな街はパトロールの警官の姿がなく、住民の防犯意識が低い所。無施錠の家が多い街は特にお気に入りなのだという。

ならば泥棒が嫌う街とは。

一番嫌なのは住民の目と声なのだそうだ。だれかに見られている。下見の時に住民に声をかけられる。侵入しようとして、近所の人に大声で叫ばれ、あやうく捕まりそうになったことは何度もあった。なんとかすり抜けても、いつも人の目が気にかかる。住民同士の連帯。それが最大の敵なのである。

彼は泥棒をしながら全国を旅した。年取って、何度も何度も足を洗おうとしたという。しかし、その度にまた悪の道に舞い戻ってしまう。身体に染みついたにおいを消し去るのは難しい。刑務所と娑婆を行ったり来たり。そして、どこかで人知れずくたばるしかない。浮草稼業の悲哀と旅情……。彼の文章には深い孤独感と悔悟の念が色濃く漂っていた。


札幌は泥棒にとってなかなか厳しい所のようだ。

「道路は広いし、まっすぐの道がほとんどだから、分かりやすいのですが、逆に我々の怪しい姿もしっかり見つかりやすいのだから……。本州のような狭い路地は見当たらず、ドロボー道を探そうなどとはとんでもないこと」

隣家の奥さんにしっかり見られているとはつゆ知らず、無締まりのサッシから侵入したことがあった。

「タンスの前で、さぁーこれからという時に、『そこで何をしてるんですか』と庭から大迫力の一喝。あわてて勝手口から一目散を決め込みました。五メートル幅の道路を五〇メートルほど逃げて振り返れば、先ほどの家の前でおばさんたちが『ドロボー、ドロボー』の大声です。これはいかんと脇の家に逃げ込みました。

しかし民家の敷地も広いし、雪が積もるせいで塀も見当たらない。庭の物陰に隠れてやり過ごすというのもどだい無理。第一、建物そのものが四角や平行な形ばかり。ガラス窓は防寒のため二重ガラスで、やりにくいことこの上ない。そのせいか、腕のいいのび師が少ないというのもうなずけます」

「毎年寒くなる一二月から四月までの間は仕事替えです。パチンコのゴト師や倉庫荒らし、関東では絶対に見当たらない密漁に精を出す。土地柄からか、やくざ者でもこの稼業に参入していると聞きます。以前北海道に懲役に来た時、地元の人間に聞いたのですが、真冬になると泥棒が出没しないため、盗犯のデカさんは開店休業状態。市内の繁華街のススキノや狸小路、地下街はあっちもこっちもデカさんばかりでかなわないとぼやいていました」

小樽、函館、釧路、北見、旭川、苫小牧、室蘭も回っているが、「若い人が少なく、現金もあまり置いていない。札幌との格差は目立ち、パチンコ屋だけが立派で毎日超満員」と切り捨てている。また、「北海道には盛り場や駅前、国道沿いには交番をよく見かけますが、住宅地には少ないようです」との印象を述べている。

海峡を渡った青森ではまず八戸へ。

「漁師町のたたずまい。昼間でも留守宅が多いように感じました。開放的な気風のせいか、玄関の無施錠が多いようでした。また玄関が閉まっていても、勝手口や窓を閉め忘れているような有り難い家が多い」と書き残している。もっとも、漁師の街では、「ごく普通の背広上下、ネクタイという身なりが逆に目立ってしまいます」とも。

　ここでは民家の腰高窓から侵入した。しかし、向かいの家のカーテンが気になり始め、何も盗まずにすぐに外へ。

「自転車にまたがって走り出して一〇〇メートル行くと、向こうからミニパトが飛ばしてくるのが見えました。私の姿を見るなり、スピードを落とし、制服警察官が窓から首を出してこちらをにらんでいます。目があったらややこしいことになるので、知らん顔です。もちろん胸の中は心臓がドックン、ドックンと鳴っています。なんとか逃げ切りましたが、クワバラクワバラです」

　盛岡は評価が高い。

「市内のあちこちに寺があり、マンションがあります。落ち着いた城下町で小京都と呼ばれるのもうなずけます。以前は無締まりの家が多かったのに、新幹線開通後はあかぬけてきたせいか、次第に戸締まり用心の立て札もかけられるようになり、住民の防犯レベルもかなり高くなっています。今ではバイクに乗った人が鋭い目つきをきかせて、狭い道をゆっくりパトロールしているのに出会います。

　岩手辺りが二重ガラスの境目で、和風の家では内側の戸が障子になっている家も多い。外側のガラス戸のクレセント錠を締め忘れることもあり要注意ですね」

　山形については、「どちらも華やかさに欠け、人出もない。鶴岡や米沢も、とても私たちがうろうろできる土地ではない」との感想。ただ、「山形で一つだけ言わせてもらうと、朴訥《ぼくとつ》として親切ということは東北で一番」とたたえている。

　杜の都・仙台に移動すると、

「駅前のアーケードの脇に入った路地にある定食屋や飲食店は入りやすい店ばかりだけど、いつもどこからか見つめられている感じがして落ち着いて飯を食った感じがしません」

それは、街に目つきの悪い刑事が多いからだということで、「スネに傷もつ人々にとってはとても厳しい所」と決めつけている。

福島県の郡山は「仙台と並んでこの街は犬を飼っている家がうんと多くなり残念」という。泥棒の天敵である犬に関する記述は長い。

「何が泥棒に一番嫌われるかと言えば、絶対に犬です。私など犬にかまれたことなど皆無というほどの犬好きで、初対面の犬でも半分はシッポを振ってくれます。結構顔もなめてくれます。大好きでも嫌いな犬、それは吠える犬です。

大きいからといって怖いことはありません。かみつくかどうか、二、三分みれば分かります。柴犬や紀州犬など日本犬には一番手を焼きます。チーズやハムを持っていっても、目の前ではなかなか食べてくれません。食べても後から吠えるのですから。

秋田犬などは、図体は大きいが、機嫌の良いときはすぐに従ってくれます。犬は庭に放し飼いが一番です」

泥棒の隠語で、犬は「しゅうと」。いつも家で留守番をして、うるさいからだという。

福島ではひと仕事終えた後、警察官に職務質問された。自転車のかごにはドライバーが入っていた。

「一軒家の前で留守かどうかを確かめていると、ミニバイク二台が向こうからとろとろやってきました。私と目があってすれ違います。三〇分後また出会いました。その時もすれ違ったのですが、一〇メートルして振り返ってしまいました。大失敗です。二台がUターンしてきました。逃げると余計にまずくなる。職質に備えました。年配の警察官に『おたく何屋さん？』と聞かれ、若い警察官が手帳を開きました。圧力をかけているのはミエミエです。だいたい想像つくような質問でした。

『おたく昨日の昼ころ、この近くに来なかった？』と聞かれましたが、間違って、『来ました』と答えるばかがいるのでしょうかねぇ。結局は、何とかその場を切り抜けました」

新潟の評価もかなり高い。

「戸締まりや防犯意識の高い地域で、サッシのかけ忘れなどという甘い家は滅多にありません。全体的に他の地方に比べて締まり屋の土地柄を反映しているのでしょうか。泥棒の間でもお金の管理がしっかりしていると評判です」

富山はどうか。

「一軒辺りの敷地も広く、立派な構えの和風の家が多い。窓の鍵のかけ忘れも見受けられるのですが、家族が多いせいか、極端に留守宅が少ない。日曜日や祝日、家族が車で外出すると、関東などは全員いなくなるのですが、試しに電話をかけてみると、おじいさん、おばあさんが残っていることがとても多かったです。

家には現金が置いてありますが、困ったことに犬を飼っている家が多いのですよ」

金沢にも足を運んでいる。

「有名な兼六園から坂を登った山の手には高級住宅街が広がり、防犯体制も行き届いています。全国でも有数の歴史ある防犯組織として加賀鳶《かがとび》が有名です」

ここからさらに泥棒行脚は東海地方へと飛ぶことになる。

まずは岐阜から。

「特徴として何でも共犯関係を組む傾向が強い。だからイモズル式にズルズルとパクられることが多いのです。ここの懲役の時も、出たらどうのこうのという話がありました。塀の中にいるときから、あーでもない、こーでもないと先走りしているのですから」

そして名古屋である。

「道路が広いのとまっすぐなことでは札幌とここが全国一、二です。一軒の敷地も広く、一般家庭でも高い塀を巡らせています。派手な結婚式は有名ですが、自宅には現金は置かずに、預貯金をせっせとする人が多いようです。

盗んだ通帳から引き出すのに、印鑑が見つからず銀行登録印にアイロンを当てて書類に写し出す手口の泥棒がいました。話には聞いていたのですが、実際に見たのは初めてでした。

定期預金証書や有価証券を換金できれば大きいのですが、共犯関係も多いせいか、共同捜査本部を構えて追われると割り出しも早いようです。私のいる間に同じメンバーがそろってすぐに戻ってくるのも見ました。

以前、手に入れた社会保険証を持って金を借りに行ったことがあります。ギャンブルで文無しになったのです。一〇万円借りるとき、保険証に書かれた六人もの家族の名前、生年月日、住所をすらすら書くと、簡単に貸してくれたことを思い出しました」

古都・京都は観光も兼ねて年に数回訪ねている。

「古い町のせいか、戸締まりは厳重です。ここ数年は観光ばかりで、どちらかというと金を落としている方です」

嵯峨野の寺院を拝観した時には、本堂や灯明の大皿に硬貨が山盛りになっているのを見て、

「賽銭ドロの心配はしないのですか」

と住職に尋ねている。ひと皿で一万円以上はある。

「数年に一度くらい持って行かれて警察の人が来たことがあるのですが、どうしてもほしい人が持っていったのでしょうから、仕方ありません。盗られたのではなく施しです」

という住職の言葉を聞いて、さすがの泥棒も深く感じ入ったようだった。

「私は改めて手を合わせて拝みました。神罰が当たるので手出しは厳禁です」

和歌山では住宅街を物色中に尾行されたという。熱心な制服警察官がいることは知っていた。

「住宅街をきょろきょろしていたのですが、つけられているのに気付きませんでした。見られているような気配を感じたので、振り向くと姿は見えない。二、三回後ろを向くと、バイクのハンドルのようなものが木陰から見えました。

広い道路に出ていきなり振り向けば、とても目つきの悪い警察官がにらんでいます。私はタクシーを止めて逃げました」

警察官はタクシーを数百メートルも追いかけてきた。

「まるで刑事ドラマのようでした」と泥棒もいたく感心している。

犯罪者にとって大阪は心地よいようだ。

「東京のようにお上に協力という体質もない。私らのような前持ちの人間をあーだこーだという

やかましくせんさくすることもない。東京などウイークリーマンションを借りると、長さんの会

社とツーカーですよね。普通のマンションの契約がウイークリーのように簡単なのが助かります。

西成に行くと、毎日のようにドロボー市が開かれています。ここはすごい所。山谷と違って、この辺り一帯で制服警察官と会ったことはありません。山谷の数倍あります。百聞は一見にしかずです。大阪は犯罪者からすれば日本一住みよい場所です」

そして中国地方については、

「段々と年寄りばかりが目につき、商店街もシャッターを下ろし、閉店したままの店が多数あります。地方へ行けば行くほど、櫛が抜けたようになっています」

と荒廃ぶりを目の当たりにして嘆いている。

その中でも城下町・岡山は、

「一戸建てが多く、庭を囲んだ門構えの整った家が目につくせいか、よく探せば無締まりの家もたくさんあります。この街は町内会組織も活発で、関西以西では特筆されるほど市内の至る所に防犯のポスターやワッペンが貼られています。被害届を出す確率が非常に高い。ガラスを割っただけで、パトカーの巡回が多くなります」

「広島は以前は無締まりがとても多く良かった。しかし、最近はマンションが増えたようで、ピッキングも現れるようになっています。気の荒い土地柄で、泥棒の側も気を付けないとえらいことになります」

全国を旅する泥棒にとっては、海を渡った四国は要注意なのだという。

「飛行機、高速、列車、フェリーとルートはたくさんあるように見えますが、いずれも一か所を張ればよいので緊急配備を受けたら終わりです」

四国一大きな街が松山市。

「気候も穏やかで、きれいな街並みが並んだ地域です。ここは無理してガラス割りをすると、すぐにパトカーが来て、一週間ぐらい朝から一日中走り回る始末。あわてず気長に無理をしないに限ります。結構現金を置く家も多く、商品券などのチケットもあるのですが、肝心のチケット店が少ないので海を渡った広島の方が無難な感じです」

そして泥棒は四国を足早に駆け抜けて九州へ。

「戸締まりも厳しくなるとともに、防犯意識も高くなる一方で、私が初めて行った二五年前には比べられないくらいの街に変貌した」

福岡の印象はあっさりしている。

長崎の欄にはこんな記述があった。

「坂が多く、この街で悪いことをしたら市内に閉じこめられる確率が高くなり、これは沖縄に次いで二番目といえるでしょう」

熊本は「暮らしやすさでは九州で一番」とか。しかしながら、「今でも無締まりの家は多いようです」と住民の防犯意識については手厳しい。

彼は全国を渡り歩いた。それにしても、行く先々の出来事や感想を書き残して、坂本に送ったのは一体なぜだったのだろう。

気力も体力もなくなり、泥棒としての寿命もそろそろ終わりを迎えている。時代が変わりつつある、と身に染みて感じていたのだろう。自分がどんなふうに生きてきたか。だれかに聞いてもらいたいのかもしれない。

彼の声にじっと耳を傾けてくれたのは、結局は刑事だけだったことを悟ったのである。それがたとえ取調べではあっても、真剣に、そしてある時は親身になって話を聞いてくれた人は刑事しかいなかった。

こうも書いている。

「私もこの年になって、今更のようですが、もう一度若くなったら、一度刑事をやってみたかったです。特に捜査三課で。そのせいか、天気のよい日にのんびり散歩がてら住宅街を歩くと、変なやつと時々遭遇します。いくらセールスマンの格好をしていても不自然な人間は目つきで分かります。こちらの方が落ち着いている分だけ勝ちというのが分かります。

私も段々年を取り、いつまでも生きることはできません。足を洗うより、さっさと人生にけじめをつけなけりゃいけないのに、なかなかその勇気はわかないものですね。いっそ重病になってくれればと……。虫のいい話ですが。

長さんにはいろいろなことを言ったり、話を聞いてもらい、力にもなっていただき、親を捨てた私の相手をしてくれまして、本当にありがとうございました。今までの長いデカ人生の勤めから退いてもお体には気をつけてください」

そして「追伸」――。

「飛行機によく乗りますが、一息に落ちてくれたらと、人の迷惑を考えず、心の中で思っています。本名で乗るわけにはいかないので、切り離しの半券の方に指紋をべたべたつけているのがせめてもの抵抗です。

なかなか思っているほどに世は回りません。失礼します」

たとえ旅先で倒れても身元不明のままでは終わりたくない。無縁仏だけは勘弁してもらいたい。せめて身元だけは特定してほしい。ろくでもない人生だったけど、自分が生きていたことをだれかに知っていてほしい。自分の最期ぐらいはせめてだれかに気付いてほしい。

「指紋をべたべたつけているのがせめてもの抵抗です」という言葉に、深い孤独がにじんでいる。

その後、しばらく彼からの音信はない。今はどこでどうしているのだろう。まだ泥棒行脚は続いているのだろうか。

遠い空を眺めながら、坂本は思う。

――いろんな泥棒がいたねぇ。

確かに泥棒とはだまし合いの日々だったよ。その人生に悔いはない。おもしろい人生だった。つくづくそう思うよ。でも泥棒刑事として、一番の喜びは何だったと問われたなら、すぐに答えるね。

大泥棒が足を洗って、まっとうな暮らしをしている姿を見た時だよ、ってね。人の心が残ってるやつらには、早く罪を償って、少しでも穏やかな最期を迎えてほしいね。

それがなかなかできないんだよ。まっとうな人間に戻るのは、足を洗うってのは、本当に難しいもんだ。

おれの知ってる泥棒もみんなもういい年だ。一体今ごろどうしているんだろうねぇ。
老刑事の泥棒語りはこうして幕を閉じるのである。

第四章　一瞬に賭ける

細かいことまで覚えんでもええ。写真を見る。そのまま覚えるのが一番ええんや。何回も正面、横からの顔を見るんや。素直にそのままにな。絶対にパクるという意志力も必要や。私らはな、時効という言葉が一番嫌いなんや。

◇

一枚の写真が私らの手元に届くまでに捜査員がどんなに苦労したことか。捜査員の汗がにじんどる。彼らがどんなに努力して手配にこぎつけたか。その魂を感じながら見当たりをやるんや。

◇

否定する役回りも必要なんや。これはどうや。合ってる。ここは違うんやないか。いいやそこもええ。という具合に。否定しても否定しても合う。それで間違いないとなる。もしもぐらついたら、ちょっとでも違うと迷ったら、そのときはやめる。

◇

刑事ってのはね、田舎で育った刑事の方がねばり強い。大きい署で育つと、裁き方は確かにうまくなる。事案の判断もできるようになる。でもネタがないとき、田舎の刑事は質屋回ったり、ホシを一生懸命調べたり、なんとかものにしようとする。

不思議な縁

平成一三年六月二八日。

東京の下町は最高気温三〇度を上回ったものの、まだ梅雨明け前で、雲に覆われた空からは時折薄日が差し込むだけだった。

この日もＪＲ新小岩駅の周辺には、真っ黒に日焼けした男たちの姿があった。彼らは絶えず、猟犬のような鋭い視線を雑踏に投げかけている。通りを行き交う人並みから浮き上がり、どこかしっくりと溶け込んでいない。

それもそのはずだ。彼らは刑事である。

しかし、所属は警視庁ではない。はるか遠く離れた山形県警から出張中の刑事たちなのである。東北人にとって、蒸し暑い東京の梅雨はことさらこたえるのであろう。彼らの汗びっしょりの顔には、濃い疲労の色がにじんでいた。

九人の刑事の東京滞在はすでに五三日目に及んでいた。その間、雑踏にひたすら目を凝らし、たった一人の男の顔を捜し求めていたのである。獲物はただ一人。平穏な東北の地ではめったにない、強盗殺人事件の容疑者だった。

刑事たちは顔写真を頭にたたき込み、慣れない都会で一人の男の顔だけを追い続けてきた。

この雑踏の中で、本当にホシを見つけ出すことができるのか。奇跡が起きるのをただ祈るしかないのではないか。徒労感と焦りに日々さいなまれ、彼らの疲労も頂点に達しようとしていた。

しかし、彼らはまだ知るよしもなかった。

六月二八日が運命の日になることを。

奇跡が現実のものとなることを。


山形県の出羽三山の表参道である羽黒町は人口一万人足らず。身も凍るような残虐な強盗殺人事件は、平成一三年四月二八日、この町の片隅にある閑静な農村で起きた。旧家に日本人と中国人の強盗団が押し入り、妻を包丁で刺殺、長女にも重傷を負わせたのである。

そのころ、外国人強盗団は全国を荒らし回っていた。被害は県境をまたいで瞬く間に都会から地方へと拡散し、県境で管轄が区切られた自治体警察の限界をあざ笑うようなヒット・アンド・アウェーの犯罪に、日本警察は振り回されてばかりだった。

それでも東北地方はまだ安全圏にあるとの思い込みがあった。だからこそ、事件が起きた時、山形県警の衝撃は大きかった。

「ついにここまで来たのか」と。

二三〇〇人という小さな陣容の山形県警で、果たしてヒット・アンド・アウェーの外国人の組織犯罪に立ち向かうことができるのか。百戦錬磨の警視庁でさえ、苦戦しているというのに……。

捜査に携わる誰もが不安を抱いたのも無理はなかった。

しかし、あきらめてはいけない。

事件捜査とは、一つひとつの小さな事実の解明の積み重ねで解決に向かうものである。だが、それだけではない。ある偶然によって、暗闇に突如として光が差し込むことだって往々にしてあるものだ。実際にそんな不思議な経験をした刑事も少なくないはずだ。

つまりは、その偶然を逃さないことだ。

そのためには、為すべきことをすべて為す。考えられることはすべて手を打つ。決して手を抜いてはいけない。

捜査の基本を尽くしたからこそ、数少ない偶然が訪れたときに、うまくキャッチすることができるのであろう。手抜き捜査に女神が微笑みかけることはない。

山形県警もこの時、ある偶然に救われた。

犯人グループは逃走途中に車窓から凶器の二本の包丁を谷底に投げ捨てた。

だが、包丁は二本とも橋の欄干にひっかかり、路上に落ちたのだった。

被害者の無念の思いに導かれたのだろうか。事件から一週間後、旅人が血まみれの包丁を発見したのである。そこには容疑者の指紋が付着していた。深い谷底に落ちていたとしたら、凶器は誰の目にも触れることはなく、事件は迷宮入りしていたかもしれない。

幸運は新たな幸運を生む。残留指紋から身元が判明したのである。

中国籍の安峰《アンホン》。

警視庁小岩署に万引きの逮捕歴があった。

こうして犯人グループの一人が割れた。山形県警は幸運をものにした。しかし、それはまだ捜査のほんの入り口にすぎなかった。県警がこのチャンスを生かし、事件解決にまでこぎつけるには、まだいくつもの試練が待ち受けていたのである。

安は昭和五二年、遼寧省で生まれ、平成一一年に来日。江戸川区の日本語学校に通っていたが、窃盗などの犯罪グループに加わるようになった。住まいも転々とし、強盗殺人事件直前まで神奈川県相模原市内の愛人宅に転がり込んでいたという。

山形県警は直ちに愛人宅の捜索に向かったが、すでにもぬけの殻。実行犯の安の行方は分からなくなっていた。

出国した形跡はない。まだ日本に滞在しているはずだ。周辺の捜査からも日本語学校のある総武線沿線に潜伏している可能性が強い。実際に新小岩駅の周辺で安を見かけたという情報があった。

東京から遠く離れた山形県内ではこれ以上できることはなかった。お手上げだ。捜査本部の幹部は刑事たちを東京に送ることを本気で考え始めていた。

警視庁に逮捕された時に撮影された正面と横顔の写真が手元にある。その写真を頼りに、東京の雑踏の中からたった一人の男を捜し出そうというのだ。

土地カンもない。砂漠の中から一本の針を捜し出すようなものではないか。あまりにも無謀。無駄ではないか、との慎重論も噴き出した。

しかし、この時、捜査幹部の頭には「見当たり捜査」という言葉が浮かんでいた。人込みの中から写真だけを頼りに指名手配犯を捜し出す。新しい捜査手法である。この捜査手法を編み出した大阪府警では、すでに着実に成果を上げていた。

これも偶然の為せる技なのか。

山形県警は府警の見当たり捜査官のもとに、研修として刑事たちを送り込んでいたのである。

捜査官を県警に招いて講習会も開いていたのだ。

ほかに方法がないのなら、見当たりに賭けるほかない。刑事たちの目で安を見つけるしかない。

捜査幹部は決断を下した。


ここで時計の針を少しばかり戻してみたい。

山形県警の刑事が大阪府警で見当たり捜査の研修を受けたのは、平成一一年七月のことだった。

ベテランになると何百枚もの手配写真を記憶し、雑踏の中から目だけを頼りに手配者を捜し出すという。驚異的な記憶力と誰もが驚愕するが、本人たちは「特殊技能ではない。誰にでもできる」と気負ったところはない。大阪府警が発祥の地で、今では警視庁、愛知県警などにも専門捜査官が置かれている。

山形県警の刑事四人の研修はわずか四日間だった。

何十枚もの手配写真をじっくりと見た後、県警の刑事たちは府警捜査共助課の見当たり捜査官に連れられ、簡易宿泊街・西成界隈に入った。

指導官は捜査共助課警部の高森茂樹。昭和二五年生まれ。この道二〇年以上という見当たり捜査官である。研修二日目。通天閣の辺りで、高森は手配犯を見つけた。愛媛県警が指名手配する窃盗容疑者である。

高森の技を間近で見た山形の刑事は述懐する。

「いい勉強をさせてもらいました。パチンコ店では斜めの顔しか見えない。だからいくつかの特徴を頭にたたき込めと教わった。ほくろ、傷、耳の形ですね。今は後輩にも見当たり捜査のことを伝えています」

研修翌年の平成一二年一〇月、高森は山形県警に招かれた。県警での見当たり捜査講習のためである。

「どんなに変装したところで、目だけは変わらない。耳と鼻、ほくろも。正面だけでなく、横顔も見て特徴点を見いだしなさい。髪型やひげ、めがねにとらわれるな」

県警の刑事たちは高森からそう教わったという。

そして、その翌年に羽黒町の強盗殺人事件が起きた。

捜査は、ある時不思議な偶然に導かれるように、暗闇の中に光が差してくるとはすでに書いた。凶器の包丁の発見だけではない。見当たり捜査との縁もまた、不思議な偶然だったように思えてならない。

そして、その偶然が大きく捜査を突き動かした。大阪府警の高森との縁がなかったならば、捜査本部の幹部に「刑事たちの目で雑踏から容疑者を捜し出す」という発想は浮かばなかったに違いない。

ほくろがあった

強盗殺人事件の容疑者・安峰の逮捕状が出たのは平成一三年五月五日のこどもの日だった。

ゴールデンウイークが終わり、九人の刑事が東京に向かった。

山形県警捜査一課の課長補佐（当時）・設楽裕一は東京出張を命じられ、大阪府警の高森の講演要旨を読み込んだ。

そこには、変装しても目や耳、鼻の形は変わらないとあった。毎日毎日写真を見続ける。決して特別な才能が必要なわけじゃない。大切なことは、犯人を見つけようという意志力なのだともある。

しかし、自分たちにそれができるものなのか。本当に誰にでもできるのか。

自信はなかった。

確かに日本語学校の教師が安を総武線で見かけたという証言はある。その日本語学校は新小岩駅の隣の平井駅の近くにあった。

状況から推し量れば、沿線に潜伏している可能性はあるだろう。でもそれ以上の手掛かりはない。用心深い連中のことだ。もうほかの地域に飛んでしまっているかもしれない。たとえ東京に残っていたとしても、運良く遭遇する確率はごくわずかだろう。いや、限りなくゼロに近いかもしれない。

手元の写真を、設楽はじっと見つめた。

目がつり上がっている。そして最大の特徴は右の眉の米粒大のほくろであった。

果たしてこの顔の男と運良く遭遇できるのだろうか。不安は尽きない。

しかし、命令は命令である。

「一年がかりを覚悟して行ってきます」

と捜査幹部に言い残して、設楽は故郷を発った。

上京した刑事たちは平井、新小岩、小岩の三駅で張り込みを始めた。

梅雨の東京はきつい。暑くてべっとりと蒸していた。北国の山形ではとても考えられない。改札や商店街、ネオン街を朝七時から夜八時、九時まで回る。通勤客の流れをじっと見つめ、商店街で行き交う人の姿を追う。パチンコ店にも頻繁に出入りした。

駅員に不審がられても、「実は」と打ち明けるわけにはいかない。捜査は保秘が大原則である。二人一組で追いかけて、似たような男を尾行し、声をかける。その結果、「違います」と日本語の答えが返ってきたことも、一度や二度ではない。

「安の顔が夢にまで出てきて、何度うなされたことか」

と設楽は当時を振り返る。

当時鶴岡署の刑事係長だった奥山祐は、犯人グループに足を刺された長女の担当を命じられた。母を奪われ、自ら傷を負った長女の苦しみと悲しみを目の当たりにして、奥山はホシには絶対に自分の手で手錠を掛けてやるとひそかに誓っていた。

奥山は平成一二年当時、警視庁捜査一課に出向していた。そのため高森の講習には出られなかったが、見当たり捜査のことは耳にしていた。

だから写真を何度も見て、目や鼻、耳の形を頭にたたき込んだ。ほかの刑事と違って土地カンはある程度あったが、それでも暑さはこたえる。体にまとわりつくような湿気も耐えられない。でも愚痴は言えない。我慢するしかない。安い宿を転々としながらの見当たり捜査が続いた。

顔が似ている人間は意外に多いものだ。「間違いない」と期待を抱きながら、電車を乗り継いで茨城県まで行ってしまったこともあった。しかし、近づくとほくろがない。それで終わりだ。

自分たちの東北なまりも気になって仕方なかった。犯人の仲間にでも聞かれたら、張り込みがばれてしまう。外ではみんな無口になった。

背広にネクタイでは新小岩の街に溶け込めない。ラフな格好で、ひげも伸び放題。薄汚れた風体に、駅前を寝床にしている浮浪者に仲間と勘違いされ、焼酎をふるまわれたこともあったという。

西村和洋は機動捜査隊から捜査本部に引き上げられた。事件発生当時は現場周辺の聞き込み要員だったが、五月の連休以降、見当たり捜査班に加わるように命じられた。

これだけの大きな事件だ。手配犯を逃がすわけにはいかない。安の写真を手に、毎日毎日見知らぬ街を歩き続けた。人の顔だけをただ見ながら……。

時間だけが過ぎ、刑事たちの顔はいつしか真っ黒に日焼けしていた。


六月二七日は運命の日の一日前であった。

西村は昼過ぎから新小岩駅前のアーケード街を一人で歩いていた。いつものようにパチンコ店、ゲームセンターを見回った後、再びアーケード街に戻った。

アベックがすぐ脇を通り過ぎた。

頭にガツンと衝撃があった。

あれっ。まさか。

似ている。これだけの衝撃は初めてだ。

でもまさか――。

一瞬の躊躇があった。振り返ると、人込みの向こうにアベックの姿が埋もれていた。かなり先まで進んでいる。まずい。西村はあわてて後を追いかけた。

しかし、どこにもいない。見失ったのである。西村は奥山に携帯電話を掛け、周辺を走り回った。見つからない。しくじったか。千載一遇のチャンスをつぶしたのか。奥山とともに夜一一時まであちこちを歩き回ったが、アベックの姿はどこにもなかった。

男は赤いTシャツを着ていた。大きな荷物も手にしておらず、生活感があった。近くに住んでいる可能性は強い。

「なぜ押さえられなかったのか」

と西村はすっかりしょげ返っている。

奥山は彼を励ました。

「明日がある。また必ず現れる」

そして六月二八日。いよいよ運命の日が訪れた。

新小岩駅周辺には三人の刑事が張り込んでいた。昼過ぎに東京の気温は三〇度を超えた。アーケード街には西村と奥山が別々に張り付いていた。

西村は不安で胸がいっぱいだった。

果たしてやつは姿を見せるのだろうか。二度とここには現れないんじゃないか。昨日がラストチャンスだったんじゃないか、と。

雑踏にひたすら目を凝らしていた。

顔、顔、顔……。ひたすら人込みの顔を追う。

必死の形相である。でも、それらしい男の姿はない。昼が過ぎ、昨日と同じ時間帯がやってきた。やはりチャンスは二度と訪れないのか。失敗は致命的だったのか。

午後二時半。視野の片隅を鮮やかな赤がかすめた。

赤いTシャツだ。

来た。きのうの男だ。女も一緒だ。手をつないで歩いている。心臓がばくばくと大きな音を立てたように感じた。失敗は二度と許されない。

やはり似ている。今まで写真を何度も何度も見返してきた。その顔は立体映像となって脳裏に焼き付いている。

その男が目の前にいる。

ここからではほくろの確認はできない。今度こそ。すぐに奥山に携帯電話を掛けた。一〇メートルの距離を空けて、西村が尾行を始めた。

実は安が付き合っていた中国人女性の写真も飲食店から入手していた。

そっと写真を取り出すと、そっくりである。

すぐに奥山も背後についた。アベックはアーケード街を出て、新小岩駅に向かっている。奥山がアベックを追い越して横断歩道を渡った。路上で立ち止まった彼の前をアベックが通り過ぎる。

ほくろはあるのか。それさえ確認できれば本人と判断できる。奥山は相手に気取られないように、目線を投げかけた。

あった。眉にほくろがあるのを確認した。

間違いない。「落ち着け」と自分に言い聞かせる。やっとたどりついた。砂漠の中の一本の針をついに見つけ出した。奇跡が起きた。

しかし、最後の詰めを誤っては何にもならない。再び二人は目で合図を送りながら、アベックの背後に回って尾行を続けた。

前の夜に、「もしも見つけたら、交番近くの人通りの少ないところで声をかける」と打合せをしておいたのだ。通行人が巻き込まれる危険を防ぐためだ。

緊張で喉がからからだ。駅前の交番を通り過ぎる。駅にも入らず、通りを右に曲がった。人通りも途絶えた。奥山と西村は目配せした。

西村がアベックの前に回る。男女はすっかり油断している。挟み撃ちする形で、奥山が背後から「アン・ホン」といきなり声をかけた。

ギョッとしたように振り返る。

「警察だ」。安は黙ったままうなずいた。駅前交番の二階に連れていった。女は日本語が達者だが、安はあまりしゃべれないようだ。彼女の通訳で、本人であることは認めたが、「何も知らない、やってない」と繰り返すだけだ。ただ山形に行ったことはあると答えた。

しばらくして設楽も交番に到着した。手錠をかけ、本田署に安を連行した。犯行後、女のアパートに転がり込んでいたのだった。

山形の刑事たちはこの夜、新小岩の小さな飲食店でささやかな祝杯をあげた。しかし、これで終わったわけではない。翌日には共犯の中国人を逮捕したが、主犯格の日本人の暴力団員にまでたどりつくのは、まだまだ先のことである。日中強盗団の全容解明までにはさらに過酷な捜査が待っていたのである。

大阪府警の見当たり捜査官・高森茂樹のもとに、山形県警の捜査員から電話が入った。安峰逮捕の報告だという。見当たりで逮捕されたと聞いて喜びが込み上げてきたが、「よかったですねぇ」と返事をするのが精一杯だった。

「逃げ得は許さない。それが私らの思いですわ。何で罪のない人が殺されなあかんねん。かたきをとったらなあかん。だから見当たりですわ」

高森は今、そう語るのだった。

特別な仕事やない、特別な才能もいらん

見当たり捜査の発祥の地は大阪だと述べた。

それは萩之茶屋周辺の簡易宿泊街「あいりん地区」で産声を上げたのである。かつての「釜ヶ崎」。東京の山谷、横浜の寿町どころではない。その規模は日本最大である。

一泊一〇〇〇円程度の簡易宿泊所が密集し、昼間から仕事にあぶれた男たちが街をさまよっている。路上生活者も多い。公園には廃車やテントで生活している者も少なくない。路地裏に迷い込むと、覚醒剤の密売、ノミ行為、博打場もあるという。飛田新地に行けば売春も堂々としたも

のだ。ここでは他人にかまっていては生きていけない。

だからこそ、犯罪者にとっては安心できる地域なのである。指名手配容疑者も紛れ込んでいる。

あいりん地区では日雇い労働者の暴動が戦後二三回も繰り返されている。昭和三六年の第一次暴動では、交通事故にあった遺体を二〇分も放置したまま現場検証を続けたことに端を発し、二〇〇〇人にのぼる労働者が暴徒と化した。西成署を包囲し、パトカーにまで放火したのである。

最後は平成二年の第二三次暴動。西成署の刑事が暴力団から賄賂をもらっていたことが判明し、怒り狂った労働者たちが火炎瓶や石を投げつけ、商店の略奪が行われた。この時は労働者だけでなく、暴走族などの若者も混じっていたという。

こうした地区だから、街の中心部にある西成署は高い塀が張り巡らされ、まるで要塞のようなたたずまいである。署員も府下一番の五〇〇人が所属している。暴動の歴史を振り返れば、それも致し方ないのだろう。


見当たり捜査の元祖といわれる元刑事がいる。

高野高雄。昭和九年生まれ。昭和四八年から一〇年間、府警の捜査共助課に所属し、寝屋川署刑事課長を最後に退職した。

昭和五三年一一月四日のことである。当時、高野は警部補として、西成署内にある捜査共助課西成分室を根城にしていた。

その日は一人で街を流していた。地下鉄御堂筋線動物園駅から新世界へと向かう信号を渡った。赤に変わり、反対側の男が立ち止まった。

あれっ、どっかで見たことがある。あいつだ。

沖縄県警の捜査員が置いていった手配書の男の顔を思い浮かべた。すれ違うと、横顔もそっくりだ。確か死体遺棄容疑だった。

手配書を取り出して見ると、身長一七六センチとある。それにしては身長が低い。でもよく似ている。背の高さだけで違うと判断していいのか。すれ違いざまに顔を凝視すると、手配書にあった耳の下のほくろも確認できた。

しばらく尾行して、思い切って「金城」と本名を呼んでみた。

振り返った男は「私は大城ですが……」と平然として答える。

が、その顔はやはり本人に間違いない。

「これは誰や。おまえとちゃうんかい」

ごまかしは利かない。相手の目をキッとにらんだ。気迫で相手を圧倒しなくてはならない。

男は押し黙った。そして小さなため息を漏らした。

「すみません。私です」

身長は沖縄県警の間違い。一七六センチではなく、一六七センチだったのである。

これが見当たり捜査による検挙第一号なのだという。

先輩刑事のひと言がヒントになった。

「私が元祖ということになっとるようですが、先輩もやっとったんですわ。先輩に『西成は魚影が濃い。写真を手にしてやったら捕まるんちゃうか』って言われたんですわ。それで写真を見るようになった」

「魚影が濃い」とは多くの手配犯が逃げ込んでいる可能性が強いという意味だろう。もちろんまだ見当たり捜査という言葉は生まれていない。その当時は、西成界隈の古物商などを回って、盗難自転車を捜すことを「見当たり」と言っていたそうだ。

昭和五四年九月二日付け読売新聞大阪中央版に高野の記事が掲載されていた。

当時四五歳。彼はインタビューにこう答えている。

「送られてくる手配書の中から西成区や浪速区に立ち寄る可能性のある犯人をピックアップしてな。

熟読の上、人相、身体の特徴などを自分のリスト帳に書き込んでおく。それだけでは不足なので、手配を出した警察にもっと知りたいことを細かく聞くんですわ。帳面をにらんどると、手配写真がなくとも犯人像が連想されてくるから不思議ですわ。

まぁ、自分でモンタージュ作っとるわけです。顔なんかは歌手や政治家に見立てましてな。丸顔、角顔、逆三角顔に区分します。身長は常に自分を基準に身体に覚え込ませます。後は出たとこ勝負ですわ」

「毎日そんな作業しとるうちに、手配犯の顔がまるで親類や知人のように親しく見えてきましてな。どんどん記憶に残っていくもんですわ。七〇人、八〇人くらいならとっさに出てきますわ」

記事にはこんな失敗談も載っていた。

ノックアウト強盗として手配中の元ボクサーを捕まえた時のことだ。左利きと聞いていたので、ほかの捜査員二人に「左腕を押さえてや」と頼んでおいた。打合せどおりに左腕を押さえた。

が、高野は次の瞬間、顔面に強烈な一発を食らった。さすがは元プロ。右のパンチも強烈だった。

「とっさに顔は判別できなかったが、パンチで確認できた」と高野も苦笑いだったとか。

ともあれ、高野の検挙がきっかけとなり、ほかの刑事たちも見習って、手配写真の顔を覚えては街に出るようになったのだという。しかし、見当たり捜査という言葉が定着するのはまだずっと先のことであった。

高野の後を継いだ阪口昭造も見当たりの達人だった。昭和三九年に拝命し、西成署に配属されると、手配写真を持って街に出るようになった。そのころの西成は日雇い労働者の暴動が頻発し、私服で警戒に当たっていたのである。毎日毎日街に出た。

街が平穏なときには、新聞紙の中にいつも手配写真を隠し持っていた。多くの手配犯を検挙し、やがて捜査共助課所属の見当たり捜査官となった。

彼こそが大阪の見当たり捜査を確立し、多くの後輩を育てたと言っても過言ではない。その一人が、山形県警に見当たり捜査を伝授した高森茂樹だったのである。

高森の拝命は昭和四三年四月。最初の勤務が西成署だった。南海本線の萩之茶屋駅前の交番に半年ほど勤務した。大阪万博開催に向け、日雇い労働者で街は活気に満ちていた。

捜査共助課に異動したのは昭和六〇年のことだった。大阪府警では、そのころにはすでに見当たり捜査という言葉が使われていたという。しかし、まだ全国区というわけではなかった。

「特別な仕事やない。特別な才能がいるわけやない。誰でもできる。やる気さえあれば」

高森は先輩からそう教わったという。しかし、実際に先輩たちの技を目の当たりにすると、

「こんなことでけへん。荷が重すぎる」

と不安にさいなまれるのだった。

街を歩いていても、すれ違う人の顔をいくら見続けてもなかなか容疑者は見つからない。初めは毎日が苦痛だった。

最初のホシを挙げたのは、捜査共助課に異動して一か月後。その日は師匠が休みで、一人で西成を流していた。見覚えのある顔が目に飛び込んできた。ガード付近を女と歩いている男。警視庁が窃盗容疑で指名手配している窃盗犯に違いない。

しばらく尾行し、背後から名前を呼んだ。

「えっ」という表情で振り返る。当たりだった。

この男の手口には特徴があった。

たばこ屋でトランプをばらまき、店番のおばあちゃんに拾ってもらっている間に売上金をごっそり盗み出すのである。お年寄りをいじめる卑劣な手口だった。

東京までホシを護送し、テレビのニュース番組にも取り上げられた時には、母親から「あの事件やね、大変やったね」とほめられた。それが何よりもうれしかったという。

見当たりで一人前になりたいと心底思ったのは、その時だった。

見当たりは誰でもできる。特別なことじゃない。やる気さえあれば、自分にだって。

師匠や先輩の言葉を信じて、高森は新たなスタートを切った。しかし、それは決して楽な道で

はなかった。

時効という言葉が嫌いや

顔写真だけを頼りに雑踏の中から指名手配容疑者を捜し出す。それが見当たり捜査官の務めである。誰にでもできる。特別な才能なんかはいらない。高森はそう言い続けた。

この道二〇年以上というベテランの言葉である。

しかし、本当にそうなのだろうか。誰でもできるのだろうか。いくら話を聞いても、どうしても納得できない。だから何度も同じことを聞くしかなかった。

やはり特殊な能力が必要なのではないでしょうか。少なくとも卓越した記憶力とか集中力は欠かせないのではないでしょうか、と。

高森はその度に否定するのだった。

「確かに半端じゃできん。でも絶対に捕まえちゃる。逃げ得は許さん、という思いがあれば十分なんや」

と笑いながら。

高森によれば、記憶力は人間の天性の能力。記憶したデータと視覚・聴覚で得た情報の正誤を判断する能力も、みんな平等にあるというのだ。経験を積み重ねることで、捜査カンも身に付いてくるのだとも。とにかく現場に出ること。それが大切なのだという。

「テレビによく出ている俳優やったら、一度も会ったことなくても、街ですれ違っただけで分かるやろ。しょっちゅうテレビで見とるから。学生時代の友人と繁華街で会ったら分かるやろ。いくら久しぶりでも。

それと同じや。正面の写真、横顔の写真。いつもいつも見とると、頭の中で立体的に見えるようになる。昔からの知り合いみたいに、人込みの中でも判別できるようになるんや」

一度に覚えようとするから難しい。少しずつ少しずつ頭にため込んでいけばいい。決して無理はしない。

指名手配容疑者は全国に何人いるのだろう。

「一九〇〇人ですよ。そのうち大阪は三五〇人くらい。警視庁で二九〇人。大阪の方が多い。でもそれは捕まっていないということや。だからえばれることやない。ちなみに北海道は四〇人くらい。例えば旭川にしか足がない、犯歴がそこにしかない。そんなやつが大阪まではまず来ん。そんなもん覚えても無駄や。

覚えなくちゃならんのは大阪に関係あるやつ。手配はどこの県であってもええ。大阪で前があるとか、余罪があったとか、親類がいるとか、以前に足があったとか。西成に来そうなやつもやね。調べますやんか。ネタをどんだけ集められるかが大切なんや。それで絞る。そういうやつの顔を集中的に覚えるんですわ」

毎日写真とにらめっこは当たり前。朝出勤すると、一時間は写真を見続ける。もちろん自宅でも。新米の時は写真をカルタのようにして名前を当てたこともあったという。

手作りの手帳には四〇〇人の手配写真が貼られ、細かい特徴が書き込まれているそうだ。それを通勤の電車内でじっと眺める刑事もいる。それぞれに工夫しているということだろう。

「細かいことまで覚えんでもええ。写真を見る。そのまま覚えるのが一番ええんや。何回も何回も正面、横からの顔を見るんや。素直にそのままにな。そうすると、立体的な像が頭に浮かぶようになる。絶対にパクるという意志力も必要やけどな。私らはな、時効という言葉が一番嫌いなんや」

「はっきり言って、かみさんの顔より被疑者の手配写真を長く眺めているわけや。中にはな、二年も三年も逮捕されんやつがおって、そんなやつを街で見つけたときは、もう古くからの友だちみたいな感じがするんや。それくらい毎日毎日写真を見とるわけや」

気を付けなければいけないことがある。

それは、手配写真とは過去の姿を残したものだということである。歳月を経て、もしかしたら太っているかもしれない。あるいはげっそりとやせているかもしれない。そうでなかったとしても、確実に年齢を重ねている。だから写真のままの姿で現れるとは限らない。

それでも顔には変化しない部分があるという。

①　正面写真の目元、鼻、口元のTゾーン

②　側面写真の凸凹部分

③　体重が増減し、年齢が増しても変化しない耳

正面からの最大の見当たりポイントはやはり目。側面は耳と凹凸だという。

「芸能人だってそう。目だけで誰か分かるんや。耳は人それぞれの特徴を持っている。パチンコ店なんかは横顔しか見れん。側面の場合は凹凸の骨格を記憶して、立体的な映像を頭の中に描き出すんですわ」

目、眉、鼻、口、耳、額、ほお、あご……。記憶ポイントを繰り返し繰り返し見ることで、それぞれの断片をつなぎ合わせて立体的にするのだという。

しかし、よく似ているだけでは何にもならない。

一〇〇パーセント本人に間違いないことを確認する必要がある。誤認逮捕は絶対に許されない。

ほくろや傷の位置が最終的な決め手となる。もう一つ、大阪府警の見当たり捜査官は複数の目でチェックしているという。捜査共助課の見当たり担当は四班体制。一班三人で、計一二人を擁している。普段は三人で組んで街を流す。雑踏の中を離れて歩きながら手配犯を捜すのである。覚える人数は人によって違う。高森で四〇〇～五〇〇人。中には二〇〇人、三〇〇人で精一杯という刑事もいる。人によって覚える対象にも得手不得手がある。若い顔が得意な刑事。年寄りに強い刑事。女ならおれに任せろという刑事だっている。

三人がカバーし合いながら手配犯を追っているのである。逮捕者は年間一〇〇人以上。一人の見当たり捜査官が年間一〇人程度の指名手配容疑者を挙げていることになる。

一人が手配犯とみられる者を見つけたら、ほかの二人に連絡する。三人がそれぞれの目で確認するのである。

「否定する役回りも必要なんや。これはどうや。合ってる。ここは違うんやないか。いいやそこもええ。という具合に。否定しても合う。それで間違いないとなる。もしもぐらついたら、ちょっとでも違うと迷ったら、そのときはやめる」

そこまで徹底して、ようやく次の段階に移る。

「声掛け」である。背後からいきなり本名を呼び掛けるのである。突然自分の名前を呼び掛けられた者は必ずと言っていいほど振り向く。それが本人確認の最後の決め手なのである。だから声を掛けるタイミングも計らねばならない。たばこの火を点けているとき、駅の券売機で切符を購入しているとき、パチンコでフィーバーしているときなどは最悪である。

「何かに集中しているときは声かけん。ふーとひと息ついているときがチャンスや。それとな、どんなふうに呼べば自然に振り返るか、前もって調べとくことも大切なんや。姓が変わっとることもある。普段呼ばれているニックネームがいいかもしれない。そこは事前の調べが大切なんや」

高森は手配犯との遭遇は「一瞬の出会い」だと言う。見当たり捜査官は一瞬にすべてを賭けているのである。

「乾坤一擲という言葉が好きだ」と高森は言う。運命を賭けて大勝負に挑む。それこそが「一瞬の出会いに賭ける心意気」だと言う。

「一枚の写真が私らの手元に届くまでに捜査員がどんなに苦労したことか。捜査員の汗がにじんどる。彼らがどんなに努力して手配にこぎつけたか。その魂を感じながら見当たりをやるんや」

殺人事件の捜査本部が二〇〇人以上も人員をかけて捕まらなかったホシを、たった三人の刑事が逮捕することだってある。それこそが見当たりの醍醐味なのだという。

指名手配犯には二つのタイプがある。

一つは親類縁者や知人を頼るタイプ。もう一つは誰にも連絡を取らず、自分一人で逃げるタイプ。前者は捜査で逮捕することが可能だが、後者ならばそうはいかない。

周辺をいくら調べ上げても居所は判明しない。そんなときに見当たり捜査の出番が回ってくるのである。今では見当たり捜査も有名になり、他県警から「大阪にカンがあるので、見当たりでお願いします」と要請が来ることも珍しくなくなったという。

だんだんおもしろくなる

高森の見当たり捜査歴は四半世紀に及ぶ。

見当たり捜査官となってまだ一年ほどのころの話である。

昭和六一年四月、師匠と二人で西成を流していた時、たばこ屋の前に車を止めて公衆電話で話している男に目が止まった。身長一八〇センチ、体重一〇〇キロの巨体。大阪府警から覚醒剤取締法違反で指名手配されている男である。

車のエンジンはかかったままだ。周辺に気を配りながら話している。

もちろん携帯電話などない時代。公衆電話を探して応援要請をしていたら逃げられてしまう。師匠とコンビを組んだ一年間には、五〇人以上のホシを挙げている。ようやく自信もついてきたころである。

電話に夢中で、相手の警戒がゆるんでいるようだ。

今ならやれる。二人でやろう。師匠と目で合図を交わした。

高森は男の背後に回り、名前を呼んだ。

男が振り向いた。あわてて車の中へ逃げ込んだ。腰のバンドをつかんだ高森も車内へ引きずり込まれた。続いて車内に飛び込んだ師匠が大声を上げた。スタンガンを手に押しつけられたのだった。

師匠もひるんでいない。男の手からスタンガンを取り上げた。しかし、男は運転席のマットをめくり、隠していたナイフを取り出した。一瞬師匠が刺されると思ったが、刃は高森を狙っていた。ジャンパーが切られたのだ。数十分後、たばこ屋の一一〇番通報でようやく応援部隊が駆けつけ、巨体の男は取り押さえられた。

一つ間違えば命を失っていた。退く勇気も必要だ。あの事件から、高森はそのことを学んだのだった。

新幹線で全国を荒らし回り、一都一府四県一六署から窃盗容疑で手配され、警察庁重要手配にもなっていた男を捕まえたのは、その年の六月だった。常習窃盗犯。第一級の獲物である。

師匠が休みで、その日は一人で流していた。西成区の商店街で男とすれ違った。やつだ。すぐに分かった。

「この常習ほしいな〜」と師匠が前につぶやいていたことを思い出した。よしやるか。一人でやると決めた。

追尾すること二〇〇メートル。自分の胸の鼓動が聞こえてくるようだ。

背後から名前を呼んだ。

振り向かない。

なぜだろう。違うはずがない。もう一度声をかけた。

しかし、知らんぷりだ。

間違ったかな。手帳をめくって写真の顔を確かめてみた。間違いない。「左大腿部に牡丹の入れ墨」とある。それさえあれば決まりだが……。

繁華街が近づいてきた。あそこまで行ったら逃げられてしまう。

思い切って、名前を呼びながら肩に手をかけた。

「違うがな」

男は手を振り払い、頑強に否定する。

高森は一計を案じた。

「すまんのう、勘違いや。私の知っとる人やったら、右足の太ももにやけどの傷がある。見せてくれんか。なかったらあきらめるわ」

男はズボンを下ろした。もちろんやけどはない。しかし、左の大腿部には牡丹の入れ墨がくっきりと。

「すまんなぁ。私の間違いや。左の牡丹や」

もう一度名前を呼びかけた。

男は固まったまま動けない。言葉が出てこない。

しばらくして頭を下げた。

「すんまへん」

ついに観念した。

二三年の見当たり人生では様々なホシに出会った。

黄昏時のことだ。商店街で自転車を止めて、自転車にまたがって誰かと話している男がいた。師匠が「あれシャブ（覚醒剤）で手配されとるやつや」と耳打ちした。自転車の男を押さえてから、高森が話し相手の方に目をやると、なんとそいつもシャブで手配中。ダブル検挙である。

仕事を終え、最寄り駅で電車を待っていた時のことである。ドアが開き、降りてきた男の横顔を何気なく見ながら、「あれ、どこかで」と気づいた。詐欺容疑で手配中の男だった。もちろんその場で御用。今来た道を引き返し、警察署に戻ることに。

見当たり捜査で捕まえた男を連れて広島県警の小さな署に到着したのは午前一時半だった。真冬なので、幹部がストーブをたいて待っていてくれた。山の向こうはスキー場。幹部の心遣いが身に染みた事件だった。

午前中の外回りを終え、警察署に戻って刑事課の前のソファを通り過ぎようとした。うつむき加減の男が座っている。あれっ、見覚えがある。窃盗容疑で手配中の男だった。

この男、友人宅に泥棒が入り、付き添いで署に来ていたのだという。もちろんその場で逮捕。それにしても署内に堂々と入り込むなんて、図々しいホシである。

見当たり捜査を命じられると、誰もが最初は不安で胸がいっぱいになる。

本当に自分にできるのか。特殊な能力が必要なのではないか、と。

配属されて三か月間一人も捕まえられなかった新人は悪夢を何度も何度も見たという。

被疑者の顔が夢の中にも現れる。必死で追いかけるが、いつもあと一歩のところで逃げられてしまう。ようやく捕まえたと思ったら、別人だった。誤認逮捕である。そんな悪夢にうなされ続けた。

この新人は三か月後、パチンコ店の中で、偽造免許で手配中の男を見つけた。「あれ、あれ」。思わず指で本人を指してしまった。こちこちになっている。

「ええから、早よ職質（職務質問）せんか」

と師匠は苦笑いだ。

「また夢かと思った」

と新人捜査官。その時以来、一皮むけて、ホシを次々に挙げるようになったとか。

「みんな不安がる。でも一人捕まえ、二人捕まえ、だんだんこの仕事がおもしろくなるんですわ。悪いことやったやつを捕まえる。仕事として、こんなにおもしろい仕事はない。何度でも言いますが、誰でもできます。特別な才能は必要ないんですわ」

大阪で生まれた見当たり捜査は今では、警視庁や愛知県警でも実践されている。

見当たりばかなんですわ

愛知県警の見当たり捜査官第一号は落合武だった。昭和一九年生まれ。泥棒刑事の経験も長い。退職後も捜査三課で手口捜査の指導に当たっていた。

昭和三八年拝命。所轄の刑事のころから街に出て、写真で泥棒の顔を覚えて捕まえてきたという。

ある窃盗犯に的をかけて、尾行している時だった。場外馬券売り場にホシが入った。落合もほかの刑事とともにあとを追った。エスカレーターで一人の男とすれ違った。

手配書で見た男だ。兵庫県警西宮署が強盗容疑で指名手配していた。

的割り捜査はいったん中断だ。張り込みの刑事が一斉に飛びかかった。

「逃亡者には独特の孤独感がある。普通の人と足並みがそろわない。競馬やるにしても、熱中しているわけではない。どこ行くともなくブラブラしている」

正式に見当たり捜査官に任命されたのは平成九年。愛知県警では、たった一人の見当たり捜査官だった。

「『見当たりばか』ですよ。私はこれしかできないから。泥棒刑事の時代からこれ一本できました。そうねぇ、年間一〇人はとってきたかな。この仕事はごまかしきかんから。だから好きなんですわ」

全国を荒らし回っていた旅館荒らしを名古屋のパチンコ店で見つけたのは平成一二年のことだった。長崎県警の手口担当・木坂節也が一〇年間追い続けたホシである。余罪一〇〇〇件の大泥棒だ。

実は落合が手配書で見たのは、一五年も昔の写真だった。その間逮捕されずに旅館荒らしを続けていたのだから、最近の写真などあろうはずもない。

その日も朝から街に出て流していた。

パチンコ店の常連客はみんな顔を覚えている。しかし、その時は見慣れない男が座っていた。

誰かな。横顔を見ながら、頭の中の手配写真を次々にめくっていた。あごのしゃくれ具合にひっかかりを覚えた。見覚えがある。

もしかしたら……。静岡県警から手配されている大泥棒か。

顔はすっかり変わっている。写真では目がぱっちりしていたが、年をとってしょぼくれている。

最後の確認ポイントはほくろである。何気なく視線を送る。あった。間違いない。

応援を要請したが、男は暴れることなく逮捕された。

この時、落合は警部に昇進していた。普通はデスクに座り、現場に出ることはめったにない。しかし、落合は現場にこだわり続けたのである。

当時の愛知県警の見当たり捜査官は五人。県警の見当たり捜査は大阪とは少し違う。一人で街を流し、手配犯を見つけると、近くの仲間に連絡して最終確認をとったうえで声をかけるのだという。

「うちの場合、みんな競争しながらやっているんです。手取り足取り、叱咤激励なんてない。これはある意味で個人競技。互いの競争の中で技術を高め合っとる。班長も街に出て、班員と競い合う。最後まで班長をライバルと認め、技術を盗もうとする。それでいいんです。

刑事ってのはね、田舎で育った刑事の方がねばり強い。大きな署で育つと、事件の裁き方は確かにうまくなる。見事なほどに。事案の判断もできるようになる。田舎の刑事はちょっと違う。ネタがないとき、田舎の刑事は質屋回ったり、ホシを一生懸命調べたり、なんとかモノにしようとするんです。

愛知は東京や大阪に比べてホシの数が少ない。それだけに一生懸命やる。だから見当たりの技術は大阪や東京にも負けていない。あいつは見当たりしかできん。よくそう言われますが、それでええんです」

見当たり捜査官は偶然に賭ける。一瞬に賭ける。

落合はそう言い切った。

駅や雑踏をひたすら歩く。手配犯と遭遇する確率は決して高くはない。目標は月に一人という。でもいったんすれ違ったときは絶対に逃さない。

それは偶然かもしれない。しかし、顔を覚え、街に出なければ、偶然にぶつかることもない。だからこそ、一瞬に賭ける。そのために備えを万全にする。信念がなければできない仕事だろう、とつくづく思う。

調子がいいときは、一週間で六人のホシをとったこともあったという。同じ関西のホシを三回捕まえたこともあった。三回目にはホシも「何でやねん」とこぼしたものだった。岩手県警の強盗犯をパチンコ店で逮捕して、新幹線で護送。名古屋に戻ると、またも岩手県警の別の手配犯に遭遇し、新幹線で盛岡まで二往復というときもあった。

もちろんスランプもある。三か月一人もとれないと、焦りは募る。それでも街を歩き回ることを続けるしかない。

「器用にいろいろなことができるタイプはこの仕事に向かん。器用なやつはだめ。外交的なやつはだめ。竹を割ったようなさっぱりした性格はだめ。些事にこだわる方がいい。かといって、すばやくなくちゃだめだけど。ちょっと変わったぐらいの方がいい。一途なやつが一番向いているんです」

　と落合は言うのである。


　後輩も育っている。

　坂本英己は平成一一年に見当たり捜査官となった。刑事特別捜査隊の中の追跡捜査班。総勢六人のチームである。若いころは白バイに乗っていたこともあったという。

「ただ一生懸命写真を見る。いろんな角度から見る。うろ覚えだと、みんな似たような顔に見えてしまう。僕の場合、雑踏の中で見かけると写真が浮かんでくる。今も四〇〇人は頭に入っている。徐々に徐々に増やしていく」

　坂本は異動してわずか一週間で手配犯を見つけ出した。

　刑事部屋で写真を見ていた時、落合に「一日中写真ばかり見とらんで、たまには外に出ろ」と怒鳴られた。不安を抱きながらも街を流し、パチンコ店に入った。

　よく似ている女がおるなぁ。まさかなぁ。でも……。

　ほくろの位置が一致している。まだ半信半疑だ。

　落合に電話をかけた。

「よく似とるんですが」

「そりゃ、似とるやつはいくらでもおるよ」

　落合もまさか初日にホシに遭遇するとは思ってもいない。違ってもいい。まぁ、新米にはいい勉強だろう。そのくらいの気持ちで駆けつけた。

しかし、予想に反して、ずばり当たっていた。詐欺の手配犯である。見当たり捜査官として、それが坂本の初仕事になった。

数日後、坂本はまた一人のホシを逮捕した。雑踏で坂本を追い越した男がいた。一瞬の出来事である。

ピンと来るものがあった。横顔を斜め後ろから見つめた。ほおのラインに記憶がある。二七歳の手配犯。写真は一五歳のころのもので、顔つきはかなり変わっていたが、ほおの骨格はそのままだった。

「朝晩見ていると、写真の人が知り合いのような気がしてくるんです。平面の写真が立体的に見えてくるんですよ」

ただただ一生懸命やる、と坂本は言う。師匠の落合と同じように、「偶然に賭ける」とも。とにかく歩く。周囲に目を配る。緊張感を失っていれば、ホシは見つからない。

「緊張感の持続は二、三時間ですかね。見つからないときはこんなにもつらい仕事はないと思う。そんなときは基本に戻る。しっかり覚えていないから捕まらないのだ。そう自分に言い聞かす。そして何度も何度も写真を見直します」

東京都と警視庁が、現場から送信された現場画像や雑踏の画像から、あらかじめ登録した指名手配容疑者やテロリストの写真と自動照合するシステムの開発に乗り出したという新聞記事を読んだことがある。

「三次元顔形状データベース（DB）自動照合システム」なのだという。本来は二次元の顔写真を立体的な三次元に復元して、警視庁のサーバーに登録する。大事件が発生した場合、現場の防犯カメラから送られた映像を一〇〇分の一秒で分析可能だという。

本当ならば、捜査に大いに役立つことは間違いない。

しかし——と落合は言う。

「見当たりはコンピュータに勝る技です。すれ違った瞬間に見分ける。偶然に賭ける意志力。第六感。これはコンピュータにはとても無理でしょう」

刑事の技は現場で磨かれる。その技は伝承されていかなくてはならない。

落合の言葉は重い。

第五章　落ちる眼、スリ眼を追う

すべてはスリ眼。相手が外国人であっても、基本はスリ眼をとらえる技。長い間、熟練のスリと戦ってきたモサ係の刑事たちは、たとえ相手が外国人であっても負けるものではない。長い歴史の中で、それだけの力を鍛えてきた。

◇

休めば休んだだけ勘が鈍る。スランプに陥ったら、徹底的に現場に出る。無駄を覚悟で動かなくてはならない。何回も何回も現場を回る。それしかない。

◇

既遂が原則ですわ。未遂はやりません。スリ係の喜びは被害者に喜んでもらうことや。被害品が被害者に戻った時、その時の笑顔。『ありがとう』のひと言が刑事の誇りや。生き甲斐や。もっと頑張ろうと、明日への励みになりますのや。

眼が落ちる

平成五年一一月二三日。東京・荒川区のJR日暮里駅の山手線外回り一〇番線ホームは、勤労感謝の日とあって行楽客でごった返していた。

警視庁捜査三課スリ係第一班のデスク主任（当時）・長谷川高司はホームの人込みから「スリ眼」を追っていた。雑踏には一四人の刑事が溶け込んでいる。そのうち八人は長谷川の部下。残りの六人は全国スリ犯捜査専科の講習生だった。もちろん全員が現役警察官。実戦の中でスリ現場の厳しさを体験するのである。彼らを指導するのは、長谷川らモサ係の刑事たちだ。

スリは「掏摸」と書く。懐を模探《もさぐ》ることから、モサと呼ばれている。大阪府警の古い刑事たちはチボとも言う。パンサー、マッチャンなどと呼ばれることもあるという。警視庁のモサ係は現在、四班体制で総勢二二人だという。その一人ひとりが大都会の雑踏に潜んだスリを追い続けるハンターである。

人込みの中でスリ眼を判別するのは難しい。何年も街を流して、ようやくものにできる刑事の技である。

スリ眼は物色眼。「眼が飛ぶ」と長谷川は言う。

眼先がどこに飛ぶか。バッグであったり、懐であったり、尻ポケットであったり。スリが獲物を見つけたとき、黒い目玉がふっと落ちる。古いスリたちは隠語で、「ギロを入れる」と言ったものだ。獲物にギロリと強い視線を投げかけるからだろう。「メッコを入れる」と隠語を使うスリもいる。隠語は符丁ともいう。逆さまにして、「チョフ」である。いずれにしても、モサ係の刑事たちは人込みの中でも眼が飛ぶ瞬間を見逃さない。それが職人技なのである。

彼はこともなげに言う。

「眼が落ちる角度とその先だよ。角度は一〇度くらいかな」――と。

その日、日暮里駅ホームでは、刑事たちが強烈なスリ眼をとらえていた。中年女性が左肩にかけたバッグに、男たちの鋭い目線が張り付いているのである。五人の男が中年女性を取り囲んだ。顔つきが険しい。目がぎらついている。獲物に飛びかかろうとしている猛獣のようだ。まさに「ギロを入れる」という言葉がぴったりだ。全身からぴりぴりする独特の緊張感が漂ってきた。

韓国人武装スリ団のメンバーは強さを誇示するために、自分の腹部を刃物で傷つける者まで いるという。それほどまでに凶暴な連中だ。体中に不気味な刃物傷がのたうち回っている男もいた。

午前一〇時四六分。電車がホームに滑り込んできた。

中年女性に続いて、男たちも混雑している車内へ。刑事二人がその後を追った。「幕」が女性を取り囲んだまま周囲の視線を遮る。間違いない。スリだ。やつらは獲物を前にして、ためらう素振りも見せない。刑事の目の前で、「真打ち」がバッグに手をスーッと差し込んだ。

やった。刑事が一歩踏み出そうとした。その時、少し離れた所にいた男が大声を上げた。周囲に目を配る見張り役の「張り」である。

気付かれたのだ。

男たちは刑事を突き飛ばし、閉まる寸前のドアから一斉に飛び降りた。刑事はよろけながらも必死で後を追う。ホームに飛び出し、「スリだ」と大声を上げた。未遂だが、現行犯を確認した合図である。

真打ちと張りの男はホームを走って逃げる。残りの三人は改札口につながる階段を駆け上がった。乗客にまぎれてホームに待機していたモサ係の刑事たちも獲物を追って、一斉に駆け出した。

張りが親分格だ。長谷川は特注の特殊警棒を伸ばして、二人を追った。韓国武装スリ団は包丁を隠し持っている。彼らとの対決のために、つばの部分を通常のものよりやや大きく改造したのだった。

線路に飛び降りた真打ちを、刑事二人が取り押さえた。武器は何も所持していない。

階段を駆け上がった男たちは反対側のホームに降り立った。一人が催涙スプレーを撒き散らしながら刑事に向かってきた。大声を上げながら、包丁を振り下ろす。刑事はとっさに特殊警棒で刃を受けた。刃先がわずかに欠け、男が一瞬ひるんだところを飛びかかった。もみ合いの末、何とか取り押さえた。

張りの男はカバンを投げ捨てて階段を駆け上がった。数メートルの距離を空けて長谷川が追跡する。その時、背後で乾いた銃声が響いた。長谷川は思わず立ち止まった。

「ついにやったか」と彼は瞬時に悟った。

この日は、モサ係の刑事たちに拳銃携帯が初めて認められていたからであった。

振り返ると、刑事が拳銃を構え、線路に男が倒れていた。反対側のホームに逃げた男が線路に飛び降り、包丁をかざして刑事に突進してきたのだった。

刑事は「抵抗をやめろ、撃つぞ」と警告した上で、ブローニング二五口径を上空に向けて、一発威嚇発砲したのだった。

しかし、男の突進は止まらない。凶暴な目が迫ってくる。とても正気とは思えない。刑事は足を狙って一発撃ち込んだ。当たったはずだ。それでも男は何かを叫びながら突き進んでくる。やむを得ない。刑事はもう一発発砲した。ようやく男は倒れたのだった。

山手線内回り電車がホームに入ろうとしていた。運転士の前方の線路上では男たちがもみ合っている。何が起きたのか。大変だ。運転士はあわてて急ブレーキをかけた。レールを滑る車輪が大きな軋み音を上げた。電車が停止したのは、逮捕現場のすぐ手前。危ういところだった。

五人の男のうち三人が逮捕された。張りの男が投げ捨てたカバンの中には包丁と催涙スプレーが入っていた。

日暮里駅の乗客はパニックに陥った。大勢の人が改札口目指して次々に逃げてくる。

「警察を呼んで。銃を撃っている」と大声を上げる乗客の顔は恐怖にゆがんでいる。階段には乗客がホームに降りないようにロープが張られた。

翌二四日付け読売新聞朝刊一面には、東京・JR日暮里駅でのスリ犯逮捕の生々しい現場写真が掲載されている。社会部記者がたまたま居合わせ、命をかけた逮捕劇の一部始終をカメラに収めていたのである。

体がとっさに動いた

少し前まで、熟練の刑事と職人技を誇るスリ犯の対決は、ある意味で腕比べ、知恵比べであった。しかし、韓国人武装スリ団の「侵食」によって、それは最も危険な現場の一つとなった。スリ団との格闘でけが人も続出した。刑事たちは命がけで街に繰り出すようになった。

日暮里事件から九日前の一一月一四日にさかのぼる。

東京都中野区の西武新宿線鷺ノ宮駅で、三人の韓国人スリが逮捕された。この時も、警視庁捜査三課のモサ係の刑事がスリ犯捜査専科の講習生を引き連れていた。総勢九人。包丁を振り回すホシ一人に三人がかりでようやく取り押さえることができた。

しかし、講習生一人が手の甲を切られた。それ以前にも警察官や被害者がけがを負わされるケースが相次ぎ、警視庁捜査三課長は、巡査部長以上のモサ係に拳銃携帯を認める決断を下した。

「発砲の責任は自分がとる」と腹を固めたのである。

昭和六二年には五〇〇〇件だった都内のスリ被害は平成三年には一万件を超えていた。その数年後には一万数千件に達する。飲食店のいすにかけた上着からクレジットカードをすりとる中国人のブランコスリが大挙して押し寄せ、全国を荒らし回ったのである。

韓国人のスリ団も最初から武装していたわけではない。包丁を隠し持つようになったのは、平成四年ごろからだという。その年には、浅草の仲見世を流していた警視庁のモサ係の女性刑事が三人を尾行して手錠をかけようとしたところ、パン切り包丁で襲われた。

男は顔めがけて包丁を振り下ろした。たまたま剣道の達人だったので、かろうじてかわすことができたのだが、それでも女性刑事はけがを負った。彼らはやがて、催涙スプレーと包丁で武装しながら、ヒット・アンド・アウェーの犯行を重ねるようになった。

鷺ノ宮駅の事件後、長谷川は一味を摘発するため、被害届の分析を続けていた。スリ被害者のほとんどは犯行からしばらく経って盗まれたことに気づくものだ。どこですられたかは分からない。

だから、被害者のその日の経路をたどる必要がある。複数の被害者の接点はどこにあるのか。韓国人武装スリ団の宿泊しそうな地域はどこか。

その結果として、ＪＲ日暮里駅が浮かび上がったのである。そして拳銃携帯という捜査三課長の決断からわずか九日で、発砲の時が訪れたのである。

「やつらには確固たる組織があるわけじゃない。その日その日でメンバーが変わる。指に挟んだカミソリでカバンをひそかに切る『断ち切り』のような日本人スリの技はない。断ち切りの腕のいい真打ちは『機械屋』と呼ばれている。機械屋は、技を持たない腕の悪いスリたちのことを馬鹿にしている。腕がないからすぐに見つかる。自信がないからすぐに刃物を振り回す。それが韓国人武装スリ団だ、と。技がない連中は暴力に頼る。困ったもんだ」

長谷川が眉根を寄せた。

「全員をつかまえようとしたら、やつらより三倍の人数が必要。でもモサ係の刑事が拳銃を撃ったことでやつらも少しおとなしくなったかな」

韓国人武装スリ団の来襲のきっかけは二つあった。

一つは平成二年一〇月の韓国大統領令により犯罪取締りが強化され、犯罪組織が日本に目を向けたこと。もう一つは、大阪万国博覧会で荒稼ぎしたスリたちが、「日本は簡単に稼げる」と帰国してから仲間に吹聴したことだという。

大阪や神奈川でも同様の事件が相次ぎ、平成一三年八月には横浜のデパートで、神奈川県警の男女の刑事が長さ三一・五センチ、刃渡り一九・四センチの牛刀で切られ、それぞれ三八針、六針も縫う大けがを負っている。

女性の刑事はモサ係に九年半在籍した後、いったん所轄に出て、平成八年に再び復帰した。すでに韓国人武装スリ団は各地を荒らし回っていたが、その恐ろしさは実感できなかった。彼らに遭遇したのは五年後のこと。ギラギラした目付きは、さながらか弱い獲物を狙うハイエナのようでもあった。

あの連中相手に、二人ではとても無理だ。押さえられない。応援を頼んだ。しかし、応援部隊が到着する前に、彼らはデパートで買い物中の客のショルダーバッグに手を伸ばしたのである。

その瞬間を目にして、体がとっさに動いていた。モサ係の刑事は犯行を現認したら、すぐに飛びかかるように訓練されているのである。犯人と格闘となり、周囲で警戒していた仲間たちに襲われ、牛刀で切りつけられたのだった。

スリの現場は戦場になった。それでも逃げるわけにはいかない。モサ係の刑事たちは毎朝、そんな決意を胸に街に飛び出した。いつ倒れても、と出撃前に新しい下着に着替える刑事もいた。

あの時の拳銃携帯もやむを得ない措置だった。長谷川はそう信じている。

しかし、大阪のモサ係の刑事たちは発砲という事態に少し異なる意見を持っていた。

「雑踏での発砲は危険すぎる。日暮里事件を見て、改めてそう思った」

と大阪のモサ刑事たちは言うのである。彼らは拳銃携帯を捜査責任者のみと決定した。包丁の男たちに取り囲まれても、刑事たちは特殊警棒だけで戦った。

そのかわり訓練はいつも実戦さながらだった。自分たちの命がかかっている。手を抜けば自分に危険が降りかかるのだから、みんな真剣だった。


そして日暮里事件から七年後の平成一二年一〇月二六日、その事件は起きた。

東海道線辻堂駅―藤沢駅間を進行中の電車内で、神奈川県警の刑事たちが韓国人のスリ三人と格闘になった。三人は催涙スプレーを刑事に吹きかけ、包丁を振り回した。辻堂駅で飛び出し、反対側に停車していた電車に飛び乗る。しかし、刑事は逃さなかった。三人は車内で取り押さえられた。

このうちの一人が日暮里事件の親分格の男だった。長谷川が追いかけ、カバンを投げ捨てて逃げた張りの男である。逮捕の報告を聞き、長谷川は胸をなで下ろした。危険な連中を野放しにすることは、新たな被害者を生むことになるからだ。

全国のスリ被害は平成一五年の二万五三三八件をピークに減少しつつある。検挙率一九パーセント台にまで追い込まれた警察の犯罪抑止策が功を奏したのであろう。警察も戦法を変え、現行犯だけでなく、逮捕状をとったうえで日本に再入国したところを捕まえるようにもなった。韓国警察当局との連携が深まったのも理由の一つであろう。

平成一七年の被害は一万五四四六件と、昭和五〇年代のレベルにまで下がっている。今は凶悪な韓国人武装スリ団もなりを潜めている。しかし、これで終わったわけではない。それほど簡単ではない。彼らは海の向こうで、成り行きをじっとうかがっているのかもしれない。

スリ眼を見破る

「すべてはスリ眼ですよ」と長谷川は断言する。スリ眼を見抜く技。モサ係の刑事たちは相手が外国人であっても容赦しない。スリとの長い戦いの中で、それだけの力を蓄えている。

「韓国人武装スリもそう。中国人のブランコスリも北海道に始まって、あっという間に全国に蔓延した。居酒屋の椅子などにかけた背広を狙う。それがブランコスリ。最初は現金だったけれど、カードがやられて、どんどん引き出される。一日に被害届が六〇件なんてこともざらだった。でもうちの連中もさるものだよ。通りを流して、歩きながら店の中をちらちらのぞいているやつを狙うの。

やっぱりスリ眼ですよ。相手が外国人であっても、基本はスリ眼をとらえる技。長い間、熟練のスリと戦ってきたモサ係の刑事たちは、たとえ相手が外国人であっても負けるものではない。長い歴史の中で、それだけの力を鍛えてきた」

長谷川は昭和一六年に東京・新宿で生まれた。ハワイの真珠湾攻撃で太平洋戦争が始まった年である。父・金三郎は植木職人だった。新宿・歌舞伎町の神社の境内には、やはり植木職人だった祖父・長谷川亀太郎の名前が父とともに刻まれている。

敗戦濃色となった昭和二〇年、四歳の長谷川は長野の上諏訪に疎開した。首都・東京が猛火に包まれた三月一〇日の東京大空襲直前のことだった。

東京に戻ったのは小学二年の時。新宿は焼き尽くされ、瓦礫の街と化していた。かつての自宅の跡には誰が植えたのか、野菜畑になっていた。駅には戦争浮浪児がたむろし、スリやかっぱらいで食いつないでいた。

彼らはチャリンコと呼ばれた。

このころ、スリ養成の品川学校があったという。チャリンコを集めて、スリの技を身につけさせる。長谷川がモサ係になったころにも、「おれは品川学校出身だ」と胸を張るスリが逮捕されたことがあったという。

「学校って言ったって、ものになりそうなチャリンコといわれる浮浪児たちを集めては、スリの方法を教えているだけ。アパートの一室かなんかだろう。スリはろっぷを人差し指と中指の二本指ではさむ。そいつは逮捕されたときも、二本の指をずっと鍛えていたなぁ」

と長谷川は言う。

「ろっぷ」とは財布の符丁。なんのことはない。袋の「ろ」と布の「ふ」をつないだだけである。ついでにいうと、刑事のデカは、角袖（カクソデ）の最初と最後の文字をひっくり返しただけだ。明治の警官の制服は当初、角袖だったのである。古いスリは刑事をさかさまにして、「ジケ」という符丁で呼ぶこともある。

苦難の時代を生き抜いたチャリンコたちの結束は堅い。彼らは老齢の域に達しても、競馬場や競輪場で徒党を組んで客の懐を狙っていたという話を、古い刑事から聞いたことがある。戦後の裏街道を生き抜いてきた彼らも、今となってはさすがに現役を退いていることだろう。

昭和三五年、長谷川は警視庁の試験に合格した。六〇年安保が燃えさかり、デモ隊の国会乱入で樺美智子さんが死亡した年であった。

最初の勤務は赤羽署の交番。逃走中の強盗傷害容疑者を捕まえたのが最初の手柄だった。二〇〇本はある警視総監賞の中で、スリ以外の表彰はこのホシと、やはり交番時代のひき逃げ犯逮捕の二本だけだという。

交番勤務の後、機動隊に配属された。「鬼の四機」と恐れられた精鋭部隊である。安保や成田闘争、学園紛争など社会の混乱が激化する中、彼は九年以上も機動隊の飯を食らうことになった。隊長の指示を徹底する隊長伝令。部隊の中枢である。日韓警備、新宿騒乱事件、東大安田講堂落城、成田と絶えず最前線に立った。安田講堂の攻防では、鬼の四機が講堂に突入した。長谷川は部隊の先頭に立って階段を駆け上がり、屋上にいた学生を取り押さえた。東京都新宿区の陸上自衛隊東部方面総監部で三島由紀夫が割腹自殺した時も、総監室に真っ先に飛び込んだのは、長谷川だった。楯の会のメンバーを逮捕したのである。

激動の時代を機動隊員として駆け抜け、ある時、スリ犯捜査専科の講習を受けることになった。この時、長谷川はすでに三一歳。確かに命を張った機動隊の仕事はやりがいがあった。しかし、拝命したころからの「刑事になりたい」という夢を再び追ってみたくなったのである。

講習とはいえ、実戦が主体。すぐに現場に放り出された。この時についた先生は一〇歳年上のベテラン刑事だった。背は低いが、体重九〇キロ。モサの世界では「豆タンク」と恐れられていた敏腕刑事だった。

昭和四七年九月。講習の舞台は平和島競艇場だった。

先生には長谷川と鉄道公安官の二人がついた。最終レースが近くなったころ、「あそこにいるぞ」と先生が小さな声でつぶやいた。

雑踏の中を金網の手前まで動いた。三人はスリの背後にぴたりとついた。競艇は最終コーナーを回ったところだ。男性のズボンの左横ポケットを狙っている。

二丁拳銃は腰の両側に収められている。だからスリは左右のポケットを「鉄砲」の隠語で呼ぶ。

先生の目が「鉄砲だよ」と教えていた。

財布を抜き取った瞬間、先生は「スリだ」と叫んで、ホシの手首を握りしめた。すぐさま鉄道公安官が飛びかかって手錠をかけた。だが、長谷川は動けなかった。立ちつくしていたのである。彼にとっては、何がなんだか分からないうちに終わってしまった逮捕劇だった。

なんとも情けない。でも、自分もいつか先生のようなモサの刑事になりたい。ホシに手錠をかけたい。

心からそう思ったのだった。

長谷川は一年後、捜査三課に異動となった。希望どおりのスリ係である。相棒は講習の先生。豆タンクだった。

スリの捜査は原則として二人で街を流す。「主」が巡査部長で、「従」が巡査。警視庁では、「主」は先生と呼ばれ、手錠をかける真打ちである。従の捜査員は先生の指示で動きながら仕事を覚えていく。

スリの世界と同じように、絶対的な徒弟制度である。大阪の場合は先生ではなく、師匠と呼ばれる。こうした縦の関係は警察社会に身を置く限りは、その後もずっと続いていくのである。

「本来は一〇年若くなくちゃ一人前になれない。教えるのは基本的なことだけ。あとは自分でやるしかない。僕の動きを見て、自分の身体で覚えなさい。早く仕事を覚えて、一日も早く真打ちになりなさい。そのためには巡査部長試験にも受からなくちゃだめだ」

と先生には厳しく諭されたものだ。

若さは取り戻せるものではない。スタートが遅かったのなら、必死で先生に食らいついていくしかない。

長谷川は、スリ刑事に必要なのは「眼」「足」「根気」「機敏」だと言う。このうち最も難しいのが「眼」。すでに眼が落ちることは書いた。「スリ眼」である。これを見分ける力がつくまでには、街に出て三年の歳月がかかるという。

物色眼の一種だが、スリは職人技。物欲しそうに、じっとバッグに見入っているスリなどいるわけがない。黒い瞳が瞬間落ちる。そのあとに周囲に張りの眼を飛ばす。刑事がいるかどうか、チェックを入れるのである。それも一瞬のことだ。でもその視線には、盗んでやるという強い意志がこもっている。

初心者のスリはきょろきょろと目線があちこちに飛ぶから比較的分かりやすい。こうした新米スリをデキモサという。スリ眼が濃いのである。

常習者になると、流し眼といって、ちらりと視線を流すだけだ。それも遠い場所から視線を飛ばす。遠眼である。スリ眼が薄く、角度も浅い。これを見極めるのはとても難しい。熟練の技が必要だ。

スリ眼に似たものに、色眼（痴漢の眼）、拾い眼（地面に落ちた金を見つける地見屋《じみや》の眼）、さくらの眼（露天商のさくらの眼）、警備員の眼がある。これらも、慣れると識別がつくようになるという。

このほかにも身体の接触状況、肘の曲がり具合など不自然な動作、さらには真打ち以外の幕や張りの動きからもスリを見分けることができる。

大切なのは、刑事のにおいを消し去ることだ。先生は大きな体だが、街に出ると人込みに溶け込んでしまう。その技を盗むのは一朝一夕にはいかない。

「動きだね。まず人の流れ。これにちょっとでも逆らうと目立つ。ホシの尾行中でも次の行動をいつも考える。振り返られたら、ホシの目線に入っていく。目線をあえてよけない。目があって躊躇したら終わり。その向こうに目線をやる。これもまた遠眼ですよ」

と長谷川は言う。

もちろんその場に適した服装は当たり前。警察から支給された靴をはいていればすぐにばれてしまう。時計をしきりに気にするのも、刑事の偽装工作と感づかれやすい。よく言われることだが、口をやや開き加減にして歩いていると、緊張が表に出ないという。ぼーっとしているように見えるということだろうか。

長谷川が「従」として先生についたのは三年間。その間には失敗もあった。

上野のアメ横で先生から離れて、一人で中年のスリを追ったことがあった。えんこ（手）を伸ばした。やった、と駆け寄った。男が振り向いたのはその直後のことだ。長谷川と目があって、にこりと笑った。そして、ばいばいと手を振って雑踏に消えていった。

尾行がついているかどうか、試したのだろう。まんまと罠にはまってしまったのである。

引っ張られたこともある。刑事の顔を覚えるためにわざと後を付けさせる。あちこち連れ回して、人通りのないところで振り返るのである。

失敗を繰り返しながらも、昭和五一年、長谷川は晴れて「真打ち」になった。

「他人と同じことをやっていては月並みな刑事になってしまう。人の二倍三倍の努力をして、やっと他人よりちょっと上だよ。スリ犯捜査が好きになり、仕事に惚れないといい仕事はできない」

先生のひと言ひと言は今も心に刻まれている。

しかし、真打ちの道は厳しかった。いくつもの試練が待ち受けていたのである。

仕立屋銀次の末路は……

ここでひと休みして、スリの歴史をたどってみよう。

警察にはスリの定義がある。

「すりは携帯している金品をすり取り窃取するもの。

①　列車等の網棚に置いたカバン内、又は帽子掛けに掛けてある上着ポケットから金品をすり取り窃取するものを含む。

② 店舗内において椅子等に掛けてある上着のポケットからすり取り窃取するものを含む。」
（平成一六年三月六日　犯罪手口資料から）

スリは瞬間の盗み技である。人々の心理を巧みについた犯罪でもある。マジックにも通じるという。だからこそ刑事の側も、彼らを上回る技術が要求される。

刑事VSスリ――の戦いは昔から延々と続いている。本題に入る前に、ここでその長い歴史について少しばかり触れておきたい。

公家である山科言継の日記「言継卿記」（一五九四年）に、「盗っ人すり一〇人、又一人釜にて煮らる」と石川五右衛門とみられる盗賊が処刑された記述があることは、第一章でも紹介した。五右衛門が京の都を荒らし回っていた安土桃山時代には、すでに大勢のスリたちが徒党を組んで暗躍していたことを物語っている。

江戸時代に入ると、市中には巾着切りが跋扈《ばっこ》し、東海道では「胡麻《ごま》の蝿」が旅人を狙うようになった。巾着は小物や小銭を入れる袋。胡麻の蝿は追いはぎである。

スリの語源は、人とすれ違いざまに、行きずりに、物を剃り切って、草履をすり替えて――などから来ているという。身体をすりつけるようにして盗むから、「摩り」という説も。漢字では「掏摸」と書く。女性の頭のかんざしを狙うスリは昼鳶（とんび）といわれていた。

江戸の巾着切りは初犯から三犯までは入れ墨や江戸払いと比較的罪状は軽かった。被害者にも油断という落ち度があるとされたのである。しかし、仏の顔も三度まで。四度目にお縄になると、もはや更生かなわずと、死罪に処せられたそうだ。

このころの巾着切りはひと目でそれと分かった。

着流しに木綿の手ぬぐいを肩にかけ、筒ながの足袋に雪駄。いなせな遊び人スタイルである。天保から弘化にかけて、「髪結の助」「茶釜の栄坊」「若衆の藤坊」の三名人がいた。髪結の助は入り湯帰りを装い、濡れた手ぬぐいで通りがかりの人の顔に滴を浴びせながら、懐のものをすり取ったという。

このころのスリたちは旗本武家屋敷の中間部屋に潜り込み、大金を稼いでは中間部屋の博打で使い果たす。町奉行所では武家屋敷に手が出せない。現代と同様、現行犯以外には捕まえようがなかったのである。

もっとも三〇歳過ぎのスリはほとんどいなかったとか。それまでに足を洗うか、死罪になるか、だからだ。

大正一四年刊行の尾佐竹猛著『賭博と掏摸の研究』（総葉社）にその辺のくだりは詳しい。

「スリがいつごろから盛んになったかというと徳川時代からであるらしい。天下平定し、交通往来が頻繁になってからというのが当然だろう。胡麻の灰（蝿）が汽車の中の箱師になり、巾着切りが純然たるスリに進歩したとみて差し支えない」

尾佐竹はこう書いている。

スリは当初大目に見られていたが、江戸市中の被害は増える一方だ。その横行は目を覆うばかりになり、幕府は罪状を重くするなど強硬策に転じた。

このころの名だたる親分は一網打尽にされた。

神田無宿の豆鉄こと鉄五郎、芝無宿の芝徳、万引きの虎、向島無宿佐渡、ございい金こと勇九郎、三十間堀の遠州屋、横浜の秀奴……。次々に流罪や打ち首になった。

これが第一回の大検挙だったのだが、その地盤は崩れることなく、後継の親分衆に引き継がれたのである。スリの縄張りは温存され、文明開化の明治の世にまで残ることになった。近代化の波に洗われながらも、さらに組織化、巧妙化されていったと言えるだろう。

警視庁の内部資料に以下の表記がある。

「明治中頃、日本に上陸したロシア人女優ガーフィルド・マハリンスカヤが横浜上陸早々、九〇〇円をスリ取られたが、日本の感想を聞かれた時、『日本の風景は美しく劇場も面白くすべてのものの進歩は意外であったが、なかでもスリの進歩は驚くべきものがある。多分世界における最も狡猾なるものであろう』と語っている」

フランスの新聞記事にもこう書かれていた。

「日本にはすり科があって子供のころから教育する。新入はすりの性癖のあるものから選び見立てて募り、窃盗術の初歩から教えられた。

技術が上達すると練習に出掛けて、うまくするると賞が与えられる。そしてのちに指導者となる。大抵専門家があって各々の領分を持っている。往来で仕事をやる者、商店でやる者、汽車の中でやるもの……」

明治二〇年代、東京には二人の親分が君臨していた。

清水の熊（本名・清水文蔵）と巾着の豊（同・小西豊吉）である。大阪も前田喜三郎、大国竹三郎などそうそうたる親分たちが牛耳っていた。

当時の裁判資料から書かれた小泉輝三朗著『スリ大検挙』（ライト出版）によると、スリの縄張りとは、警察が検挙しない場所であった。安全地帯である。その見返りにスリは警察官に「稼ぎの何分かをまわす。表向きにできないようなサービス行為を返していた」という。

要は癒着である。密偵もその一つ。腕のいいスリが警察官の補助者である密偵を兼ねる一方で、我が物顔で安全地帯の市中を荒らし回っていたのである。それは、江戸時代の岡っ引きや目明かしの系譜にもつながっている。まずは関西で組織化が進み、関東に伝播した。その中から頭角を現したのが、清水の熊、巾着の豊の二人だった。

明治三〇年代に巾着の豊の跡目を継いだのが湯島の吉。清水の熊のあとを継承したのが、三五歳の富田銀次こと仕立屋銀次であった。

銀次は一三歳で仕立屋に奉公に出された。そしてやがて清水の熊の娘と恋仲となり、跡目を継ぐことになった。銀次は浅草猿屋町署で刑事の下働きをしていたともいわれている。密偵の一人だったようだ。だから、スリの技もないのに、二〇〇人とも三〇〇人ともいわれるスリたちが、彼の軍門に下ったのかもしれない。

湯島の吉は名人級の大物だったのに対し、銀次はスリとしては素人。が、親分としての才覚と貫禄はあった。見事に組織化を成し遂げたのである。

尾佐竹の書にこうある。

「明治二三年、清水の熊が牢死し、銀次が跡を継いだ。銀次の勢力は次第にその勢力範囲を拡張。この時に当たってスリ道の全盛はその極みに達し、銀次の梁山泊には大仙小林仙吉をはじめとし、善謀善断あらゆる枢機を握る大清平野平吉あり、一棒向かうところ敵なしの寺地定吉あり、豚花三好芳、堀政、谷本光などの女軍あり、鋭なる者、敏なる者、俊なる者、精なる者、宿将精兵雨のごとくに猛対謀臣雲のごとくであり、官軍は一指を染めることもできず、招安しようとしてはあちらこちらからその風を多く受けることになるのだ」

親分子分の取り分は現金なら五分五分、品物なら六分四分。足がつかないように品物を現金化するのは親分の仕事だった。摘発を逃れるために警察を買収するのも親分の役目である。警察に手心を加えてもらうために、「タレ」と呼ばれる多額の賄賂を贈っていた。

これこそが尾佐竹の言う「風」である。

警察から被害品を戻すように頼まれることもあった。

「品あげ」である。返還を頼まれれば、銀次は子分に命じて、市中から盗品を回収する。もちろんホシを差し出すことはない。どうしてもというなら、厄介者を身代わりに差し出すまでだ。現行犯で逮捕されても別人の名前で通すから、いつも初犯でたいした罪に問われない。裁判にかかる費用も親分が負担していた。

警察とスリの癒着は底なしだった。明治三九年、当時の安楽警視総監は「ほかの犯罪捜索の必要上、スリの検挙に手加減を加えるのは従来長くからの慣習になっている」と話していたほどである。

しかし、持ちつ持たれつの関係にも変化が見え始める。傍若無人ぶりが目に余るようになったからだ。

そのきっかけは明治の元勲・伊藤博文から拝領した時計がすられたことだった。この大失態に、安楽総監もついに重い腰を上げ、大号令を発した。長年の癒着を断ち切る英断を下したのである。

明治四二年六月、赤坂署は銀次や子分たちを一斉に逮捕した。今風に言えば、癒着の構図にメスが入ったのである。銀次には懲役一〇年、罰金二〇〇円の刑が下った。

しかし、スリの側がすぐに壊滅的な大打撃を受けたわけではない。銀次は引退し、跡目を譲ったものの、その組織はしぶとく生き残ったのである。大正七年一一月八日付け読売新聞には、「昨年出獄後は正業に就きたるが、実は相変わらず子分を使用し悪事をはたらき」として再び逮捕されたことが報じられている。

銀次は新聞の取材に答えている。

「これまで警察の顔をずいぶんと立ててきた。今度のようなことがあっては、お顔を立てられません。子分が言うことを聞かない。これからは物を盗られてもめったに出てきませんから用心が大切です」

まるで脅しではないか。これもまた癒着の根深さを物語る言葉である。

しかし、警察の強硬姿勢はその後も変わることはなかった。大正から昭和へと時代が変わり、スリも次第にその勢力を衰退させていった。

昭和五年三月二五日付け読売新聞には、銀次が新宿三越分店で反物を万引きして逮捕されていたことが記載されている。スリの世界に君臨した大親分も落ちるところまで落ちたということか。栄光からの転落。悪いことはできないものだ。哀れな末路であった。

それでも銀次の子分たちはといえば、昭和の時代になってもなかなか足を洗えなかったようだ。当時の読売新聞にも時々登場している。

「仕立屋銀次の四天王再びお縄」（昭和一一年四月九日）
「仕立屋銀次の乾分　前科七犯のスリ捕まる」（昭和一五年一一月八日）
「仕立屋銀次の兄弟分　八〇歳スリ逮捕」（昭和三〇年三月二五日）
「花見時　スリ一〇〇余人逮捕　仕立屋銀次の弟分も」（昭和三四年四月二一日）

昭和三二年一〇月、三人のモサ刑事が『スリを追って二十年』（恵文社）というタイトルの本を出版している。警視庁の曽根正人、大阪府警の重見俊三、兵庫県警の林順二。いずれもベテラン中のベテラン。モサ係にこの人ありと謳われた名刑事である。

その中で、曽根が仕立屋一家にかかわる思い出話をつづっている。

曽根は都心のデパートで「ボケ友」と呼ばれる七五歳の老スリを捕まえた。買い物客のエプロンに手を突っ込み、千円札を抜いたのである。

何度捕まっても、「初犯」だと言い逃れる。実際は前科三六犯。仕立屋一家の生き残りである。

「あっしらの若い時は銀次親分の全盛でね。あのころはスリにも仁義があった。今の連中は集団強盗だよ。スリ道も地に落ちた」

と老スリは嘆いたという。

銀次の時代が終焉して、大正、昭和の時代を迎え、次第に戦火が激しくなる中で、スリの技を継いだ若者たちの姿も街中から消えていった。そして警察とスリとのもたれ合いも完全に断たれたのだった。

戦後の主役は戦争孤児のチャリンコである。彼らは徒党を組み、集団の力を誇示しながら人様の懐を狙うようになった。時代の流れに取り残されたボケ友は、そんな風潮を憂いていたのだった。

チャリンコのスリ学校

かつてスリ学校があったという。戦後の混乱期はスリたちが再び活躍した時代のことである。昭和二〇年代、三〇年代のスリの世界は戦災浮浪児のチャリンコと、危険な集団スリの時代だった。親を失い、生き抜くために、かっぱらいやスリに明け暮れるチャリンコたち。その中でも筋がいいと認められた子供は集団スリの親分に目を付けられ、一人前になるまで徹底的に技を仕込まれたのである。

それが東京や大阪にあったスリ学校である。人形を使ったり、鈴を付けて鳴らさないように現金を抜き取ったり、というような西洋の学校のようなまどろっこしい教え方はしない。実地教育が主だったようだ。

東京の品川学校、大阪の阪神学校がその世界では有名だったが、親を失った子供たちにはスリ以外に生きる道はなかったのだろう。悪に染められたチャリンコたちは戦争の被害者でもある。

モサ刑事たちの著書である『スリを追って二十年』には、現役スリのこんな言葉がある。

「すべて日本では実技ですよ。外国のように人間の模型を作って練習したり、親分が稽古台になるような生やさしいものじゃありません。初めは見張りとか、スイトリといって、仲間の盗んだものを受け取って逃げる役。スリの初級をチンピラ、中等をヤキ屋、大学をモサという風に。モサという称号が付けられりゃ、もう学士さまということかね」

スリ学校については、警視庁の名刑事・曽根正人も書き残している。

「親分は与太者が家出少年や、ハラの減った浮浪児を動物に芸を教えるそれのように調教していくということです。東京で集団化されているのは中央線の乗客を狙う中央一派で、彼らはセンター一派と名乗って、大いに学のあるところを誇示しているようで、もう一つは地下鉄一派といわれるモグラ組などと泥臭い異名で、暗黒街の汚れた顔の天使を気取っている。一五人を一単位として三〇人の子分をもっていることは両家とも同じ位だ」

「地下鉄のモグラ一派を追って」と題されたエピソードには次のような捕物劇の顚末が書かれていた。

昭和三〇年四月、男性が都内の銀行で一九万円を引き出した。それをじっと見ていた少年があとをつける。途中で年かさの男がいっしょになった。男性は地下鉄のホームへ。電車が入り、ドアが開いたところで、別の男がホームに小銭をばらまいた。

男性は人込みの中で立ち止まった。うろたえていると、年かさの男が男性のカバンを安全カミソリで切った。一九万円はあっという間に盗まれた。

男性は車内で被害に気づいた。

「大変だ。スリだ」と大あわてである。

次の駅で居合わせた数人が駅の事務所へ連れていかれた。その中にすり取った年かさの男も混じっていた。犯行後に逃げようとしたが、電車に乗り込む人波で車内に押し戻されたのである。男は財布を駅員の机の下にそっと隠した。そして警察官に名刺を差し出し、帰宅を許された。

その直後、事務所を一人の若者が訪ねてきた。

「スリがあったそうですね。私も被害にあったことがある。何かお手伝いすることがあれば」と言いながら。銀行から男性を尾行した少年である。

その時、「こんな所に金が」と駅員が叫んだ。机の下の千円札の束を見つけたのである。名刺の先に問い合わせると、名前を騙っていたことが判明した。応援のモサ係の刑事が到着した。少年の顔を見て、その刑事が驚きの声を上げた。

「あれっ、おまえなんでここにいる」

「協力者です」と警官が答える。しかし、刑事の目はだまされなかった。

「こいつは捕まえたことがある。スリだ」

少年はその場で逮捕された。金を取り戻そうとしたのか、取り残された年かさの男を心配してきたのか。ともかくも少年は逮捕され、三か月後、年かさの男たちも現行犯逮捕された。もちろん少年はチャリンコの一人。モグラ一派のスリ学校で技を徹底的に覚えさせられ、裏街道を歩くようになったのだった。

『警視庁史　昭和編』にはこんな記述もある。

昭和二三年四月、警視庁に数通の投書が届いた。

「山手線、地下鉄、都電内でスリ被害が激増し、犯人は警察の無能をののしっている」

さらに具体的なものもあった。

「山手線品川駅でカバンの中身をすり取られそうになった。あとをつけると、駅前の高輪マーケットに逃げ込んだ。しばらく見張っていると、五、六人の男に因縁をつけられて追い返された」

逮捕者の供述から、高輪マーケットの集団スリの親分は、大阪から二〇人の子分を従えて上京したことが分かった。総勢四九人が一斉に逮捕されたのは、五月に入ってからだった。

しかし、供述がとれない。

グループには「現行犯逮捕以外の場合は自供してはならない」という掟があったからだ。そこで警視庁は少年にターゲットを絞った。その多くはチャリンコだったのだろう。親分にだまされ、いやいやグループに入れられた者も少なくなかった。

彼らはすり取ったものはすべて親分に上納していたことを自供したのである。


大阪府警の重見俊三は関東モサと関西モサの違いについて記している。

「どちらがうまいかといって一概には言えない。関東の方が技術は上だといえましょう。理由は江戸っ子には侠気を持つ野次馬が多い。

『スリだ』と叫べば、『どいつだ』『つかまえろ』とそばにいる人々が警察に協力してくれる。ところが、関西では『しょうむない、やめとき、一文にもならんこと』とそっけない。関東では警察以外にも怖い民衆の目が光っているから、よほど腕に覚えがないと手が出ないということ。

関西の特徴はカニヅカイから、刃物利用が異常に発展した。堺市の刃物は昔から定評があった。それだけに昔は鋭利な刃物を利用して、タモトを切り、中のものをいただくことが、いつのころからか進歩したのである。蟹はハサミをもっている。だからカニヅカイと彼らの仲間の隠語でこういっている。

いまはハサミを利用するより、安全カミソリを使う者が多い。これをモングといっているが、昔、関東のスリはこれを邪道としていた。しかし、交通機関が発達し、関東気質や関西式というものの区別がなくなった」

「アーメンお文」の思い出

戦後の大阪には阪神百貨店裏の焼け跡を根城とした阪神一家、アリラン隊など五〇人ほどの集団スリが勢力を競っていた。彼らもまたチャリンコたちをスリ学校に放り込み、自分たちの手下として使っていたのである。

手口はこうである。

銀行に入り込み、多額の預金を下ろすのを見届け、外で待ち受ける。共犯者が後をつけてすり取る。電車の乗降口で別の者が小銭をばらまき、拾うのを手伝ってくれる人を狙う。駅員に行き先を尋ねるふりをして改札口をふさいだ間に、仲間たちが被害者を取り囲んで財布を抜き取る。まさに警視庁が摘発した地下鉄一派、モグラ組そのものである。

彼らは真打ち、張り、立ち幕、そして抜き取った金品を受け取って現場から姿を消す「スイトリ」という具合に役割分担する。稼いだ金の一部は、誰かが捕まった際の弁護士費用、家族の生活費などのために蓄えておく。

上がりは真打ちが二人分、残りは均等に分けられる。張りは重要な役目だった。警察官を見分ける技に長けた男が多額の契約金でトレードされたこともあった。アリラン隊の腕のいい真打ちが一〇〇万円を積まれて、東京の集団スリグループの仕事を請け負ったこともあったという。

大阪府警の重見は「アーメン……」というタイトルの一文を残している。

書き出しはこうである。

「二つ名をもつズベ公でも乙女の日、慕情はあった。だが、罪深き彼女に主の恵みがあったろうか、聖母の像に祈る女白波……」

重見が最初にアーメンを知ったのは、彼女がまだ一六歳の時だったという。

例の阪神一家である。親分は二〇代の流れ者だったが、やがて大勢力にふくれあがる。大阪駅周辺で腹を減らしてうろついていたチャリンコの少女を拾い、スリ学校に放り込んで技を教え込んだのである。少女ではあっても、立派な仁義を切ったものだった。

その名も「アーメンお文」。

「手前生国と発しますは、関東にござんす。関は西に富士、東に筑波、あいにはさまる千代田の城、チリメン三尺パラリと散る花のドエ、ドエ、昨今改め大東京、大東京は徳川三〇〇年、歴史飾りますところ上野東叡山七ツの鐘、ゴント吹きおろします逢初川の片ほとり、日暮の里、初音町にござんす。当時身の勝手をもちまして、仮の万端まかりありますは水の都は難波の里、大阪にござんす。姓名の儀名乗ります。高うござんすが、アーメン……と申します」

なぜアーメンか。

電車を仕事場とする箱師だが、財布を抜くときに目を細め、まるでお祈りしているようだから。戦前は東京の裕福な家で育ち、クリスチャンだったから。そのころは日曜日ごとに教会を訪ねていたらしい。

いくつかの説はあるが、本当のところは分からない。ただ彼女の白い首にはいつも十字架が飾られていた。そして仕事が終わった後に、被害者に手を合わせて姿を消すのが常だった。

娘盛りのアーメンお文はモサ係の刑事の重見を見かけると、「オッチャン」と声をかけ、手を振って近づいてきた。

「いつかオッチャンのような人がおったら結婚してやってもいいな」

とかわいい告白をされたこともあったそうだ。重見が少女時代のアーメンに手錠をかけることはなかった。


別の女スリが阪神学校の実態を暴露している。

チャリンコたちはヒロポンでがんじがらめに縛られていたのだという。だから足を洗って堅気になろうとしても、なかなか立ち直れない。薬物中毒から抜け出すのは並大抵の苦労ではなかった。


重見がアーメンと初めて会ってから、一〇年近い歳月がたった。

昭和三〇年夏。同僚が逮捕した女スリが「重見のオッチャンでなけりゃしゃべらん」と黙秘している、と連絡があった。

刑事部屋にいた女はパーマに、口紅をさしている。なんと、あのアーメンお文だった。

何年か前に、阪神一家の男と結婚したのだという。足を洗おうかとは思ったが、逮捕されたばかりの旦那に差し入れしたくてつい手が出てしまったと涙ぐんだ。

花も恥じらう少女だったアーメンは一〇年の歳月を経て若妻になっていた。美しい人妻だった。


この話にはまだ続きがある。

大阪府警捜査三課の元スリ刑事・藤本孝雄が話を引き継ぐのである。

阪神一家は早い時期に抜けた。うわさでは「へたくそ」と馬鹿にされたからだという。しかし、彼女の技は名人芸の域に達しつつあった。

藤本は新米時代、一度だけアーメンを逮捕したことがある。地下鉄御堂筋線の車内だった。日傘を手にした細身の美女が車内の座席で隣の男の肩にもたれかかった。美人が男性に体をすり寄せ、色仕掛けですり取る「もたせ取り」の手口である。

その時、彼女の手は背広の内ポケットに伸びていた。財布を奪った。すばやく紙幣を抜き取る。小銭を残したまま、財布を内ポケットに戻した。スリの技の中でも最も難しいと言われる中抜きである。

背広のボタンをはずして手を差し込んで内ポケットから財布を抜き取る。中の札だけを盗って、再び内ポケットに財布を戻す。最後に背広のボタンももとに戻して、一丁上がりである。

なぜこんな技を使うのか。痕跡をどこにも残さない。被害者に気づかれないためである。被害の発覚を少しでも遅らせたいからだ。

小銭を残すのは「電車代までいただいちゃ、申し訳ない」からだという。アーメンは「電車代がないと、きっと困りはるやろうから」と話していたという。

そして最後に手を合わせる。

これもまた「アーメン」の由来の一つである。

藤本は師匠とともに電車を降り、アーメンを取り押さえたが、盗んだはずの札が見つからない。

まずい。証拠がなければ立件できない。

藤本はあわてた。しかし、師匠はすべてを見ていた。

「線路に捨てよったで。よう見てみい」

さすがは師匠。アーメンの動きをすべて把握していた。

アーメンは盗んだ札を傘の中に落とす。そして電車を降りて声をかけられた瞬間、逆さにふって線路に捨てていたのだった。見事なまでの証拠隠滅である。だが、百戦錬磨の女スリもベテラン刑事の目はごまかせなかった。

昭和四〇年代、アーメンお文が三〇代後半のころの出来事だった。電車代を残すという見事な手口に、刑事たちは「アーメンには情けがある」と言い合ったものだ。

その後も彼女は刑務所と娑婆を何度も往復する。

逮捕歴は実に二十数回。アーメンは五〇代のころにも逮捕されている。その時も中抜きで、財布には電車代として一〇〇〇円を残していた。兵庫県警のモサ係の女性刑事も「一度後輩の刑事が逮捕したのですが、『やってない』と目の前で衣服を脱ぎ始めて……。困り果てたことがあったそうですよ」となつかしそうに振り返った。

藤本はその後も、街を流しながら何度か見かけたことがあった。

しかし、いつのころからか姿を見なくなった。足を洗ったのか。それとも寄る年波には勝てなくなったのだろうか。

藤本は時折、彼女のことを思い出す。

今はどうしていることか。すでに七〇代後半か八〇代になっているはずだが……。生きているとすれば、チャリンコから始まった自らのスリ人生を振り返って何を思っているのだろうか。今もささやかな祈りを続けているのだろうか、と。

重見は昭和四五年、大阪万博のスリ犯総合指揮をとって勇退した。万博には全国のスリたちが集合する。一九〇〇年にパリの万博が開催された時には、当時最高水準の技を誇っていたロンドンから腕自慢のスリたちが大挙してドーバー海峡を渡ってきたものだ。

大阪万博でも、東京のスリたちが西を目指した。同様に韓国人スリ団たちも海を渡ってきた。日本は世界のスリたちの標的となりつつあった。

高度成長をひた走る日本。モサ係にとっても厳しい時代がすぐそこにまで迫っていた。

手口は変わる

現代のスリの世界にはひと昔前のような活気はない。すでに死語になった隠語や符丁も少なくない。その理由はと問われれば、ひと言で言えば、格差社会といわれながらも、そこそこに豊かな社会になったということだろう。

必死でスリの技を鍛錬する必要もなくなった。いよいよとなれば強盗の方が手っ取り早い。だからスリの後継者は育たない。しかし、数年前に押し寄せた外国人犯罪の流入のように、いつ犯罪情勢が暗転するかは誰にも分からない。

だからこそ、長い歴史の中で磨き上げたスリ犯捜査の技を途絶えさせてはならない。後輩の刑事たちに伝えなければならないのである。

ひと口にスリといっても、その技は千差万別である。

犯行場所もそれぞれ得意とする場所がある。昔から伝わるスリの手口も、すでに死語になりつつあるものもある。まずはざっとおさらいを——。

「箱師」は電車やバス、駅のホームを狙う。長距離列車は「長箱師」。都電や私鉄、バスなどを稼ぎ場としている者を「小箱師」、「マッチ箱師」という。エレベーター専門のスリは「吊箱師」。港やフェリーなどの船舶を庭場にしているスリは「浮箱師」と呼ばれている。

「平場師」は乗り物や駅以外のデパートやギャンブル場など。全国の縁日を行脚する「たかまち師」、劇場、映画館などを荒らすスリは「しごろ師」という。

ポケットにも独特の呼び方がある。

ジャケットの内ポケットは「内パー」、外ポケットは「外パー」、ワイシャツの胸ポケットは「胸パー」、ズボンの尻ポケットが「尻パー」、ズボンの左右ポケットは、二丁拳銃から「鉄砲」と呼ぶことはすでに書いたとおりである。

その技も実に多彩である。

「乗っ込み」は、乗客がホームからどっと電車に乗り込むときを狙う手口。「バッタ買い」ともいわれ、財布をいただいたらすぐにホームに戻るのである。車内で待ち伏せ、乗り込んでくる客からすり取るのが「受け」。「中買い」は対象を限定せず、車内の揺れを利用して抜き取る手口。いったん下車して忘れ物を取りに戻るふりをして引き返し、降りてくる客から財布をすり取る手口を「扇返し」という。

被害者と向き合い、新聞紙などを幕にして内パーや外パーから盗むのが「さし」である。ターゲットの背が低い場合は前に立って、手を後ろに回して内パーに差し込む。これが「肩越し」。背後に立って、背中越しに内パーを狙うのが「背越し」。並んで立って手を背後に回して、尻パーからすり取るのを「逆えんこ」である。

脇を相手の胸に付け、その下から抜き取る「脇使い」。「脇下」は胸に組んだ両腕の片方の手を相手の胸ポケットに差し込む技だという。

財布から現金だけを盗んで、犯行後はハンドバッグのボタンまで止めて立ち去る「中抜き」は最高クラスの手口だ。大阪のチャリンコ出身の女スリ「アーメンお文」のような名人芸にはなかなか出会えない。

複数の場合、一人が前からぶつかり、後ろから真打ちがすり取る。三人目のスイトリは財布を受け取ってすぐにその場から消えるのである。この手口を「チガイ」という。

背後に回った人間が足を踏んで、振り返ったところを前の真打ちが抜き取る。これが「ソトモ」。体当たりし、倒れるときにすり取るのが「ツバメ返し」だ。

まだある。

カミソリの刃でバッグやポケットを切る「断ち切り」。列車や飲食店などで、かけた背広から金を抜き取るのが「ぶらんこ」。電車などで被害者の横に座り、バッグにコートを掛けて下から手を差し込んで盗み出す「かりがい」という技もある。

最近は珍しくなったが、親や大人が子供を真打ちに使う「猿回し」というスリもいる。

『スリを追って二十年』（恵文社）の著者である警視庁の曽根正人は、一風変わった「猿回し」に出会ったことがあると書いている。

都電で赤ん坊が激しく泣き始めた。抱っこしている母親はおろおろするばかりだ。たまたま居合わせた中年女性が「それならば」と赤ん坊をあやしてくれた。泣きやんで、母子が降りると、中年女性の財布が盗まれていた。

曽根は数日後、都電で同じ光景に出くわした。あの時の母子だ。赤ん坊が泣き始める。よく見ると、赤ん坊のももにつねった赤い跡。母はあやしてくれた女性から金をすり取り、近くに素知らぬ顔で立っている夫にこっそりと手渡していた。赤ん坊はおとりだったのだ。いかに食い詰めた末の犯行とはいえ、なんと卑劣な夫婦であろうか。

欧米事情について書かれた『スリ　その技術と生活』（アレクサンダー・アドリオン著、赤根洋子訳、青弓社）にも「猿回し」が登場する。

「一九八五年八月二五日、ロサンゼルス国際空港は二歳の幼女が集金人から八五〇〇ドルを盗んだと公表した。幼女の両親はコロンビアで訓練を受けたスリ。巡査部長パトリオット・ターナーは『幼女は集金人が空港のカフェテリアで領収書にサインしている間に、集金人の手押し車から、明らかに意識的に現金の入った袋を取り出した』と語った。レジ係が子供の父親を取り押さえた。母親は弁解を並べながら現金を返した。

親子三人はそこから立ち去ったが、その三〇分後には明らかにスリを目的として到着ロビーの雑踏に紛れ込んでいるところを目撃された。再び盗みを働こうとしたところを両親は逮捕され、幼女は保護された」

「仮睡盗」は酔って寝込んだ人の懐を狙う。これとよく似た手口に「世話抜き」がある。酔っぱらいに親切を装って近寄って介抱しながら、懐の財布を失敬するのだという。酔っぱらいを装って、盛り場で通行人に抱きつく「抱きつき」、小銭をばらまいて、拾ってもらっているスキにすり取るのが「ばらまき」。

液体をかけて親切に拭き取るのを装う「シミ」は外国人スリに多い。これは海外ではポピュラーな手口で、「ケチャップ・トリック」といわれている。衣服にケチャップやカラシなどをかけて汚し、別の者が親切そうに近づいて「拭いてやる」と上着を脱がせる。気づいた時には財布はない。欧米や南米の観光地に多いが、一時期この手口を得意とする外国人スリ団が日本にどっと押し寄せたことがあった。

時代とともに絶滅しつつある手口も少なくない。風俗の変遷とともに技もすたれていくのである。

「なす環はずし」は、なすの形をした環をはずして懐中時計を取る手口。着物の袂の縫い目を破る「縫い目破り」。女性の帯にはさんだ財布を狙う「げんの前」。胴巻きを切るのが「ヒコバラシ」。腹掛けを切るのが「胸バラシ」。和服の袂の金品を袖口まで持ち上げて抜き取るのが「ぼたはたき」という。

外套のとんびをまとった紳士がインバネスを幕に仕事をする。これが「羽根づかい」。「袖買い」ともいわれている。帽子が高価だった時代には、頭の上の帽子だけを狙った「ボウチャ買い」と呼ばれるスリも横行した。

絹糸に鉛を結びつけ、小指ではじいて女性のかんざしにからませて抜き取る「おかる買い」はまるで忍術のようだ。女性の帯を解く「長押解（なげしどき）」。関西で発達した技だが、着物の女性に前からぶつかった男が帯しめを解き、背後の男が帯の結びを解いて、くるくると巻き取るのだという。不思議なことに、被害者はまったく気付かないそうだ。

二人がかりで被害者をはさみ、和服の羽織をはずすのが「だるまはずし」。これは背後の男が被害者を押し、体勢が崩れたところで前の男が羽織のひもをはずす。前後の男が片方の袖を引き、するりと羽織を脱がせてしまう。なんともマジックのような手口である。ほかにも、指輪をすり取る「わぬき」。腕時計を専門に狙う「けいちゃん師」などがいる。「バンカ買い」の「バンカ」はカバンを逆にした隠語。空で底を開けたカバンを客の手荷物の上にかぶせて、中に仕掛けたかぎでひっかけて持ち去る手口だが、一種のマジックのようなものである。

カバンを狙うスリは「バカン師」ともいわれる。手慣れたバカン師はターゲットの横にピタリとついて、片方のアシでカバンの底を押さえ、相手に重さの変化を感じさせることなく、中のお宝をいただくのだとか。

「ダチ」もおもしろい。

スリが被害者に捕まったとする。そこでダチの登場である。刑事を名乗り、身柄を受け取ると、財布を被害者に返して引っ立てる。被害者も財布が戻ってひと安心だ。やれやれと中を見ると、金はない。ダチはグルで、偽警官だったのである。

被害者に捕まることは「ダイマキ」といわれる。これはスリにとって一生の恥。不名誉なことである。

古いスリは言うそうだ。

「スリはプライドがあって、名の通ったデカに捕まったら刑務所でも大きな顔ができる。でもダイマキにされたり、防犯や外勤の警官に捕まったとしたら、ドジ野郎と刑務所でもなめられること間違いない」

時代が変わる中で、これらの手口は今では見られなくなった。しかしまぁ、スリもよくいろいろな手口を考案するものだと感心してしまう。

もう一つ。モサが使う隠語もいくつか紹介しよう。

警視庁はチョウホン、県警はケンバク、所轄はジバリ、交番はバンコ、時計はまんじゅう、金時計は金まん、銀時計は銀まん、財布はろっぷのほかにも、昔は「自雷也」ともいわれていた。千円札がチョロン、五千円札はオチョロン、一万円札はマロン、一〇万円はマロンズク、一〇〇万円はマロンオビと呼ぶ。

被害者はタロー、ドウロク、ダイ、キャアさん、新顔はアラメン、酔っぱらいはキス（生酒）グレ。犯行に使うカミソリ刃はソリ、モング、チャカと呼ばれる。暴力団の世界では、チャカは鉄砲の隠語である。

周囲に気づかれずに秘密の話をするために隠語が生まれたのだが、刑事たちもスリと同じ隠語を使ってしゃべるようになる。これを知らずにスリを取り調べでもしたら、「なんだトーシロか」となめられてしまうからだ。

スリの見分け方がある。

スリは仕事をするときは必ず何かを手にしているという。

カバン、新聞、雑誌など。幕に使うためである。電車やバスがカーブする所は注意した方がいい。他の乗客とぶつかったり、よろけたり。そちらに神経が集中しているときこそが、スリにとって最大のチャンスなのだという。

何回も何回も現場を回る。それしかない

この辺で、東西の名モサ刑事の話に戻ろう。

まずは東の長谷川高司。彼は機動隊を経て、昭和四八年にモサ係の刑事となった。相棒は豆タンクがあだ名の巡査部長。警視庁では指導役の先輩を「先生」と呼ぶのが慣わしだった。「もと立ち」「真打ち」とも呼ばれる。スリの真打ちと真っ向勝負をするのである。

先生は集団スリを得意としていた。ギャンブル場や電車の集団スリ。昭和四〇年代は浅草の暴力団員たちがスリを兼ねていた。親分そのものが大物スリだった。そのころは集団スリの撲滅が東西の警察で進められていた。長谷川は先生の指示で、朝方の集合場所の喫茶店を突き止め、二〇人の顔写真を望遠で撮影した。

「ギャンブル場では五、六人が遠巻きに張る。さらにその中に五、六人の張り。これが効いている。刑事も二重三重の張りの中になかなか入れない。客が馬券や車券を買うのに窓口に手を突っ込むと、その穴に若いレツ（共犯者）が自分の手を突っ込んじゃうの。そうすると抜けなくなって、その間に真打ちが財布を抜いちゃう」

長谷川は一度だけ張りの中に飛び込んだことがあるという。その日はスリ専科の講習生と二人で東京駅を流していた。雑踏の中に見知った顔が視野をかすめた。浅草の集団スリのメンバーで

ある。

後をつける。新横浜駅で降り、待合室に入った。じっと見ていると、仲間が次々に現れた。親分の姿も。二〇人以上の男たちがタクシーに分乗した。行き先は川崎の競輪場だった。

本部に連絡を入れたが、応援は出せないという。長谷川は親分を尾行した。雑踏のあちこちで「スリだ」「スリだ」という声が聞こえる。何組にも分かれて仕事を始めたのだろう。長谷川は講習生に小声で耳打ちした。

「おまえ柔道やっていたな。だったらやられても絶対に手を離すな」

客が券売の窓口に手を入れた。同時に男が手を突っ込んだ。身動きできなくなった客の背後に回った男がポケットに手を入れた。その瞬間を逃さなかった。長谷川と講習生はスリに飛びかかった。

仲間が駆けつけ、助け出そうとする。蹴られたり、殴られたり。

しかし、二人の刑事は男たちの手を離さない。

「〇〇、おとなしくしろ」

長谷川は男の名前を叫んだ。男は怪訝な顔をした。まさか名前を知られているとは。ようやくおとなしくなった。

先生についていたのはわずか三年間だった。しかし、長谷川は「直接仕事を教えてもらった記憶はない」と言う。

スリ刑事の毎日はホシとの真剣勝負。先生はいつも語っていた。

「僕の動きを見て、君自身が身体で覚えなさい」「スリ犯の刑事で眼がきついうちはまだ半人前。眼は死んでいてもいい。心の眼が大事なのだ」——と。

「従」を卒業し、晴れて真打ちになった。その日から長谷川は「先生」である。若い刑事を引き連れて街に出るようになった。

しかし、現実は厳しい。

いざ真打ちというときに、長谷川の前には壁が立ちはだかったのである。スリ眼を見分け、「先生」なしでもホシがとれるまでには成長していた。だから慢心があったのだろう。いつのまにか心のどこかに慣れが巣食っていたのかもしれない。

何か月も何か月もホシに当たらない日々が続いた。焦りはあった。どうすればいいのか、悩みもした。それまでは「先生」が場所を選んでくれていた。思えば気楽な立場だった。しかし、自分が真打ちになると、すべてを段取りしなくてはならない。

「何時間たってもホシに当たらない。葛藤するわけだ。粘ろうか、ほかの場所に移ろうかって。本当に良かったのか、と迷いも出るわけ。プレッシャーもあった」

一日をどう使うか。本庁には滅多に上がらない。現場で「従」と落ち合って、朝から晩まで歩き回る。行動計画はすべて「主」の仕事である。「従」が一人前のモサ刑事に育つかどうかも自分にかかっている。

「従」との人間関係をどう築き上げるか。被害届の分析は十分か。どこかに見落としがあるのではないか。毎日毎日迷った。それでもホシにぶつからない。重圧に押しつぶされそうになった。

でも、結局は自分の力を信じるしかない。迷ったら現場に帰るしかない。要は基本に戻ることだと自分に言い聞かせながら、後輩を引き連れて街をひたすら歩き回った。そうするしか方法はなかった。

昭和五二年六月。長谷川はまだ長い長いスランプの渦中にあった。

その日は新米刑事二人を引き連れて、国鉄（当時）の新宿駅ホームにいた。当時新宿駅では毎月七〇件の被害届が出されていた。一日二二〇万人の乗降客でごった返す新宿駅の人込みからスリ眼を拾うのは、プロであっても簡単ではない。

不審な二人の男に長谷川が気づいたのは夕方のラッシュ時、午後六時前のことだった。ホームを流す男たちはいかにも場慣れしている。かなりの腕前だろう。ホームを歩いて、しばらくすると電車に乗った。

渋谷駅ではドアが閉まる直前に飛び降りた。わざと電車を乗り過ごす。どうやら刑事の尾行を確認しているらしい。慎重な連中である。

刑事三人は公衆電話で話すフリをしたり、見ず知らずの母子に話しかけて家族連れを装ったり、走り去る電車に手を振って別れを装う。自分たちの持てる尾行術を駆使しながら追跡を続けた。

二人はやがて駅を出て、別の男と合流した。新宿の街を流す三人は飲食店ののれんをくぐった。これ以上は気づかれる。そこでいったんは尾行を切った。

翌日の夕方。長谷川ら三人の刑事は新宿駅のホームに再び散っていた。やつらは再び姿を現すに違いない、との確信があったからだ。

読みは当たった。三人組が現れた。

午後六時過ぎ、真打ちの男の目が電車を待っている男性の尻パーに落ちた。三人は背後で目配せしている。電車がホームに入ってきた。ドアが開く。幕の二人が男性の両側についた。真打ちの男の左の肘で背中を押しながら、指を尻パーへ。財布を抜き取った。乗っ込みである。その瞬間を長谷川は逃さなかった。

「スリだ」と大声を上げながら、車内になだれ込んだ。満員の車内にそこだけぽっかり空間が空いたようだった。格闘の末、三人とも手錠をかけた。

この事件がきっかけとなり、長谷川は一つの壁を乗り越えた。結果が出なくとも、地道な努力を続けるしかない。現場では即時に判断し、決断しなくてはならない。

真打ちの刑事は若手を育てるのも仕事の一つである。技術だけではない。スリ係としての心構え、仕事に対する情熱まで教え込むのが真打ちの務めなのだ。

長谷川が逮捕したスリは六〇〇人に上っている。

中抜きにも一度遭遇したことがある。

箱師だ。夕方のラッシュの山手線で、男はバッグの中に手を入れたまま、財布から一万円札を抜いた。声をかけると、手の中から小さくまるめた一万円札が出てきた。

腕にはめた時計を狙う「けいちゃん師」に出会ったのは昭和五八年、浅草の初詣でだった。女性の肩に手を回していた男性の腕時計のバンドをはずしたのである。

見事な手口だった。仕事場は主に出勤途中の地下鉄内だが、時計バンドの留め金を外側にしている男性を狙い、留め金の針をそっとはずす。そして、バンドのゆるんだ時計がゆっくりと落ちてくるのをじっと待つ。

時計が高価な時代にはけいちゃん師は珍しくなかった。「けい」は時計の「計」である。しかし、デジタル時代に入って、彼らは絶滅しつつあった。長谷川もこの時以来見かけたことはない。読売新聞にも「最後のけいちゃん師」と掲載された。

当時五八歳のけいちゃん師は取調べに、「一瞬のスリルがなんともいえなくて。ええ、病気と申しますか……」と神妙な面持ちで供述したという。

新幹線専門の箱師（当時五三歳）は、カフスボタンを落として捜すのを手伝ってもらう間に、脇にかけた背広から財布を抜き取る手口だった。二人組のバラまきスリである。狙うのはグリーン車の客ばかり。一か月の稼ぎは平均一五〇万円に上り、家族には貴金属商と偽って、生活費を渡していたという。

大晦日の昼に東京・上野のアメ横で捕まえたスリはわずか三時間前に出所したばかり。床屋で髪を整えて、東北の実家に帰る前にひと稼ぎしようとして、長谷川に逮捕されたのだった。運の悪いスリである。

東京駅では「置き」（置き引き）も頻発していた。

こいつは落ちた現金や切符を拾う地見屋でもある。券売機の釣り銭の出口にガムを貼り付けて、小銭を盗む。自動販売機の下をのぞき見る。スリではない。技もない。誇りもない、どうしようもない連中である。しかし、犯行を目にして放っておくわけにはいかない。

ある日、駅構内に置いてあったカメラを盗んだ。だが、その場で現行犯逮捕はしない。なぜか。

「それはね、『これから交番に届ける』と弁解されたら手を出しようがないから。だからあとをつけるのね。改札を出た。駅を出た。それでもまだ言い訳は有効ですよ。結局はヤサ（自宅）に帰ったのを確認して、初めて声をかけるのよ」

新宿・歌舞伎町でノックアウト強盗が頻発した昭和五三年にはモサ刑事たちも動員された。酔ったふりをしながら街角で張り込み、酔客をはがいじめにした男たちを取り押さえた。

何せ講道館柔道五段、空手初段の猛者である。相手はひとたまりもない。もっともモサの刑事になってからは、柔道でつぶれた耳は、もみあげを伸ばして隠さなくてはならなかったのだが……。

高松から岡山、東京に向かう夜行列車でスリ被害が多発したのは、昭和六三年九月のことだった。長谷川は何度か列車に乗り込み、怪しい男たちがいないかどうかチェックしたが、捜査に進展はなかった。

平成元年二月末、車掌が不審な男に声をかけた。その車両ではスリ被害が出ていた。車掌の証言で、寝台車専門のスリが浮かんだ。昭和六三年一月に出所したばかりの寝台盗である。

しかし、どこの駅から乗って、どこの駅で降りたのか。皆目見当がつかない。ただ警視庁が目を光らせている東京駅までは来ないだろう。途中で降りるはずだ。

いくつかの駅で聞き込みをすると、静岡で降りていたことが分かった。大阪・天満駅からの乗車券だ。長谷川は天満駅の担当者に写真を見せて、乗車券を購入した場合には必ず連絡をくれるように頼んだ。

心待ちにしていた連絡が届いたのは一〇月だった。

早速一六人もの刑事が岡山から列車に乗り込んだ。寝台車の二階に陣取り、カーテンの穴から監視を始めた。いよいよだ。やつは大阪から乗ってきた。小さなバッグを持っている。

午前三時。容疑者は浴衣姿で車内を歩き始めた。三号車、四号車、五号車、六号車とゆっくりと歩きながら物色しているようだ。長谷川も客のいない寝台に身を潜め、じっと見守っている。容疑者は寝台のカーテンに手を突っ込んだ。壁の背広に手を差し込み、財布を抜き取ったのだろう。自分の席に戻ったところで、長谷川たちが襲いかかった。

そいつは現金を数えていた。しかし、財布がない。洗面所の窓から捨てたのかもしれない。否認だ。

しかし、悪いことはできないものだ。盗まれた札に被害者の子供がいたずら書きをしていた。スリ被害にあった札と断定され、それが逮捕の決め手となった。余罪は五〇件に上った。

スリ刑事の技は個人技である。それは集団スリを狙うときでも変わらない。刑事たちのカンがすべてを左右する。

「経験です。経験からくる状況の判断。ホシの心理を後ろ姿から読む。刑事一人ひとりの熱意と根性よ。我々は休めば休んだだけ勘が鈍る。スランプに陥ったら、徹底的に現場に出る。無駄を覚悟で動かなくてはならない。何回も何回も現場を回る。それしかない」

長谷川はそう言うのである。

プロ対プロの真剣勝負

腕に覚えがあるスリが跋扈《ばっこ》していた昭和の高度成長期、彼らはやりたい放題、言いたい放題だった。

「人のものはおれのもの。おれがやらなきゃ、どうせだれかが取る。もったいねぇ。スリをやるのは銀行に金を引き出しに行くようなもんよ。預けてあるだけ。下ろすのに印鑑はいらねぇ。人差し指と中指がありゃいい」

ただし用心も怠らない。

モサの刑事の顔写真が売り買いされたり、時には賞金付きの暗殺指令が出されたりしたこともあった。

スリ発祥の地は商都・大阪。その昔、金回りのいい商人たちが狙われたのである。それ以来、関西では刑事とスリの熾烈な戦いが繰り広げられてきた。それだけに大阪のモサ係の刑事は強い誇りを抱いている。

西の名刑事・藤本孝雄は丹波の生まれ。拝命は昭和三六年だった。高校時代の剣道が縁で大阪府警に入ったのだという。

二年後の交番勤務時代の話である。

制服で神社の雑踏警備に当たっていると、突然人込みの中で怒鳴り声が上がった。駆けつけると、取っ組み合いになっている。けんかかと思ったが、どうやら違うようだ。手錠を持った男二人が男を取り押さえた。刑事がスリを捕まえたのだ。

スリに手錠をかけた年配の刑事が藤本に声をかけた。

「名前なんちゅうねん」

うなだれるスリを挟んで、二人で歩く刑事の後ろ姿を夕日が赤く染めた。それを眺めながら、「なんともいえん、格好ええなぁ」とあこがれを抱いたのだった。

翌日、所轄の刑事課長に「スリの講習受けんか」と声をかけられ、藤本はすぐにうなずいていた。年配の刑事が大阪府警捜査三課の重見俊三だとあとで知った。前出の『スリを追って二十年』でアーメンお文のことを書いた名刑事である。おそらくは重見の引きがあったのだろう。

藤本、二〇歳の時の出来事だった。

大阪府警では真打ちの先輩刑事を「先生」とは呼ばず、「師匠」と言う。

「日本一のモサ刑事を目指せ」

「刑事は顔売ったらあかん」

「若いからいうて横柄になるな。名前売れ」横着するな。年数たつごとに初心に戻れ」

彼は師匠の言葉を胸に、「人よりあと三〇分の努力」を自らに課した。一日も早く一人前になりたい。そんな気持ちから、通勤ラッシュの地下鉄の朝回りが始まったのだった。

しかし、素人刑事にスリが簡単に捕まることはない。それでも毎朝ホームに立った。

二か月後、朝のラッシュ時の地下鉄ホーム。場違いな雰囲気のサングラスの男に目が止まった。スリ眼は判別できない。だが、通勤客の流れから浮き上がっている。明らかにおかしい。師匠に報告すると、翌朝地下鉄ホームに師匠が駆けつけてくれた。

「ここはあんたが拓いた猟場や。真を打ち」

師匠はそう言ってくれたが、その日男は現れなかった。

数日後、師匠と藤本は再び地下鉄のホームに立っていた。そして師匠の視線はサングラスの男の姿をとらえた。

「面ぐれ（知った顔）や。やつは常習のモサや」と師匠が声を潜めた。二人で後をつける。満員電車に乗り込む時、尻パーに手が入った。師匠が財布をすり取るのを確認し、現行犯逮捕した。乗っ込みである。バッタ買いともいう。

「ふーさん。よう見つけた。粘りを忘れたらあかんぞ」

藤本の努力は実った。こんなにうれしいことはない。朝回りはその後もずっと続くことになる。

スリ眼について、彼はこう説明する。

「目は口ほどにものを言う。意識して行動を起こそうとすると、必ずその方向を見るもんや。ええバッグやなぁではなく、バッグの中のものをすり取る、という強い視線。心の動きが目に出るんや。

ちょっと奇抜な言い方かもしれんけど、例えばやな、電車に乗ってほっとしてすぐ前の席を見ると、若い女性の胸元が見えそうなときですわ。そんなときにのぞき込む人はおりまへんやろ。他人に見つからなんように、顔は正面を向いたまま視線だけ落とす。その目ですわ。まさにその目がスリ眼ですわ。

スリを探そう、探そうではうまくいかん。人の目だけを見る。と、突然視線が落ちる。その視線が厳しいか、弱いか。スリか痴漢か、それとも拾い屋かは、それで即断するんや。スリの目は厳しい。目が合いそうになったときは背筋がゾクっとしますわ」

尾行に必要なことは刑事のにおいを消し去ること。電車に乗れば乗客になり切る。デパートに入れば客や店員になり切る。

尾行の際には後頭部は見ない。振り返ったときに目が合ってしまうからだ。背中の辺りを見るのがいい。そして、人相や耳の特徴、どちらの手に何を持っているかなどをすばやく記憶することが大切なのだという。

尾行については、師匠と従が息をぴったり合わせることが必要だとも言う。

「何も言われなくとも、『従』が『主』の気持ちをくみ取って、先手を打つことが大切なんや」

容疑者の歩行の速さ、靴音、咳払い、警戒ぶりなどを早い時点で見極める。相手の癖を早く察知することである。従は師匠の気持ちを先回りして、モサが捨てた缶コーヒーを指紋採取のために確保したり、人と話したときに会話の中身を確認したりする。モサが尾行に感づき始めたと思ったら、師匠の前に出て、先頭を交代しなくてはならない。

「せっかくモサを見つけても、尾行に失敗したらすべて終わり。一番苦労するのは尾行やと思う」

と藤本は言うのである。

モサ係の尾行術は警察の中でも高く評価され、スリ以外の事件にも動員されることがたびたびあるという。大阪の連続放火事件では女性のスリ刑事が尾行を続け、容疑者逮捕につながった。

阿吽の呼吸や

大阪市北区の大阪天満宮は「天満の天神さん」と呼ばれ、浪速っ子たちから親しまれている。九州太宰府に配転させられた菅原道真をまつり、七月二四、二五日の天神祭はにぎやかに行われる。

祭りムード一色の街で、藤本が挙動不審な外国人の姿を見つけたのは二四日のことだった。体をくねらせるきつね踊りを見物しながら街を流している。しかし、その目線は明らかにスリのものだ。

外国人のスリというのはまだ珍しい時代だった。しかし、何時間尾行しても、なかなか犯行に及ばない。日が暮れてきた。ふと見ると、男は店先の女性と言葉を交わしている。男がその場を離れると、従の刑事が女性にそっと近づいた。もちろん、何を話したか確認するためである。

「お祭りは明日もありますか。人はたくさん出ますか」

彼は片言の日本語で女性にそう尋ねていたことを聞き取った。藤本は「明日も来る」と判断した。

翌二五日、果たしてやつは張り込みの中に姿を現した。そして今度は現行犯逮捕された。ナイジェリア人のスリは日本中のお祭りの日程表を所持していた。日本だけではない。世界中を荒し回っていたようだ。「主」と「従」のコンビネーションの結果、国際的な「たかまち師」が逮捕されたのであった。

「阿吽の呼吸や。お互いに機転を利かせることが大切なんや。デパートで店員に何を聞いたのか。どこの売り場を尋ねたか分かっていれば、見失っても挽回できる」

もちろん失敗談もある。

スリ犯専科の講習生を連れて、私鉄を流していた時、集団スリに遭遇したことがあった。藤本は「スリがおる」と新聞に走り書きした。その時、講習生は「どこにおるんですか」と声を上げた。

時すでに遅し。講習生の近くに真打ちが立っていたのである。電車が止まると、彼らは一斉に逃げ出した。

「講習生に事前に注意事項を徹底していなかった。私のおそまつな失敗談やった」

と藤本は笑いながら振り返った。

尾行がうまくいったとして、スリ係の最後の関門は現行犯逮捕である。財布を抜き取る一瞬を逃さない。しかし、幕をされて見えないこともある。そんな時のためにいくつかの技があるという。

まず顔の表情を見る。相当に緊張するのだろう。その瞬間に歯を食いしばる者、耳を動かす者、呼吸を止める者もいる。そして次の瞬間、彼らは安堵の表情を浮かべる。身体から力が抜けるのである。

幕を張って見えない場合でも、肩の上がり下がり、肘の動きを見る。これらもまた刑事の経験の積み重ねであるカンであろう。

大阪府警のモサ刑事たちは伝統的に既遂事件しかやらないという。

「うちは既遂が原則ですわ。未遂はやりません。スリ係の喜びは被害者に喜んでもらうことや。被害品が被害者に戻った時、その時の笑顔。『ありがとう』のひと言が刑事の誇りや。生き甲斐や。もっと頑張ろうと、明日への励みになりますのや。それとこの時こそがやな、警察への協力をお願いするチャンスなんや。

もう一つはスリたちを更生させることや。きちっと刑務所行かせて、更生させたいんや。だからこそ既遂にこだわるんですわ」

現場では被害者の確保も簡単ではない。

昭和四〇年代初め、まだ師匠についていた修行時代の話である。

天王寺駅のホームで師匠がスリを見つけた。

「おるで。あいつや」

電車が入ってきた。藤本にはどの男がスリなのか分からない。師匠は車内に吸い込まれていった。あわててついていくだけで精一杯だ。

突然、師匠が叫んだ。

「ダイや、ダイや」

ダイは台。被害者を指す符帳の一つである。師匠は、乗客の尻パーから財布を抜き取ったスリの手をひねり上げていた。藤本に被害者を確保しろと指示を飛ばしたのである。しかし、どこにいるのか分からない。藤本はおろおろしながら、「どなたか、財布盗まれた人おりませんか」と叫んでいた。

座席に座っていた紳士がポケットに手をあてた。

「私ですわ。財布ありません」

ホームに出たところで、藤本は師匠に怒鳴られた。

「なにやっとんねん。こんなこと教えとらんぞ」

藤本は凍り付いた。

ホームの乗客たちは何事かとじっと見ている。

手錠をかけたホシを連れ、階段を上がった。

おばあちゃんが近寄ってきた。

「辛抱するんやで。若いんやから。辛抱せなあかんで。頑張るんやで」

厳しい師匠の下での修行時代、人の情けが心に染みたという。

こんなエピソードもある。

デパートでスリを逮捕した時のこと。ホシは財布を三メートル向こうに投げ捨てた。すると、被害者がその財布を拾ってそのまま姿を消してしまった。スリは「おれは何もやってない」の一点張りだ。証拠が消えてしまったのだから強気なのもうなずける。

聞き込みをすると、被害者の身元が割れた。近くのそば屋の店主だった。

「よう分かりましたなぁ。やっぱり警察でんなぁ」と店主。もめ事に巻き込まれたくはなかったのだろう。

「被害者として警察に行けば、その時間がもったいないと思いましてん」

と平身低頭である。さすがは商いの都。しかし、この街では被害者の確保さえも容易ではない。

窃盗容疑で逮捕するためには、被害金品の確保も同様に大切である。こんなことがあった。

昭和四一年六月のことだ。その日も藤本は師匠とともに地下鉄ホームを流していた。

午後七時半、「もうヤマ入れよか」と師匠が言った。捜査を終了しようという意味である。

「ありがとうございます」

師匠には毎日お礼を言って別れる。しかし、それからまたあと三〇分を自分に課している。時間が過ぎても、彼はしばらく大阪・ミナミの心斎橋界隈を一人で流すことにした。蒸し暑い地下鉄ホームからネオンの街へ。目は疲れ、足も重い。しばらくして、対向する人波の中から、女の眼が落ちたのに気づいた。目線の先には通行人のバッグがあった。

美人である。レースの手袋をしている。お金持ちの奥様のようだ。こんな貴婦人然とした女性が果たしてスリなんかするのだろうか。もしそうなら、半人前の自分に捕まえることができるのだろうか。自問自答しながら懸命に尾行を続けた。

女は店頭の商品に見入っている女性客の左に立った。女は目線をバッグに投げた。間違いない。スリだ。のどが渇き、女スリの背後に近づこうとしても足が進まない。

緊張していた。女の右手が小刻みに揺れている。周囲の目を遮断するために、ブラウスで「当て幕」を張っている。手元が見えない。長い時間に感じた。しかし、女がその場を離れるまでに数十秒しかたっていなかった。

犯行は確認できなかった。

逃走する女スリを目で追いながら、すぐに女性客を呼び止め、「バッグから何か盗られたやろ」と聞いた。バッグの中の財布は無事だった。しかし、半開きである。現金六〇〇〇円が消えていた。スリの中では最高の技とされる中抜きである。

女スリに声をかけた。「おい、やったやろ」と。

しかし、金は見つからない。女スリは頑として口を割らない。「やってないやん」と繰り返すだけだ。しばらくして歩き方がおかしいことに気づいた。

なるほど。そうか。ようやく分かった。

「ここでは出しにくいやろ」

「裸になったろか」と大騒ぎした女も最後には観念した。「こんなとこではよう出さん」。札を股間にはさんで隠していたのである。

後日、自宅のガサ（家宅捜索）をかけた。郊外の豪邸である。夫と息子、義理の父と一緒に住んでいる。納戸の棚には婦人雑誌が新年号から一二月号まで積んであった。ページをめくってみると、各号に二〇万円の現金がはさんであった。

「こりゃなんだ」

と聞くと、女スリは平然と答えたものだ。

「私が捕まったら家族の生活が困るから、毎月の生活費に残している」

しかし、実際には彼女の家は豪邸だった。旦那は立派な勤め人である。金に困ってもいない。

「窃盗癖。癖だよ」と藤本は言う。他人様のものでも欲しくて欲しくて仕方なくなる。それでついつい手がでてしまう。

レースの手袋、丸いひさしの帽子。日傘を手に掛け、デパートに入る。まるで貴婦人のようだ。それでスリを重ねるのだから、たいしたタマである。

洋服はシャネル。グラスや食器はバカラ。自宅は高級品で埋まっていた。これらもスリの合間に万引きしたものだという。他人様のおアシで贅沢三昧。

「あほくさなったわ」と藤本は苦笑いする。

スリたちの素顔

「アーメンのお文」や「貴婦人」に限らず、藤本が出会ったスリの素顔は実に多彩である。

昭和六二年ごろ、藤本が講習生たちを連れて大阪の近鉄沿線の車内を流していた時の話である。

六人組の集団スリを発見した。「京都の舎《しゃ》」として全国区の名だたるグループであった。

四人掛けの座席に座っている夫婦を狙っているようだ。通路側の夫はサングラスをかけている。目が不自由なようだ。そのすぐ横に真打ちが立った。ジャンパーを当て幕に、夫の胸に手が伸びている。

真打ちの横には立ち幕役の男。この男は夫の前の座席に座った男に車窓を指さしながら話しかけている。注意をそらそうとしているのである。

いよいよだ。藤本は後頭部に手をやった。事前に打ち合わせた「スリ発見」のサインである。

講習生たちの顔つきが変わった。新聞を読む振りをしているのに、手が小刻みに震えている。藤本は肩を揺すって、「気楽に。自然体で」と伝えようとした。しかし、効き目はない。

かわいいやっちゃ。

藤本は内心微笑んだ。

講習生たちにけがをさせるわけにはいかない。だからといって失敗は許されない。相手は六人。講習生たちを引率しているが、こちらは一人同然だ。自分がしっかりと、スリを現認するしかない。

真打ちが内ポケットの財布を抜き取った。盗んだ財布の中身を確認することを「物洗い」という。真打ちがデッキに来たのはそのためである。親分に財布を見せると、親分は小さな声で叱った。

「おまえ何しとんねん。あの人、目が悪いやんけ。身体の悪い人からイリ（すり取ること）しよって。えげつないことするな。返してこい」

と真打ちの腕をたたいた。

真打ちはしょげ返って夫婦の座席に戻った。被害者の男性のひざに当たるように財布を落とす。床に落ち、隣の奥さんが「あらっ。財布落としたわ。よかったなぁ、あんた」と拾い上げた。もちろん夫婦はスリの被害にあったとは夢にも思っていなかった。

今度見かけたら必ずワッパ（手錠）かけたる。次こそは勘弁しない。藤本は被害者から名刺をもらい、その日は退散した。

一網打尽にできなかったことは悔しい。無念でもあった。だが、その一方で、「やつらにも人の道が少しは分かるんやなぁ」と安堵したのも事実であった。

それから一年。藤本はこのグループにワッパをかけた。

「おまえ、えーとこあるな」と藤本が言うと、

「見てたんでっか。えらいとこ見られましたなー。あれはわしの下手《へた》打ちですわ。社長から怒られましたわ。わしらも人の子や。親のことを思い出すやろ。身体の悪い人からスリしたらバチ当たるいうて」

と真打ちが涙を浮かべた。グループの親分は社長と呼ばれていた。

その社長はこう供述した。

「やっぱり刑事さんおったんですか。何となく刑事さんのにおいしてましたわ。あれはあかん。目の悪い人からすったらあかん。金持ってる人からすらなあかん」

藤本が出会ったスリは八〇〇人を下らない。

名人技のスリもいた。一瞬心と心が触れたように感じたスリもいた。一方でどうしようもないやつらも少なくない。モサたちの思い出を振り返ってもらった。

――「断ち切りじゃ、名人技を持ったやつがいましたなー。電車や路線バスのモサや。関西のスリ仲間ではな、モサと言われるのが一番光栄なことなんや。モサは猛者やから。腕のいいスリのことをそう呼んだんやな。いつのころからか刑事も使うようになった。

そいつはな、仲間内で『フクちゃん』と呼ばれてたわ。断ち切りの第一人者やった。断ち切りは、昔はカニヅカイといって、蟹のハサミに似た、握りバサミが使われてました。それが安全カミソリになった。両刃を二つに割り、片刃をさらに小さく加工して、一センチほどの道具を作る。これが『モング』とか『チャカ』、『通し』といわれるもんですわ。

フクちゃんは誰もが認める名人やった。

切られた背広を見せると、その通し方を見て、これはわしの仕事ですわ、これはわしちゃいますわ、とすぐに見分けるんや。

なんでやって聞いたら、切り方に特徴があると言うんやね。最後に二センチほどピンと跳ね上げて切る。ピンと跳ね上げると、布生地が浮きやすくなるらしいんや。こうすると、どんなに長い財布でもすとんと落ちてくるそうや。ボールペンや眼鏡入っとったら、先に手で受けるんだと。

こいつは名人で、四〇万円でスカウトの声がかかったと言ってたなぁ。真打ちとしてお招きしたいということや。独学で勉強したと言うてた英語も達者やった。ある時、検事に英語で答え、検事も英語で世間話するようになった。それで人間関係ができて、調べもスムーズにいったというエピソードもあったなぁ。

フクちゃんはな、取調べの途中で窓開けてやると、公園で遊んでる子供をじっと見るんや。そして自分の子供の名前を呼んで、『悪い父ちゃんや。ごめんな』と涙を流すんや。右手にはモングでつけた小さな傷がある。それを左手でたたくんや。そして毎日ため息をつく。

これっきり足を洗うと約束したのになぁ、と嘆きながら。結局死ぬまでやめられんかった」

――「新幹線スリじゃおもろいのがおったがな。車掌に寒うてしゃーないゆうて、暖房の温度上げさせるんや。みんな上着脱ぐやろ。上着掛けると、電車の揺れでゆらゆら揺れる。それでブランコいいまんのや。こいつはグリーン車専門。

尾行すると、孫のためにおもちゃ屋に寄ったりする。もういい年で、スリなんかやらんでもええのにと思うけど、昔の仲間が許してくれんのやろな。腕がええから。話してても、常識あるええやつなんやけどなぁ」

――「さっきも話しましたなぁ。カミソリはチャカ使いともいいますんや。モサのチャカはカミソリや。拳銃やない。ベルトの後ろに隠すんやな。で、見つかりそうになると、チャリする（捨てる）。中には飲み込んで、あとから痛い痛いと病院に送られる者もおったね。

警察署で『チャカでたわ』と話してたら、それを聞いた署の刑事たちが大騒ぎしてな。拳銃と間違えたんや。チャカ違いやな」

――「飲み込むんは証拠隠滅と病院に連れてってもらうためや。岡山から来る連中は嚥下スリ多かったな。捕まるとなんでも飲み込む。盗んだ札、時計を飲んだやつもおった。腹切るわけにいかんから、吐き出させるか、下から出るの待つしかない」

――「猿回しもおった。子供使ってスリさせる連中をそういうのや。昭和五五年やったな、逮捕したのは。九州の夫婦者や。ひどい親や。男の子と女の子がおったな。あのカバンから財布盗ってこい、すり取ってこいって子供に言うわけや。うまくいったら、子供にはご褒美と言って、二、三千円のおもちゃ買うてやってな。失敗したらぼろくそ怒るんや。

ツバメでも親が子供にエサやる。まるで逆や。見つかったら見つかったで、夫婦は子供を怒る。全部子供のせいにする。わしら知らんかったて。子供にかぶせるんや。なぜやったって、みんなの前で子供を叱りとばす。子供は泣かんかった。でもな、上目遣いに両親をにらみつけるんや。あの目。今も忘れられんわ。

子供だと刑事責任問われんからな。どうしようもない親や。夫婦ともスリで、自分たちでも仕事するんやが、腕が悪いから子供使う。猿回しはその後、見んようになったたな。本当にかわいそうやった。あの子たち今ごろどないしてんやろなぁ」

――「姉妹のスリもおったな。カミソリ使うんや。銀行帰りをつける手口や。仲いい姉妹でな、妹が張りや。これがきつい張りでな。いつも小さな犬を連れてるんや。カモフラージュやな。散歩の振りして、二、三メートル後ろからじっと周りを見とる。

黒門町市場が多かったな。昔は市場なんて男はなかなか入れん。それで店の従業員にばけてな。いらっしゃい、毎度いうて声出しながら、やっとのことで姉妹を挙げたんや。カミソリは犯行前に買って、終わったらすぐに溝に捨ててたな。もうおらんやろけどな」

――「犬いうたら、もう一人美人の女スリがおったわ。今も心斎橋流しとる。六〇歳ぐらいやろうけど、現役や。犬連れとると、被害者も安心するんやね」

――「そやそや、平成一〇年ごろやったかなぁ。七五歳は過ぎてたな。男のスリでは最高齢やったと思う。老モサやな。こいつは犯行を否認する言い訳がうまかったな。

尾行していると、工事現場のカバンをガサり始めたんや。ビルの上にいた作業員が『何しとんねん』と怒鳴った。そのじいさんは『カバンにネズミが入ったんや』と弁解するんや。作業員のあんちゃんは『ありがとな』とお礼言ってたわ。言いつくろいや弁解のうまいじいさんやった。

ある日な、動物園内でこの男を見つけたんや。ペンギン舎の前でな。スリ眼落としとるんや。尾行すると、売店に入った。そこには家族がおった。なんや家族サービスか、と思ったら違うんや。アイスクリームを家族に買ってやって、『トイレに行く』と売店を出た。

つけると、トイレじゃなくペンギン舎に入った。スリ眼をまた飛ばしてる。一五分たっても狙いが定まらない。あきらめたんやろう。また売店に戻って、『待たしたなぁ。迷子を交番に連れて行ってやったんや』と家族に話してる。

家族は『おじじ、ええことしたなぁ』とべた褒めや。じいさんも『そやろが』と鼻高々や。何ぬかしとんねん。嘘つきは泥棒の始まりや。逮捕できんかったけど、ほんまに腹立ったわ」

――「仮睡盗？　そんなもの。恥や。死んどるやつから金取るなんて、技もいらん。見え財布もそうや。ケツパーから見えとる財布狙うなんて、職人気質のモサのやることでは、まあおまへんなぁ。それにな、カバンや袋に無造作に入れとる財布は、簡単そうに見えてスリには危険なんや。奥さんたちはしょっちゅう財布に目を配っとるし、ゴムひもついてたりするからな。

ま、仮睡盗は技より度胸のデキモサ（新米の腕の悪いスリ）が多いでんな」

厳しい規律

昭和四〇年代、五〇年代はまだ集団スリが横行している時代だった。仕事場はギャンブル場や電車内。阪神グループやアリラン隊の残党が分裂を繰り返し、新たなグループを結成しては犯行に及んでいたのである。単独犯であっても、そのほとんどが集団スリのメンバーたちの小遣い稼ぎであった。

東京から集団スリが関西に来たとしても、「仕事をさせていただきます」と必ず地元のグループに仁義を切らなくてはならなかった。彼らは大阪の中心部では仕事をさせてもらえない。縄張りの端の方での仕事を許されるだけだった。

「だから被害届を見ると、場所だけでだいたい分かるんや。こいつらは地のスリやない。東京や九州からの出稼ぎやってね」

このころの集団スリの規律も厳しかった。

あるグループは情報係、連絡係、会計係、渉外係と役割分担をしていた。上がりの一割を積み立て、捕まったときの弁護士費用、保釈費、家族の生活支援に充てていたという。まるで会社組織である。

さらに大阪で検挙された前科者以外はメンバーから閉め出すという規則もあった。刑事の顔も知っているから、現行犯逮捕される可能性も低いというのである。

京都のグループが仕事をする日は金、土、日の三日間と決めていた。早出は朝九時半で、遅出は一〇時半。水揚げは真打ちが二人分。あとは均等に分ける。仕事の前の酒は禁止。社長、会計課長と役職まで作ったグループもあった。犯行前には朝礼を欠かさない。そこでは犯行の予定が告げられ、当て幕の封筒まで配られる。二日酔いの者はその場で帰された。目標一日五〇万円。誰かが捕まったときの家族の生活保障費を除いて山分けだった。

ギャンブル場の集団スリと地見屋とのつながりも強かった。スリたちが場内に入ると、地見屋もさりげなくあとをついていく。地見屋は落ちた金を拾う連中だ。大阪では「落ち」とも言う。なぜ地見屋が。それには訳がある。スリたちがすり取った財布から現金を抜き取って物洗いした後、財布はゴミ箱に捨てられる。そのとき、スリたちは地見屋のために財布の中にわずかな金を残しておくのである。

地見屋はそれを拾う。情けをかけてもらった地見屋たちはそのかわりに、ギャンブル場に刑事が来ているかどうか、スリに教える。裏稼業に生きる者同士、もちつもたれつというわけである。

「チャリンコを一人前のスリに養成する阪神学校は一度連れていかれたことあったわ。おぼろげに覚えとる。指の訓練いうて、熱い湯と冷たい水に交互に指を入れるなんて言うてな。指にメンソレータム塗るなんて話もしてましたっけ」

戦後の混乱期に生まれた集団スリは、平成の世になって絶滅した。名高いスリたちも姿を消しつつある。かつてのような後継者の育成もままならず、ご多分に漏れず、この世界でも高齢化が進んでいるのである。

「日本にスリが多いのは日本の文化からきているようですなぁ。小さいころからお箸を上手に使うしつけをされた。その指の動きですわ。それがすり取るときの指の動きそのものなんですわ。細かい裁縫もそう。文化でんなぁ。

昔はなんぼでもスリがおった。だから刑事の腕も上がったんや。でも今は違う。腕のいいスリがめっきり減ったなぁ。モサの刑事の腕を鍛える場も少のうなった」

モサたちを震え上がらせた刑事の目はどこか寂し気だった。

時代は変わった。だが、スリや泥棒がこの世から根絶されることはないだろう。

確かに技を磨いて名人と呼ばれる熟練のスリはこれからも減る一方だろう。現代の若者がスリの技をものにするために修行するだけの忍耐力があるとはとても思えない。

外国でも事情は同じようなものだ。ニューヨークでも、ロンドンでも、パリでも、痕跡を残さない名人の域に達したスリは消えつつある。そのかわりにひったくりやかっぱらい、強盗など危険な連中がのしてきているという。観光客はそのいいカモである。

日本も同様である。

そうかといって、スリが絶滅したわけではない。時代の変遷によっては、いつ息を吹き返すか分からない。韓国人武装スリ団の来襲も、スリ被害が減少しつつあった時代の出来事だったことを忘れてはならない。

藤本は石川五右衛門の辞世の句を書いた。

浜の真砂は尽きぬとも世に盗人の種は尽きまじ

絶景かな　絶景かな

時代に流されず、変わらないものもある。変えてはいけないものもある。盗人がいる限り、人の心に影がある限り、モサ係の刑事の技は次の世代の刑事たちに継承されなくてはならない。

スリ眼を見破る技。刑事のにおいを消した尾行術。一瞬の判断力……。

眼を拾い、視線を追う。

「それが基本ですわ。それがすべてなんです」

藤本は静かに語るのだった。

第六章　真剣勝負を捨てたら、眼が死ぬ

現場の勝負を捨てたなら、眼が死ぬ。腕が落ちる。一週間現場から遠ざかると、元に戻るのに一週間、一か月なら一か月かかる。だから私たちはホシが見つからなくとも、四六時中現場に出て、スリ眼を求めている。現場一本主義を貫くしかない。

◇

現場でがたがたしない。何かあったの、って感じでまわりの人も分からないうちにすべてを終える。そうじゃないと、タマが躍るんですわ。わたしが大声あげるとタマが逃げようとする。

◇

切れん刀で切ろうとすると、切り口がいっぱいできて汚い。切れる刀でスーッと切ると、いつ切られたんかいなというふうになる。それぐらいがええ。

◇

若い人は何時間にも及ぶ尾行に耐えられない。スリ眼が見えるようになるまでにも長い時間がかかる。後継者不足に悩むスリの世界も同じだけど、辛抱が足りない。いい刑事になるためには現場で辛抱重ねることですよ。

現場一本主義で生きてきた

神奈川県警の元警部・豊田忠明には苦い思い出がある。

スランプに陥った時のことだ。何か月も何か月も獲物にぶつからない。休日返上で街に出ても、スリ眼が捕らえられない。ツキに見放されたのか。今日こそはと自分を奮い立たせても、日が暮れ、街並みが闇に溶け込むころには、どうしてもため息が漏れてしまう。今日もだめだったか、と。

「明日こそは」と相棒と苦い酒を飲んだこともあった。それでも歩くしかない。モサの刑事は足で稼ぐしかない。あとは自分との戦いだ。いつか風向きが変わって、必ず獲物にぶち当たるときが来る。最後は自分の腕を信じるしかない。

豊田忠明がとことんへこんだ時期、上司に叱責されたことがある。

「トヨさん、的《まと》やれ」

刑務所から出所したスリを徹底的に尾行して現行犯逮捕しろ。自宅を洗い出して、行動をチームでマークしろ。

上司はそう言うのである。

いかんせんスランプが長過ぎる。現場の勝負ではなく、空き巣やのび師の捜査手法を使え。成績を上げるためには仕方ないということだろう。

しかし、それは「獲物がとれないなら、罠を仕掛けろ」と言われているのに等しい。

確かにホシがとれないのは自分の責任だ。しかし、現場一本で生きてきたモサ刑事にとって、それは屈辱の言葉である。モサ刑事なら誰しも、スリとの勝負は職人対職人、プロ対プロの戦いだという矜持を持っている。真正面からの勝負である。そのプライドを捨てろと言われたのだ。しかし、いったんプライドを捨てたなら、明日から現場に出られなくなる。

豊田は上司に逆らった。怒りを抑え込みながら抗弁する。

「できません。私にはそんなやり方はできません。師匠にもそんなやり方を教わったことはない」

ここで妥協すれば、全国のモサ刑事に顔向けができない。師匠から伝えられた現場一本主義を汚すことになる。

「現場の勝負を捨てたなら、眼が死ぬ。腕が落ちる。一週間現場から遠ざかると、元に戻るのに一週間、一か月なら一か月かかる。だから私たちはホシが見つからなくとも、四六時中現場に出て、スリ眼を求めている。一日に二万歩も、三万歩も、足が棒になるまで、膝を痛めるまで歩き続けるのです。

的割りは窃盗犯には有効だが、スリには通用しない。現場一本主義を貫くしかない。後輩たちも私の背中を見ている。私が壁になるしかなかった」

豊田のモサ刑事歴は二六年に及んだ。

父親も警察官だった。戦前の台湾で駐在所に勤務していた。一家は敗戦で故郷の鹿児島に引き揚げ、父親は農家に転身する。生まれは昭和二〇年一二月。五人兄弟の末っ子だった。手先が器用で、本当は大工になりたかったのだが、高校を卒業し、昭和三九年、父親の勧めに従って警察官になった。

初任地は横浜の加賀町署。管内には中華街を抱えている。

交番勤務になると、波止場に入港した外国船の船員たちが街では一晩中酒を飲み明かし、大騒ぎしていた。船員たちの腕はポパイのように太く、手首に手錠が掛からない。そんな荒くれ者を取り押さえるためには、腰の銃を抜かざるを得ないこともあった。

二年間の機動隊勤務の後に、藤沢署に異動。いつか刑事になりたいと思い始めていた。パトカーに乗っていても、夜になると事故車の部品盗を捕まえるために張り込みを続けた。希望の部署に移るためには実績を示すしかない。

昭和四六年、彼は刑事課に配属になった。最初の一年は押送係である。

押送とはいえ、ただホシの送り迎えをしているだけでは務まらない。地検との往復の車の中で、調書や報告書に目を通した。なにごとも勉強である。ホシの心理状態を考えながら、どう扱ったらいいか工夫した。

引き当たりにも同行する。事務所荒らしのホシを都内のビルに連れて行った時のことだ。

「外が見たい。ちょっと窓開けて外を見せてくれ」と懇願された。

車の中では雑談が盛り上がり、信頼関係が築けたと喜んでいた。

だから、「いいよ」と軽く応じた。

窓を開けると、ホシはしばらく外を見つめていた。そして、いきなり手錠を付けたまま二階から飛び降りようとしたのである。あわてた。「けがするぞ」と怒鳴りながら、なんとか押さえつける。引き当たりは中止になった。

「油断しちゃいけない。ホシはチャンスがあればいつでも逃げようとしている」

その時、肝に銘じた。絶対に気を許してはいけない、と。

間もなく巡査部長試験に合格し、小田原署の刑事課へ。当時の盗犯係長はスリ係二〇年以上というベテランだった。

時間が空くと、係長は豊田を誘う。

「ちょっと競輪場に行くか。ついてこい」

そこで熟練の技に初めて出会ったのである。

二人で場内を歩く。しばらくして係長が目で合図を送った。男が観戦客の背後に立った。競輪新聞を幕にして、尻ポケットから財布を抜いた。

次の瞬間、係長は男の手をつかんでいた。気がつくと、手錠も掛かっている。

一瞬の出来事だった。豊田は固まっていた。何がなんだか分からない。その場に立ちつくしていると、係長に肩をたたかれた。

「あの人、被害者だから、頼むよ」

すごい技を目の当たりにして、係長のような刑事になりたいと心底あこがれた。

当時のスリ係の条件は視力一・五以上。身長一七〇センチまで。あまり背が高いのは目立つからだ。眼鏡もまた目立つからだめ。今ではそんなことはないと思うが……。

そして腕っ節の強い者。スリ犯を一瞬で押さえ込まなくてはならない。瞬間の判断力と度胸も必要である。

豊田は剣道三段、柔道二段。資格は申し分ない。

「ただ自分は少しのんびり屋なので務まるかなぁ」と一抹の不安はあった。

名前は売っても顔売るな

師匠は凄腕の刑事だった。

岩尾征夫。通称カメさん。背が低く、ずんぐりした背格好からのニックネームではない。スッポンのように食いついたら離れないからだという。

岩尾には着任早々、ガツンとやられた。

「巡査部長かもしれないが、ここではうちの女性陣よりも仕事ができない。今日から巡査に格下げするからそのつもりでな」

所轄の盗犯ではそれなりに実績を積んできたつもりだ。それなのに……。持ち前の負けん気に火がついた。早く半人前から抜け出さなくては。

しかし、師匠は厳しい。というより冷たい。手取り足取りとはほど遠い。

「おまえさんの前を歩くから、よく見ていな。おれはああしろ、こうしろとは一切言わないからな」

それが職人の世界だと思い知った。雑踏をかき分けながら、小柄な岩尾の姿をひたすら追い続ける修行の日々が始まった。昭和五三年のことだった。

あとを追っているつもりでも、気がつくと岩尾の姿を見失っていた。

ついていくだけでも必死なのだ。岩尾がスリを見つけると、振り返って背後の豊田に目で合図を送ってくる。しかし、果たしてどいつがスリなのか、皆目分からない。気がつくと、岩尾が財布をすったスリの手を握っている。剣道七段である。竹刀を握るごつい手で握られると、ホシは身動きできない。

しかし、毎日毎日繰り返しているうちに少しずつ見えるようになってきた。

スリはその場の人たちと違う動きをしている。ギャンブル場ならば、見せ金は持っているが、実際に馬券は買わない。目線は観客をうかがっている。やがて、濃いスリ眼ならかろうじて判別できるようになった。そして、もう一つ。師匠と目と目で会話ができるようになったことがうれしかった。

一日八時間ぶっ通しで歩いたことがあった。

岩尾がスリを発見し、そのあとを尾行した。ギャンブル場を回って、あちこちにスリ眼を飛ばす。しかし、なかなか仕事に掛からない。昼が過ぎ、夕日が西の空に落ちるころには、横浜市内のデパートの中を歩き回っていた。朝から牛乳一本飲んだだけだ。空腹の腹が鳴る。疲れてきた。しかし、脱落はできない。

「今日はやる。現場になる。ちゃんとついてこい」

岩尾は断言した。

閉店間際、やつは動いた。ついに客の懐に手を伸ばした。もちろん岩尾は見逃さない。次の瞬間、スリの手首には手錠が掛かっていた。

豊田は師匠の力に圧倒された。読みは確かだった。眼力といい、忍耐力といい、見通しといい、どれをとっても超一流だ。尊敬できる刑事であると心底思った。

八時間の尾行も見事だった。

ホシとの距離は五、六メートル。視線は肩から下。ズボンや靴を覚え、下半身を見ながら尾行する。それならば振り返ったとしても、目が合うことはない。万が一のときははるか彼方を見ながら通り過ぎる。先の方まで行って、Uターンするのである。それが自然にできるようになるまでには五年かかると言われたものだ。

その場の人間になり切ることが大切だ。電車内なら通勤客、デパートなら客らしく紙袋を持つ。買い物の妻を待っているように装う。その場に自然に溶け込むことが大切だ。

「おい、目がギンギラギンに光っているぞ。力を抜け。口を少し開けろ」

と注意されることは何度もあった。

そうした技は目で見て盗むしかない。

歩いてばかりの日々の中では、疑問を尋ねる機会もあまりない。どうしても納得できないことは、わずかな喫茶店での休憩時間に聞くのである。

「なぜ遠くでスリを見つけることができたのですか。薄い眼をどうやったら見分けることができるのですか」

と食い下がったとしても、

「それはな、ホシの数と年数だよ。体で覚えるしかないんだよ。ま、カンだな」

岩尾はそう答えるだけだ。技は盗むものということか。

いつだったか、スリのアジトを捜索したら、とんでもないものを見つけた。岩尾の顔写真である。望遠カメラで狙ったものだ。関西方面から出稼ぎに来たスリたちに、一枚五万円で売りに出されていたという。スリたちにとって、刑事の顔を知ることは身を守ることである。だから写真に値段がつく。ちなみに、豊田の顔写真も三万円の値がついていたそうだ。

名前は売っても顔売るな。

モサ係の刑事に伝わる教訓である。顔が割れてしまえば、刑事の仕事にも支障を来す。豊田もその格言をしっかりと守ってきた。


さて岩尾とは私自身も因縁がある。

電車内で眠り込んでいる者をターゲットにした「仮睡者狙い」の同行取材をお願いした相手が、岩尾だったのである。横浜支局の新人記者時代のことだった。

昭和五六年一月二三日深夜、東京発小田原駅行きの電車内の四人掛けの席に腰掛けていた。私の足元に置いた紙袋にはカメラが隠してある。

すぐ前の乗客はぐっすり寝込んでいる。酔っているようだ。私も寝たふりをしながら、窓ガラスに映った車内の様子を見守っていた。平塚駅を過ぎた辺りで、一人の男が乗客の横に座った。その直後、別の男二人が通路に立った。周囲の視線を遮るために幕を張ったようだ。

いよいよか。真向かいの座席で酔いつぶれた乗客は起きる気配がない。隣の男は新聞紙で手元を隠しながら、背広の内ポケットに手を伸ばした。その様子は窓ガラスにはっきりと映っている。

抜き取った。その瞬間、少し離れた席にいた刑事二人が「県警だ」と叫びながら飛びかかった。そのうちの一人が岩尾である。三人は逃げようとするが、たちまち手首に手錠を掛けられた。逮捕劇はあっという間に終わった。

すべて目の前で起きたことだ。

岩尾はかつらにつけひげ姿だった。ギャンブル場ではチケット係になり切るために女装したこともあるという。「モサ係は執念と忍耐力」。これがカメさんの口癖だった。

写真は翌日の夕刊社会面にでかでかと載せた。特ダネである。若き記者時代の思い出のひとコマである。

ある「たかまち師」のこと

豊田の話に戻る。

初手柄はモサになって、三か月が経ったころだった。

京浜急行・横浜駅で師匠と待ち合わせをしていた。約束の三〇分前には到着している。弟子としては当然のことだ。おかしいやつがいる。きょろきょろしている。スリ眼だ。しかも濃い。師匠はまだ到着していない。一人で大丈夫か。ドアが開いた。ホームの人並みがどっと吸い込まれる。男もその中にいた。前の人に体をピタリと付けている。気合を入れ、「スリだ」と声を出し、手をつかんだ。初めての獲物だった。

師匠からは「三か月でよくやった」とほめられた。優しい言葉をかけられるのは珍しい。休みの日も返上してあちこち回っていた。その成果が出たのであろう。巡査格下げもこれで卒業だ、と勝手に決め込んだ。

それ以来、わっぱを掛けたスリ犯は三〇〇人に上るという。

その中には、忘れられない事件がいくつもある。

昭和五五年の夏の甲子園では、エース愛甲猛の活躍で横浜高校が優勝を飾った。新幹線の新横浜駅では大勢のファンが凱旋を待ち構えていた。スリは人込みが大好きだ。豊田も先輩とともに周囲に目を配っていた。

その日ついた先輩は岩尾ではない。一見すると、やくざかなと思わせる強面の刑事である。見つけた。先輩の目がそう語っていた。人波をかき分けて獲物を探している。男はちらりと先輩の方を見た。一瞬足が止まった。が、すぐに動き始めた。

そして背広に手を伸ばした。現行犯逮捕である。腹巻きには八〇万円が裸で差し込まれていた。横浜高校の選手とともに新幹線に乗って、乗降客の財布を抜き取っていたのである。洗面道具も持っていた。

「このあとは北海道を一周するつもりだったんです」

と男は頭をかいた。暑さを避けて、優雅な北海道旅行。二本指を頼りに、全国行脚をしていたのだという。

「やっぱり刑事さんだったんですね。そんなにおいはしたんですよ。でも格好が格好ですから。やくざだなと思いましてね。いや失敗です」

やくざスタイルもカモフラージュになるようだ。

スリに縄張りがあるように、モサ刑事にも得意な分野がある。

豊田は「たかまち」が好きだという。全国の祭りや縁日、パレードなどを稼ぎ場とするスリをたかまち師という。小田原署を経験した豊田は、箱根や小田原、鎌倉などの観光地に全国のスリが集まってくることを知っている。そこで網を掛けるのである。

「ヤス」と呼ばれるたかまち師がいる。

若いころはギャンブル場専門だった。集団スリである。ヤスは財布をすり取る真打ち。仲間には幕、張り、スイトリがいる。上がりは真打ちが一割を抜く。これを「テンイチ」という。残りを全員で均等に分けるのである。捕まれば真打ちが最も重い刑となる。テンイチの取り分では割に合わない。ヤスは集団スリを抜けた。

そして、たかまち師として、全国を一人で流すようになったのだという。もちろん腕には自信がある。箱師としても十分に通用する。

豊田がヤスを最初に逮捕したのは東京のベッドタウンである町田駅だった。この時は電車の乗客を狙った。二度目は箱根。三度目はまたも町田駅だった。ヤスは町田駅で乗り換えて箱根に向かう。電車で稼いで、目的地の箱根では観光客の懐を狙うのである。

町田駅では被害届が連続している。豊田はヤスの犯行と目星を付けていた。しかし、ヤスには顔を覚えられている。姿を見られたらおしまいだ。

豊田は上りホームから反対側の下りホームを観察していた。いた。ヤスだ。気づいた気配はない。下り電車が入ってきた。豊田は相棒とともに一気に階段を駆け上がった。二段とばし、三段とばしで駆け下りて、下りホームへ。ヤスが車内に入った。その前の乗客のポケットに手が入った。やった。豊田は息を切らせながら、ヤスの手をつかんだ。

「残念だったな」

ヤスは驚いて顔を上げた。

「全部確かめた。絶対に大丈夫だと思ったのに。どこにいたんですか」

としきりに首をひねる。

「おまえだから言うけどな、反対側のホームからずっと見てたんだよ」

ヤスはすっかり観念したようにうなだれた。

彼は全国の祭りの本を持っていた。九州から秋田まで、その本を片手に渡り歩く人生だったという。訪れた街には印が入っていた。

「いろんな所に行ったな。ずいぶんやったな。この本は記念だ。だんなにあげるよ」

いらねぇよ。記念にもなりゃしない。そんな本に頼るんじゃねぇ。それよりも今度こそ足を洗いなよ。

本を突っ返す時、心の中でそう語りかけていた。

しかし、四回目もあった。その日は七五三で、鎌倉武士の守護神でもあった鶴岡八幡宮は大勢の参拝客でごった返していた。

豊田は鎌倉駅の雑踏の中で、ヤスに気づいた。平成一〇年ごろの話である。

売店の影に身を隠す。しかし、向こうはすでに豊田の姿をとらえていた。こちらに近づいてくる。

「分かってますよ。おやじさんも来てたんですね」

「仕方ねぇなぁ。おまえ目がいいな。仕事するのか」

と苦笑いを浮かべると、

「いえ、今日は帰ります」

と素直に頭を下げる。だが、どこまで本気か分かりっこない。

一緒に東京駅行きの電車に乗ると、ヤスは雑談の中で、「明日はどこに行きますか」と聞いてきた。

この野郎。いけしゃあしゃあと図々しい。まともに答えるわけねぇじゃないか。でも待てよ、と思った。もしかしたら、やつはおれに勝負を挑んでいるのかもしれない。ならば、相手の裏をかくチャンスでもある。

「そうだなぁ、鎌倉じゃ、おまえに見つかってツキも逃げた。明日は箱根かな」

と返事をした。果たしてやつはどうでるか。明日は鎌倉に行くのか、裏を読んで箱根方面なのか――。

翌日、豊田は紅葉見物でにぎわう箱根にいた。ただし、鎌倉には弟子を配置してある。どちらにころんでもヤスに勝ち目はない。

昼過ぎ、弟子から電話があった。

「江ノ電の長谷駅でヤスを現場にしました」

すぐに飛んでいった。鎌倉署の取調べ室にはヤスが座っていた。

「弟子にやられたよ。参った。おやっさん、腕のいい弟子を育てましたなぁ」

すっかり観念したヤスに、豊田は「体を大事にな……」と言葉をかけたのだった。

だが、二人の出会いはこれで終わったわけではない。

最後に姿を見たのは、それから五年ほどたったころ。六〇も半ばを過ぎていただろう。

刑務所で胃を切除したことはうわさ話に聞いていた。目からは、ギラギラした力強さが失われている。満員電車でも踏ん張れず、乗客にすぐにはね飛ばされてしまう。仕事も昔のようにはうまくいかないのだろう。

豊田は背の高い新米のモサ刑事を連れていた。新米は改札の手前で柱に寄りかかりながら新聞を広げている。目線は活字を追っていない。改札から吐き出される人波に張り付いている。とにかく目立つ。いかにも刑事の張り込みだ。

ヤスはホームで豊田を見つけて寄ってきた。

「あれはだめだよ。失格だよ。デカだとすぐ分かる」

年は取っても、相変わらずだ。かわいげがない。でも憎まれ口をたたけるくらいなら、まだまだ大丈夫だろう。ちょっと安堵した。

それにしても後輩はだらしない。あとで叱ってやるか。スリの笑い者になっていたぞ。少しは頭を使えって。

すっかり老けたヤスの後ろ姿を見送りながら、豊田は改札で張り込みを続けている新米刑事をにらみつけた。

これも時代ですかねぇ……

箱根湯本や小田原には全国のスリが集まってきた。

捕まえてみると、九州だったり、四国だったり。観光シーズンは出稼ぎスリが全国から押し寄せる。昔の旅行客はカードなんて持たない。たんまりと現金を持っているうえに旅先で浮かれ気分。スキだらけだ。まさにネギしょったカモである。

四国のスリはなぜか兄弟が多い。

券売機に並んだ人をサンドイッチにする二人組も息がぴったりだった。一人がすれ違いざまに、膨らんだ胸元を軽くタッチする。当たりを付けるのである。これはというカモに目をつけたら、券売機でサンドイッチにする。後ろの男が体を押し付け、前の男が脇の下からうしろに手を伸ばし、懐のお宝をいただくという寸法だ。

ある時、忘年会の幹事が狙われた。封筒に入れた九〇万円が抜き取られたのである。

豊田はじっと見ていた。緊張していた真打ちの顔が一瞬ほころんだ。にたっと笑ったのである。「待て」と豊田が飛びかかったのは、その直後だった。

「だんな手元が見えたのか」と悔しそうなスリに、豊田は「見えないよ。でも顔だよ、顔」と教えてやった。

背広の胸元に触れた時、一〇〇万円近いお宝だと分かったという。凄腕のスリも大金を前にして、つい顔がゆるんだのだろう。

「四国ではね、箱根に行ったら手強いモサ刑事がいるから気を付けろと言われたんですよ。だんなのことだったんですね。でもその格好じゃ分かりませんよ」

とぼやくことしきりだ。豊田はこの日、リュックを背負って、山登りスタイルで歩いていたのである。

三人組も四国のホシだった。一〇〇万円を持っていたのが真打ち。幕とスイトリは九〇万円ずつ。テンイチである。「ええ、観光客からいただきました」と涼しい顔だ。人の物は自分の物。

すり取ることを「いただく」「もらう」とこともなげに話す。しかも、金が少し貯まると、地元で待つ女房の所に振り込む。ふてぶてしい連中である。

彼らは所轄の刑事が調べても落ちない。スリ独特の隠語が飛び出すから、話がなかなか通じない。さすがにモサ刑事は心得たものだ。

「やつらは自分の腕にプライドを持っている。だから、馬鹿にするとしゃべらない。私はね、全国で五本の指に入るねぇとおだてる。そうすると、大喜びで話し始める」

高速道路のサービスエリア（SA）が稼ぎ場になるなんて思ってもみなかった。だから、海老名SAで五〇万円をすられたと届け出があった時は、「そんなところでスリなんて聞いたことがないぞ」と刑事たちはささやき合ったものだ。昭和五七年ごろの話である。

しかし、その後も被害届は絶えない。週末や祝日に集中している。

よし、現場に行ってみるか。

豊田は何人かの刑事と連れだって、SAをのぞいてみた。休日をつぶしてのSA通い。不審な男たちに目が止まったのは何度目かの時だった。

明らかにおかしい。不審人物は五人。売店の買い物客を狙っているようだ。しかし、この日は仕事をしなかった。

本腰を入れた捜査がスタートした。まずは望遠カメラで写真撮影。やつらの背景を解明するためである。五人は外車を使って猛スピードで突っ走るので、尾行の車もどんどん離される。海老名から追跡しても、御殿場辺りで見失ってしまう。

関東から関西、さらには北陸地方までやつらの行動範囲はとにかく広い。どこに出没するか予想もつかない。

警視庁やほかの県警も目を付けているようだ。でかいヤマだ。しかし、こちらの人員にも限りがある。海老名ＳＡに絞っての張りは空振り続きだった。チャンスが訪れないまま、四年の歳月が過ぎた。

その間も全国で被害が続いている。ＳＡのトイレに入った被害者が両脇を挟まれ、尻パーの財布を抜かれる。一か所のトイレで七人が連続被害にあったこともあった。

混雑した売店での被害もある。一日数百万円も荒稼ぎした時は、連中は金沢まで足を伸ばして、芸者を呼んでどんちゃん騒ぎだ。お勘定の二〇〇万円はキャッシュで支払ったという。

豊田は他県の被害報告を受けるたびに悔しがった。

やつらはいつか神奈川に戻ってくる。その時こそ目にもの見せてやる。

人知れず努力している者にはある日突然、チャンスが舞い込むものだ。要はそのチャンスをつかむか。ぼんやりとして見逃してしまうか。ホシの顔が見たいなら、やるべき手はすべて打たなければならない。

その日、海老名ＳＡには師匠の岩尾、豊田ら四人のモサ刑事が張っていた。

いた。四人が来ている。こちらと同じ人数だ。千載一遇のチャンスである。なんとしても今日は現場にしたい。この手で手錠を掛けたい。

四人のなかでただ一人の女性刑事は売店に座っていた。お茶を飲みながら、旅行客を装っている。周囲にはスリグループの張りや幕の男たちの姿がちらついている。

真打ちが客の後ろにぴたりと付いた。手が動いた。女性刑事は、札入れが抜かれたのを現認した。「買った」。周囲の刑事に合図を送った。「買う」とはすったという意味。刑事の隠語である。豊田はコートを羽織った男に飛びかかった。真打ちである。盗んだ財布をまだ持っているに違いない。捨てられたらまずい。背後から両腕を羽交い締めにした。身動きできない。ほかの刑事たちもそれぞれの獲物を確保していた。真打ちはなんと七つも財布を持っていた。まだ捨て去る前だった。間に合った。

うち三つは空財布だ。豊田はその意味に気づいていた。

四人のスリは頑として口を閉ざしている。

「おまえらだまされてたんだよ。財布から金を抜き取られてたんだよ。分け前をちょろまかされてたんだよ」

真打ちはすり取った財布のいくつかから現金を抜いて、自分の懐に入れていたのだ。

そのことを刑事から聞いた仲間たちは烈火のごとくに怒った。

許せねぇ。おれたちをコケにした。

もはや否認する者はいなかった。もう一人の共犯者も逮捕され、一千数百件の余罪が明らかになった。被害総額は軽く億を超えていた。

金をちょろまかしていた真打ちは懲役六年。刑務所で獄死したと聞いた。

長いモサ刑事の人生で一つだけ後悔がある。

班長時代、部下の刑事がけがを負ったのである。韓国人武装スリ団だ。前にも触れたが、横浜のデパートで刑事二人が包丁で切りつけられた。一人は女性刑事だ。一歩間違えば命を落としていた。部下に大けがを負わせることになったこと、自分がその場にいなかったことが、豊田の心にも深い傷を残している。今も自分を責め続けている。

その時、豊田はサッカー・ワールドカップの打合せで、別の場所にいたのである。一報を聞いて、応援に駆けつけようとしていた。それまでは動くなよと念じながら。韓国人武装スリ団の恐ろしさは何度も経験していたからだ。

駅のホームで五人の韓国人とぶつかり、何とか一人を押さえたこともある。こちらも五人。しかし、包丁は首をめがけて振り下ろされた。刃を受けたチタン製の警棒は折れ曲がっていた。豊田は一一グループの韓国人武装スリ団を検挙した。強烈なスプレーを吹きつけられると、痛みで目が開かなくなる。まさに命がけの日々だった。

だから部下の刑事二人から連絡を受けた時も、おれが行くまで待ってくれと祈った。しかし、間に合わなかった。

「『スリを見たら体が動いていました、すみません』と刑事たちは言った。よくやった。それでこそモサの刑事だ。でも彼らにけがをさせてしまった私の責任は大きい。それをずっと後悔し続けている」

豊田は顔を曇らせた。

その昔、ギャンブル場を流していたころ、ベテランのスリが巡回中の制服警察官のすぐ横で仕事をしていたのを見たことがある。

「おまえよくやるな。なめてんのか」

と豊田は声を荒らげた。

「カラスなんか怖かねぇ。おれたちが怖いのはだんなたちだけですよ」

カラスとは制服の警察官のことだそうだ。彼らにスリの技を見抜かれるなんてことはあり得ない。敵はモサ係の刑事だけだというのだ。

まさに職人の世界。しかし、時代は変わりつつある。

退職後、街で集団スリの親分とばったり出会ったことがある。

「どうだい。まだ仕事しているのか」と尋ねてみた。

「若いのがねぇ。仕事についてこれないんですよ。張りやらせても、スイトリやらせても、ちょっと怒鳴ったり、ひっぱたいたりすると次の日から来なくなっちゃう。私たちのころには考えられなかった。やさしくしているんですが……。これも時代ですかねぇ」

親分はぼやきながら、雑踏の中に姿を消したという。

プロであり続けるために

私たち新聞記者の世界では、新人記者は入社してすぐに地方支局勤務となり、まずは地元の警察署を担当する。サツ回りである。先輩からの丁寧な指導など、ハナから期待できっこない。私の場合は担当警察署への引き継ぎさえなかった。入社して本社でひと通りの研修を受けると支局に配属され、いきなり「ひとりで警察回ってこい」と放り出されるのだから、新聞社の新人教育もひと昔前までは相当に乱暴なものだった。

それにしても学生生活の中で、警察署なんて縁があろうはずがない。知識といえば、せいぜいテレビドラマぐらいだ。本物の刑事なんてむろん会ったこともない。

取調べの被疑者を前に机をバンバンたたく。何でもお見通しだとでも言いたげな、鋭い目付きでジロリとにらまれると、誰もが逃げ道を失って自供に追い込まれてしまう。被疑者にカツ丼をおごってくれる、やさしい人情派の存在もドラマでは欠かせないのだけれど、果たして本当にそんな刑事はいるのだろうか。

きっと、それだって自供させるための手なのだ。たぶん刑事って、ホシを挙げるためにはどんな苦労もいとわない、口を割らせるための心理戦にも長けた、タフで非情な男たちなのだろう。なんておそろしい。どんなに突っ張っても、こちらの心の内なんかお見通しなのに違いない。

様々な不安にさいなまれながら、警察署に向かう。すぐにでも引き返したい。でも支局ではデスクやキャップがこれまた鬼のような形相で待ち構えている。強行突破しか道はない。

新人記者にとってはこれが最初の試練、関門なのである。

もう三〇年も昔のことだが、警察署の門をくぐった時の緊張感は今も覚えている。

制服警察官が、それこそ鬼に見えたものだ。警察署はさしずめ鬼ヶ島か。何も桃太郎を気取るわけではないけれど、鬼のすみかに足を踏み入れるのは、学生気分がまだ抜けない新人記者にとって、かなりの勇気が必要だった。署の正門で門番の警官ににらみつけられると、思わず目を伏せ、何事もなかったかのように通り過ぎてしまう。なかなか中に入れない。行ったり来たりを何度か繰り返して、ようやく決心する。

「このままじゃいけない。今日から記者なんだ」

と自分に言い聞かせるのだ。ひるむ気持ちをなんとか抑えながら、ようやく鬼ヶ島に上陸だ。ジロリと一瞥を投げかける門番の警察官に頭を下げて玄関に入ると、警務課の警察官に「どなたですか」と声をかけられる。

「あのー、読売の新人記者なのですが……」

消え入りそうな声で何とか答える。副署長席に案内され、出来たてほやほやの名刺をそっと差し出す。名刺を交換するなんてもちろん初めての経験だ。

「よろしくお願いします」と言うのが精一杯だ。何しろ目の前の制服警察官は鬼ヶ島の大幹部なのだから。

周囲の視線を浴びながら、必死で話題を探すのだが、うまく言葉が出ない。沈黙が続いても、腰を上げるタイミングさえつかめない。

新人記者のサツ回り初日はこうしてよれよれのスタートを切ったのだった。

それから毎日の警察署通いが続くのである。朝、昼、深夜……。次第に顔も覚えられるようになり、何とか話も通じるようになる。

確かに鬼のような刑事もいた。

それでも、右も左も分からない社会人一年生にとって、彼らだけが頼りだ。鬼刑事も素顔に接すると、意外に涙もろい。息子のような新人記者に社会人としての心構えを説いてくれる。人とどう付き合ったらいいのか。あいさつがいかに大切か。

結局は真正面からぶつかっていくしかない。失敗をおそれていては何も始まらない。

それが社会人としてのイロハだと、彼らから学んだものだ。

捜査とは。逮捕とは。起訴とは。ニュースとは何なのか。陰惨な事件・事故とどう向き合ったらいいのか、何を書くべきで、何を書くべきではないのか。なぜ朝駆け夜回りが必要なのか。聞き込みも、取調べも、取材も相手の心にどこまで入り込めるか、人間関係を築くことができたかどうか、に尽きる。そんなサツ回りの基本も彼らから教わった。現場で取材の厳しさを覚え、刑事たちから職業人としての、プロとしての生き方を学んだのである。

サツ回りの日々の中で、真実に一歩でも近づきたいという特ダネ意識を自分のものとし、ニュースを見る目を確かなものにする。失敗を繰り返しながら、裏付け取材の厳しさを学んでいく。

すべては現場なのである。もちろんそのことを教わったのも刑事からである。

多くの名刑事に出会い、そのたびに仕事にかける彼らの情熱と執念を目の当たりにした。本物の刑事は一日二四時間、どこを切ってみても刑事である。金太郎飴ならぬ、刑事飴。四六時中、捜査のことだけを考えている。その意味では鬼なのである。

プロであり続けることの厳しさを、記者の卵たちはまず刑事たちから学ぶ。

政治部の記者も、経済部の記者も、海外特派員も、そして女性記者も、誰もがサツ回りを経験する。プロになるための最初の関門なのである。

負けるものか

さて、次は女性刑事の物語である。

プロであるならば、男も女もない。結果がすべてだ。

しかし、現実には刑事警察は明らかに男の世界である。腕力で劣る女性刑事が不利なのは明らかだ。「しょせん女なんて」と見下されることもあるだろう。逆に手柄を立てれば、「女のくせに……」というやっかみの声が漏れ伝わってくる。そんな世界で、女性が刑事ひと筋の道を歩むということは並大抵のことではない。

ここで取り上げるスリ係の女性刑事もまた現場で鍛えられてきた。サツ回りの記者が女性刑事と出会うことは少ない。まだまだ少数派だからだ。

しかし、モサの世界では、ホシも刑事も男女の関係はない。技量を備えた、力ある者だけがその道のプロと呼ばれるのである。

本物の刑事ならば、スリを見破り、長時間尾行して現行犯逮捕する技術を身に付けている。凄腕のスリを何人捕まえたか。それがすべてだ。

腕利きの女スリも少なくない。あるいは細やかな技にかけては、男のスリ以上かもしれない。だからこそ、男の刑事には入り込めない、女性刑事ならではの猟場もある。

彼女たちは相手が男のスリだろうと女のスリだろうと、目の前で犯行を確認したならばすぐに飛びかかる。それは習性である。たとえ腕力が劣っているとしても、男の刑事となんら変わることはない。すべては一瞬の判断。それは現場を数多くこなして、はじめて身に付くものなのだという。男であっても、女であっても、現場に立ち続けて歯を食いしばって耐え抜いた者だけが、プロの刑事に育つのである。

兵庫県警初の女性スリ係刑事となった藤永みつへと会ったのは、平成二〇年夏のことだった。どんな女性なのか。少し緊張して構えていたのだが、目の前に現れた元刑事は拍子抜けするほどにいたって普通のおばさんだった。

しかし、普通であることがいかに大切なことか。

彼女の話を聞くにつれ、なるほどと納得したものだった。

藤永は今でもスリのにおいが分かると言う。

「刑事《デカ》にはデカの、新聞記者《ブンヤ》にはブンヤの、スリにはスリのにおいがあります」

「何ともいえん雰囲気」と言う。

現場という修羅場をくぐり抜けてきた者だけに分かる「捜査カン」なのであろう。

彼女は定年まで一年残して引退を決めた。

韓国武装スリ団の検挙が理由だと言う。

「飛びかかったら刃物を振り回して、相棒の女性刑事がもう少しで殺されるところやった。わたしがけがするのは構へんのです。自分一人が責任取ればええんです。だけど、もしほかの人や一般人にけがさせてしもたら……」

その事件が引退の引き金になったのだという。

二八歳でスリ係に配属され、五九歳で退職するまでスリを追って、ひたすら街を歩き続けた。女性刑事にとっては危険な現場である。少女時代からの素朴な正義感、使命感があればこそ、現場で踏ん張れたのかもしれない。

彼女は子供のころから正義感が強く、いじめっ子を逆にいじめるような活発な娘だったと話した。三重県伊賀市生まれ。高校からは柔道を始めた。これも悪いやつを懲らしめたいという気持ちからだ。だから、兵庫県警が婦警募集を始めたと聞いた時には、それまで勤めていた会社を辞めることに何のためらいもなかった。

拝命は昭和三九年四月。少年係で事件を扱った実績を買われて、昭和四五年、もう一人の女性刑事とともにスリ係に配属となった。

以来、引退するまで、藤永は関西のモサとガチンコで戦ってきた。

女性は結婚したら寿退社が当たり前という時代である。

当然の事ながら、女性刑事という存在は好奇の目で見られたに違いない。連日の疲れが出て、帰りの電車で寝込んでしまった時、「あの人、警察の人や。新聞に載ってたわ」という乗客のひそひそ声が聞こえてきて、あわてて背筋を伸ばしたこともあったという。

「何で女だけが新聞に名前でるんや」

と同僚に嫌みを言われたことも一度や二度ではない。

「ちやほやされて」「女は得だよな」というやっかみの声に押しつぶされそうな時もあった。しかし、なにくそという気持ちが勝った。持ち前の負けん気がむらむらと首をもたげてきたのである。

せっかく選ばれたのだ。男に負けてなるものか、と。

女性スリ刑事一期生の誇りを胸に、ひと筋の人生を貫いた。まさに現場を切り開いたパイオニアなのである。

藤永がスリ係に配属された昭和四五年はスリ全盛の時代だった。兵庫県警にも名人といわれた刑事が何人かいた。

藤永はいい時代に刑事人生のスタートを切ったと思う。後輩を指導する名刑事が存在していたというだけの意味ではない。スリが元気な時代だったからだ。刑事としての腕を磨くにはホシを挙げるしかない。現場でスリと対決することで、自分の捜査技術を磨くしか方法はない。昭和四〇年代は、腕のいいスリたちがまだ現役で活躍していたのである。

しかし、その道の第一歩は思っていた以上に厳しかった。

座学はわずか一日で終わった。

新米記者と同じように、すぐに実践教育である。仕事は現場で覚えるしかない。若い刑事には場数を踏ませることが一番の教育となる。失敗を何度も繰り返し、二度と同じ失敗を繰り返さないと悔しがる。そこから立ち上がった者だけが、刑事と名乗るにふさわしいプロに成長するのである。

新人の女性刑事二人は翌日から師匠の先輩刑事に連れられて街に出た。

仕事はスリ眼を探して、ひたすら歩くことである。

「落ちる眼」でスリを現行犯逮捕する捜査手法は、兵庫県警の大先輩が確立したのだという。

昭和三二年一〇月、三人のモサ刑事が『スリを追って二十年』というタイトルの本を出版したことはすでに紹介した。警視庁の曽根正人、大阪府警の重見俊三、兵庫県警の林順二。いずれもモサ係にこの人ありとうたわれた名刑事である。

このうちの林こそがスリ眼捜査の先駆者なのだという。街を歩いて「スリ眼」を拾う。彼の捜査手法が全国のスリ刑事に伝わったのだという。

藤永も一日中先輩の背中を追って歩き続けた。一日に三万歩、四万歩。朝から晩まで、電車やデパート、商店街など人込みを求めてひたすら歩を進めるのである。神戸だけではない。明石、尼崎など次第に範囲も広がってくる。

しかし、いくら歩いてもスリの姿は見えない。あの人があやしい。この人も不審だ。そう思うと、なんだかみんなスリに見えてくる。焦っていると、目の前の師匠も人込みの中に溶け込んで、どこにいるか分からなくなってしまう。疲労が重なり、足が重くなる。

それでも弱音を吐くわけにはいかない。

「だから女はだめなんだ」とは絶対に言わせない。

藤永は必死で食らいついていった。

しばらくすると変化が現れてきた。

街の景色が次第にはっきりと見えるようになってきたのである。ここを曲がると、あそこに出る。この道を右折すると近道だ。毎日歩いているうちに、道や人の顔や店が自然に頭に入っていたのだった。

それが尾行にどれほど役立つことか。

ひたすら街を歩くことも、新人教育のひとつだったのである。

そして三週間ほど経ったある日、藤永は先輩刑事に連れられて、同僚の女性刑事とともに明石駅のデパートを流していた。すでに長時間歩くのにもすっかり慣れている。

菓子売り場のショーケースの前にお年寄りの客が立っていた。その背後に一人の老紳士が近寄った。

藤永は「なんかおかしい」と感じた。

すると、老紳士のギロ（目）が落ちた。その先にはお年寄りのズボンポケット。

「スリだ」。藤永は先輩と同僚刑事をそっと呼んだ。老紳士は客の尻ポケットを軽く触っている。どのくらいの現金が入っているのか、当たりをつけているのである。間違いない。先輩に「スリです」と小声で言うと、「見たら分かるわ」と返された。

「おまえは『キャアさん』をおさえ」と藤永は指示された。

「キャアさん」は被害者のチョフ（符丁）。チョウタ、ドウロク、チョウコ、タロウ、サンコバン、ダイともいう。

老紳士の狙いはお年寄りだった。三人が遠くから見ていることには気づいていない。近づくと、スーッと指がポケットに吸い込まれていった。

抜いた。手に札が見えた。

先輩と同僚刑事が老紳士に飛びかかった。

藤永は「おじいちゃんお金取られたよ」と声をかけ、キャアさんを押さえた。

老紳士は七〇歳を超えていた。前科一三犯の大物スリだったが、女性刑事の出現には驚いたようだった。

「女性に捕まったのは初めてですよ。時代も変わりましたなぁ」

さすがは大物。おとなしくお縄についたという。

被害者のお年寄りには何度もお礼を言われた。

藤永は先輩から何度も教えられたものだ。

「スリは寸秒の勝負や」と。

「犯人と直接対決するのは刑事部でもスリ係だけや。虚々実々の駆け引き。そして最後は真剣勝負や。ひるんだら負け。でも相手をなめたら大けがする。組織に頼っていたら小さな戦いもできん」

最初のタマ（犯人）をとった時は無我夢中だった。だから、まだまだ先輩の教えの意味を本当には理解できなかった。しかし、これまでの人生で、これほどに人様から感謝されたことはなかった。現場で犯人を逮捕し、被害品をその場で返せる。幼いころから正義感の強かった藤永にとって、何よりもうれしい体験だった。

そして、スリと対峙する時の何とも言えない緊張感。そして勝負に勝った時の達成感。彼女はその世界にすっかり魅入られてしまった。

その時、「本物の刑事になる」と心に誓った。

静かに始まり、静かに終わる

男中心の世界で、女性がどうしたら勝てるのか。彼女は場数を踏みながら、自分のスタイルを模索していったのである。

「わたしは女だから体力では勝負にならない。だから一歩もタマを動かさない。その瞬間にタマ、キャアさん、ブツ（被害品）を押さえる。三つ一緒に確保します。まずブツをあげて、被害者に渡す。そして犯人にワッパ（手錠）をかける。これを一瞬のうちにやってしまうんです。それがわたしの信条。

現場でがたがたしない。何かあったの、って感じでまわりの人も分からないうちにすべてを終える。そうじゃないと、タマが躍るんですわ。わたしが大声あげるとタマが逃げようとする」

藤永は先輩に言われたことがある。

「切れん刀で切ろうとすると、切り口がいっぱいできて汚い。切れる刀でスーッと切ると、いつ切られたんかいなというふうになる。それぐらいがええ」と。

藤永はその言葉を胸にしっかりと刻み込んでいる。

「粋なチャリンコ、小粋なのび師、やぼなタタキは誰でもできる」

そんな言葉がスリの世界に残っている。

チャリンコは戦災孤児出身のスリ。チョフ（符丁）のひとつである。スリはモサが一般的だが、パンサー、マッチャン、クイシ、ゴトシともいう。スリの起源は関西。さすがにチョフも多彩である。

しかし、ちょっと待ってほしい。スリが粋なはずがない。もちろんのび師も。粋どころか、ただの犯罪者、泥棒である。

ただ、昔のスリたちはある意味で矜持を持っていたことは確かだ。

相手に悟られない。気づかれない。傷つけない。金だけそっと抜き取る。そして静かにその場を去る。彼らはそのために人知れず練習を重ねている。

「うまいタマはやるぞっていう雰囲気がない。目もちらっと落ちる程度。下手なタマはじっと見る。目が完全に落ちとるで、という感じですぐに分かる。うまいのはちょっと見るだけ。見たら二、三秒。スーッと近づいて、さっとやる。こちらが『えっ』と息が止まるくらい。周りに人がいないところでも、スーッとバッグのファスナーを開ける。それがいかにも自然なんです。でもわたしらも経験積むと目でスリと分かります。あの人はハンドバッグ好きや。手提げが好きや。エプロンしか狙わん。タマは好きなダイ（台）しかやらん。ダイは、これも被害者のことです。スリはそう呼びます。わたしらそのスリ見れば、どんなダイが好きか、分かります」

思わず息を飲むような、腕利きのスリは大勢見てきた。

財布をすり取っては、中身を抜いて隣の人のバッグに放り込む。だからもたもたしていると、被害品を押さえることができなくなる。

盗んだ財布を商品棚に置いて店を出るスーパー専門の女スリもいた。バーゲンではまず買い物競争で必死の形相の女性客のバッグを片っ端から開けて、そのうえで財布を抜き取る。一度に何人もの人が被害に遭うのである。

「うまいタマは雰囲気がない。見るからに普通の主婦なのに、あれって感じ。何回も捕まるタマは下手だから。見るからにスリだから捕まる。うまいタマは捕まらない」

だからこそ、刑事にはスリたちを上回る技量が求められる。

刑事のにおいを消し去る。平常心を忘れない。

さらに言えば、「木を見て森を見ず」では勝てない。

彼女は一八〇度全部の方角を視野に入れるという。木を見るのではない。焦点を一点に絞っていては、スリ眼は見えてこない。肩の力を抜いて、周囲がぼんやりとしていると感じるほどの目で、森全体を見る。小さな変化を追っていると、その一つひとつに心を奪われ、大きな変化についていけないからだ。かすかな違和感を感じ取る。森全体を眺めながら、そこにまじった異形の木をかぎあてる。

その瞬間、空気が動くのだという。

これもまた鍛え上げたプロの捜査カンなのである。

四方八方に目が飛んでいるうちはまだ一人前ではない。全体を見渡す。功名心にはやらない。平常心を保って、心を落ち着かせて見ていれば、スリのわずかな視線の動きが自然に視野に入ってくるようになるのだという。

スリに勝つためには何と言っても、まずは先に見つけることだ。スリに見つかって先手を取られたら、その時点で勝負に負けている。だから刑事のにおいを消すのはその第一歩なのである。

いったん獲物を見つけたなら、いかに長時間の尾行を続けるか。極意はその場所に溶け込むことだという。つまりは普通のおばさんになり切ることだ。そして犯行に至るまで追い続けるという意志力。

尾行の技術ももちろん重要だ。

しかし、深追いは禁物だ。まずいと思ったらすぐにその場を去る。次の機会を狙えばいい。相手に用心されたら、次はない。

スリがキャアさんに手を伸ばし、財布を抜き取ったときには両手にワッパがかかっている。何事もなかったかのようにすべてが静かに終わる。現場経験を何度も何度も積むことから、自分のスタイルが確立されたのである。

体力では男性に劣る彼女は自らの刀を研いで、自然体でタマをおさえる技を会得したのである。

ハコ（電車）のスリがキャアさんのコートに手を入れると、動きが見えなくなる。そんなときはスリの手の上に自分の手をそっと添えてしまうのだという。そうすると、コート越しにブツ（財布）が上がってくるのが分かるというのである。スリは手を添えられているのにまったく気づかない。

スリの技を超える何ともすさまじい刑事の技である。

だから藤永に捕まったタマは「あなたなら仕方ない」「参りました」と納得するのだそうだ。しかし、その技を会得するのは並大抵の努力ではなかった。

必要なのは強い意志力である。

先輩の指導が終わって一本立ちしてからは、「わたしの通ったところでスリはひとりも見逃さない」という気持ちで街を流していたという。被害者を絶対に出さない。その心意気があったればこそ、女性刑事ならではの自然体の技を身に付けたのだろう。

懲りない面々

昭和から平成にかけて、彼女はさまざまなスリに出会った。

電車、デパート、商店街、空港……。人込みを求めて、管内のあらゆる場所を歩き回った。

四五〇人は挙げただろうか。

そしてある結論に達したという。

たとえ情けをかけて一時目をつぶったとしても、更生してくれる人はほとんどいない。何度も何度も犯行を繰り返す。ならば逮捕してきちんと裁判を受けさせる。塀の中で反省した方がその人のためになる。

まだ経験の浅いころ、神戸のスーパーで子供連れの女スリを捕まえたことがある。なんと子供を幕に使っている。その場で、女スリは「家には生まれて間もない赤ちゃんがいる。生活が苦しかった」と泣き崩れた。藤永は被害品を戻し、その日は手錠をかけなかった。しかし、しばらくすると、女スリは子供連れで再び現れ、スーパーの客の懐を狙っていた。自分の同情が新たな被害者を生み出している。

ショックだった。

その時から考えを改めた。罪は罪。きちんと裁きの場に連れていかなくては自分の仕事をまっとうしたことにはならない、と。

懲りない面々はほかにも大勢いた。

新人時代のことだ。

給料日になると、三宮駅の地下街で被害が相次いでいた。タマは女性だった。現場を押さえると、財布を六つも持っている。

現行犯逮捕して所轄に連れていくと、「おなかが痛い。赤ちゃんが……」と涙を浮かべる。妊娠中なのは嘘ではない。何かあったら大変なことになる。所轄の刑事課では今回だけは大目に見るということになった。その日のうちに帰されたが、その後も改心する気配は一向になかった。刑務所と娑婆を行ったり来たり。出所するたびに、二〇件三〇件と被害が集中する。そしてしばらくすると、お縄になる。その繰り返しだ。

「ええ腕のスリやった。私の知っている中ではベストスリーに入ります。最初は昭和四六年やった。でも次に捕まってからは、さすがに『赤ちゃんが』は通用しません。『私は誰。なんでここにいるの』と記憶喪失のふりをします。懲りん女や」

子連れのスリは実はそう珍しくない。

ある時、猟場のスーパーでお母さんにおんぶされた赤ちゃんと目が合った。こちらを見ながら笑っている。かわいい。思わず笑みが漏れた。

と、その時。お母さんの目が落ちた。

あれっ、まさか。お母さんはスリだった。

だんなさんが車でスーパーに送り迎えしていたのだった。

お母さんはそれから何度か捕まった。

子供が成長してもお母さんはスリをやめられなかった。ある時は、「すき焼きの肉代を稼ぐため」と供述したこともある。

しかし、だんなさんは「そんなことをしているとは知らなかった」といつも素知らぬ顔だ。そんなわけがない、とは思っても、証拠がなければ手錠をかけるわけにはいかない。

「まったくどうしようもない親。子供がかわいそうやった」と藤永は振り返る。

集団スリを捕まえたこともある。

銀行から大金を引き出した人を狙うのである。一味は五人。半年がかりで摘発した。バッグの中の札束を途中で抜き取る。

「その中のひとりから聞いたんですが、バッグをゴムひもでぶら下げて抜き取る練習を繰り返しているそうです。ゴムひもが動かないようにバッグのファスナーを開けて、中の札束を抜き取ります。何度も何度も練習したそうです。

一回の飲食に一〇〇万円も使う。でも最後は拘置所で自殺したと聞きました」

大金をつかんでも、犯罪者の末路なんか哀れなものだ。

そう言えば、そのタマがこんなことを言っていた。

「スリ見つけるには、四人で麻雀していても、そのうちの一人がスリだと思っていないと見つからないでしょ。見ようと思わないと見れないもんですよ」

要は、見つけようという意志がなければ何も見えないということだ。スリなのになかなか含蓄のあることを言う。

「スリにはにおいがある」と藤永は何度も言う。それは「気」なのだとも。スリの気のようなものがあるのだという。

後輩の女性刑事を連れて横断歩道を歩いていた時、二人連れの女性とすれ違った。何ともいえない気を感じ、「あれっ」と振り返ると、顔見知りではない。「あれスリやで」と後輩にささやくと、「本当ですか」と驚いた顔だ。

カンがはずれたことはない。

そして尾行が始まる。

相手が仕掛けるのをひたすら待つ。
スリ対女性刑事の戦いはいつも静かに始まり、静かに終わるのである。

大震災を乗り越えて

平成七年一月一七日午前五時四六分。藤永は神戸市東灘区のアパートで少し前に目覚めたばかりだった。真冬の朝だ。辺りは闇と冷気に包まれている。

正月のお祭りが続き、藤永は昨日まで休み返上で働いていた。神社やお寺、デパート、電車……。人込みに溶け込みながら、スリをひたすら追っていたのである。

今日は久しぶりの休日だ。しかし、早起きは習性になっている。日の出前でも自然に目が覚めてしまう。外は寒い。同居している妹はすでに起きているようだ。心地よいふとんの中にうずくまって、「せっかくだからもうちょっと寝たいな」などとぼんやり考えていた。

その時だった。ドーンという強い衝撃が背中を突き上げた。部屋が大きく揺れている。棚が落ちてきた。タンスが倒れかかってくる。引き出しが開き、わずかなすきまができた。そのおかげで直撃をかろうじて免れた。タンスに押しつぶされるところだった。奇跡的に一命を取り留めたのだ。自宅は全壊だが、妹も無事だった。

何が起きたのか。大地震か。

藤永は這い出して懐中電灯をかざしながら、玄関に向かった。

しかし、ドアは開かない。仕方ない。蹴破って、外に出た。

周囲はまだ暗い。闇の中を一歩踏み出すと、ギョッとした。普段見慣れた道路がなくなっている。はす向かいのビルが倒壊し、コンクリートの瓦礫が道路をぎっしりと埋め尽くしていたのだった。

辺りは大混乱だ。まだ火の手こそ上がっていないが、住民たちが崩れ落ちた民家から、取り残された家族を助け出そうとしている。瓦礫の中から引きずり出しても、すでに息絶えている人が多い。遺体は路上に並んだふとんに寝かされていた。この世のものとは思えないほどの惨状だった。

マグニチュード七・三の阪神・淡路大震災。ビルがつぶれ、高速道路がへし折れるなど、神戸市内は壊滅状態となった。やがてあちこちで火柱が上がり、六〇〇〇人を超える住民が命を落としたのである。

大変なことになった。

しかし、藤永は警察官である。怖い、不安だと震え上がってはいられない。こんな時だからこそ、市民の役に立たなくてはならない。それが使命だ。自分自身にそう言い聞かせ、すぐに近くの警察署に向かった。

それから三日間、警察署に詰めて、住民対応に追われた。

そして、捜査三課は検視班に組み込まれた。藤永に与えられた任務は遺体の身元確認である。身元不明が二体までになったところで、スリ係に戻された。その晩、親戚宅で一〇日ぶりに風呂に入った。慣れない検視では、多くの悲劇を目の当たりにした。この世の地獄だった。自分も危ういところだった。あの時、タンスの引き出しが開かなければ……。よく生きていたと思う。

その後は、住む家が見つかるまで警察署に泊まり込みだ。毎日がもう必死だった。今ここに五体満足で湯船に入っていることがとても信じられなかった。

それでも街は少しずつ日常を取り戻しつつあった。

皇太子ご夫妻が西宮市で行われた合同慰霊祭に出席されたのは、二月二六日のことだった。その日、藤永は会場となった西宮市の県立総合体育館にいた。

震災直後とはいえ、スリの被害は止まっていない。

西宮の避難所で救援物資を受け取る際にすられた。街の雑踏で盗まれた。

そんな被害届が次々に警察に寄せられていた。

悲しいことだが、混乱に乗じて留守宅から盗みをはたらく者もいる。動転している住民をだます事件も起きている。被災者は命からがら持ち出した現金をとられているのだ。放ってはいられない。

藤永の使命はスリの逮捕だ。こんな時だからこそ、自分の任務を全うしなければならない。被災者にこれ以上の苦しみを与えてはならない。悪いやつらを懲らしめてやる。

彼女はまだ瓦礫が撤去されていない街に飛び出した。

繁華街のビルは倒壊したままだ。神戸市役所も押しつぶされている。警察署には避難住民たちがふとんを敷いて寝泊まりしていた。藤永はまだ完全に復旧していないバスや電車を乗り継いで、混乱の街中を歩いて、ひたすらスリを追い続けていたのである。

「五歳ぐらいの女の子を連れた女スリが動いている」

そんな目撃情報があった。それを耳にしたとき、藤永はすぐにピンと来た。何年か前に逮捕したあの女に違いない。子供がいた。兄と一緒に仕事をすることが多い。兄妹スリである。しかし、その兄は今回の震災で亡くなったと聞いている。

実は、藤永は震災前の一月九日、その兄妹を尾行していた。兵庫県西宮市にある西宮神社の雑踏の中で、兄妹は獲物を狙っていたのだ。

翌日は商売繁盛を祈る十日えびすだ。九日の夜は宵えびすとあって、境内は参拝客でにぎわっている。妹の顔はよく覚えている。以前に自分で手錠をかけたことがあるのだから当然なのだが。その日も子供連れである。かわいい女の子だ。

兄がめいっ子の手を引いて、周囲に向かってしきりに眼を飛ばしている。張りだろう。仕事にかかろうとしている。藤永はそう確信し、離れた場所でじっと時が来るのを待っていた。

女スリは何度か参拝者に近づくが、どうもうまくいかないようだ。タイミングが合わないのだろうか。

その時、ちらっと顔を上げた。

しまった。気づかれたか。

誰かに見られているという気配を察したのだろうか。スリは勘がいい。

次の瞬間、女スリは子供の手を引いて、その場を去った。

残念だが、今日はここまでだ。もう仕事はしないだろう。次の機会がある。藤永は兄妹が人込みから離れるのを見送った。

そして大震災で、張りをしていた兄は命を落とした。あの時に捕まえていれば、兄が死ぬこともなかったかもしれない。そんな思いが頭にふとよぎった。

妹は助かったのに、まだスリを続けているようだ。しかも子連れで。なんとか更生させるとしたら、今しかない。今度ばかりは絶対に許さない。兄のためにも、子供のためにも、罪を償わせなければ。

兄妹仲はよかった。二月二六日の合同慰霊祭には妹がやってくるに違いない。

藤永はそう確信していた。だから西宮市の県立総合体育館で参列者の顔を追っていたのである。

そして……。やはり妹は現れた。

女スリが子供の手を引いてやってきたのである。黒い喪服姿だ。

皇太子ご夫妻も献花された会場には大勢の遺族が訪れ、西宮少年合唱団が「故郷」を合唱した。その中には子連れの女スリの姿もあった。

喪服は目立つ。まさか今日だけは仕事をすることはないだろう。

藤永はそう思いながら、親子を見守っていた。

けれども尾行は習性である。慰霊祭が終わってしばらく後を付けると、スーパーに入っていった。前に逮捕しているから顔は知られている。客も少なく、うかつには近寄れない。

遠くから様子を見ていると、妹の目が落ちた。その先には親子連れのショルダーバッグ。まさか、やる気か。買い物客の背後に回った。バッグに手を伸ばした。だが、棚がじゃまで手元がよく見えない。

妹がスーッとその場を離れた。

藤永はあわてて買い物客に駆け寄った。

「財布ありますか。盗まれていませんか」と尋ねると、「ありません」と買い物客は驚いた様子だ。

被害確認に手間取り、藤永はスーパーを出ようとしている妹にやっと追いついた。

「待ちなさい」と藤永が声をかける。

振り返った妹は取り乱した様子がない。

「わたし何かしたか。何もしてへんで。いつもやったらすぐ捕まえるのに、今回は何でや。見えへんかったんやろ」

憎たらしい。しかし、その言葉で財布を捨てたと分かった。

このままでは逮捕できない。犯行現場に戻って探すと、洋品の棚に財布が差し込まれていた。

しかし、現金は盗られていない。これでは手錠をかけるわけにいかない。

妹が子供を連れて勝ち誇ったように外に出て行くのを、指をくわえて見ているしかなかった。

敗北感に打ちのめされた。

この屈辱を晴らさなくては、胸を張って「刑事《デカ》」とは名乗れない。

翌日も朝から妹が現れそうな商店街で張り込んでいた。

まだ運に見放されてはいないようだ。

妹は子供を連れて現れた。目は通行人のバッグを物色している。何度か「やるか」と緊張したが、なかなか手を出さない。

尾行の途中、「間違いない。あの女やで」という女性の声が耳に飛び込んできた。携帯電話で誰かに話している。

「あの人がどうしたんですか」と藤永は声をかけた。

「一週間前に子供服の店の前で話しかけられたんですわ。あの人は仮設住宅に住んでる言うてました。わたしも同じで、話聞いてあげたんです。子供もおったし。そのあと財布なくなりましてね。今日警察から空の財布見つかったと連絡ありまして。取りに行ったところですわ。あの人しかおらん」

と女性はまくしたてた。

なんと同じ被災者までターゲットにしていたのか。許せない。

「警察の者です。任せてください」

藤永は女性の連絡先を聞くと、尾行を続けた。

それから数時間が経過した。今日もあかんかな。あきらめかけた時、妹はスーパーにふらりと入った。

店内の陳列棚の前に手提げ袋を持ったおばあさんが立っている。

昨日のように、遠くで張っていては駄目だ。静かに近寄った。

妹はおばあさんの背後に回る。子供が「ママ、ママ」と声を上げた。妹は棚のパンを取るかのように腕を伸ばした。と思うと、その手はおばあさんの手提げ袋の中へ。スーッと抜き取られた小銭入れは、妹の上着の右ポケットに吸い込まれていった。

今度はしっかりと現認した。藤永は妹の手をつかんだ。もちろん被害品も無事だ。

「ママ、どうしたの」と無邪気に問いかける子供の顔を見ながら、藤永の胸中は複雑だった。

刑事として屈辱は晴らした。でも、この子供はどうなるのだろうか。かわいそうに。

しかし、罪は罪だ。償わなくてはならない。藤永は心を鬼にして、「観念しいや」と妹に告げたのだった。

男であれ女であれ、デカには何があっても譲れないものがある。

悪を許さない。ホシを捕まえる。被害者の恨みを晴らす。そのために自分の武器を磨き続けるしかない。取調べ、聞き込み、ブツを見る目、手口を見破る目……。本物の刑事は、そんな一途な生き方に誇りを持っている。職人としての矜持を失わない。

スリ係の刑事の場合、それは日々の戦いに勝つことだ。モサに負けることは恥だ。だからこそ、大物と呼ばれるモサとの戦いには血が騒ぐのである。

藤永みつへもそうだった。

デカである限り負けたままで終わるわけにはいかない。たとえ一度は敗北したとしても、次には勝つ。自分の腕一本で戦い続けてきた狩人の本能でもある。スリ眼を見分ける目、尾行の技、一瞬にかける逮捕術……。その自信があったからこそ、三〇年以上もずっと刑事であり続けることができたのである。

大勝負に賭ける

さて、スリ係最後の職人刑事は福岡県警の元警部・大神勝である。久留米署や中央署の刑事課長も務め、鉄道警察隊小倉分駐隊長を最後に退職した。スリの刑事歴は二〇年。その間に逮捕したホシは四五〇人に上るという。

大神の脳裏には今もある光景が鮮明に焼き付いている。

平成一〇年一二月二三日、広島県警から一本の電話が入った。

「〇〇兄弟が新幹線でそっちに向かった。あとはよろしく頼む」

裏の世界では名前の通った大物の兄弟スリだ。四国に住んでいるが、祭りやイベントがあれば全国を渡り歩いている。前科前歴も少ない。しょっちゅう捕まるやつは下手なスリだ。腕のいいスリはなかなか逮捕されないものだ。

大神は胸が高鳴った。今まで遭遇したことはなかったが、写真を何度も見ていたから、兄弟の顔はいつも頭に入っていた。いつかは勝負したいと思っていたからだ。

その機会がようやく巡ってきた。

大神は女性刑事二人を連れて現場に向かった。

兄弟は小倉で新幹線を降りた。何とか間に合った。

こいつらがあの兄弟か。想像していたとおりのやつらだ。動きに無駄がない。

スリ刑事の経験は一五年になっている。ひと通りのことは何でもこなせる自信もついてきた。

それでも興奮を抑えられない。足が震えてきた。

落ち着いて、落ち着いて、と自分に言い聞かせる。千載一遇のチャンスを何としてもものにしなくては。失敗は許されない。これは勝負なのだから。

尾行を開始すると、兄弟は百貨店に入った。

兄が張りだ。弟から少し離れて周囲に目を配っている。

うかつには近寄れない。

兄弟はゆっくりと八階のお歳暮特設会場に上がっていった。

ふらふらと商品棚を見ながら、なかなか仕事に取りかからない。大神ら三人は散らばって様子をうかがっている。こちらには気づいていないようだが、やはり用心深い。

買い物客を装いながら目で動きを追っていると、兄弟はエレベーターに飛び乗った。しまった。しかし、かろうじて女性刑事一人が追いついた。「よかった。間に合った」という顔でエレベーターに飛び乗ったのだ。だが、まだ新人だ。二〇代前半で経験も浅い。刑事にしてはちょっとおとなしいかな、と大神がいつも心配していたくらいの女性だった。

もしも兄弟がエレベーターで仕事をしたら、彼女一人ではとても手に負えないだろう。

大神はあわてて階段で一階まで駆け下りた。

息を切らせて、一階のホールまで駆け下りると、そこは大騒ぎになっていた。やはり兄弟はエレベーターの中で客の財布をすり取ったのである。新米の女性はとても刑事には見えない。密閉された空間ならば、刑事の尾行の有無が確認できる。絶対に安全だと思っていたに違いない。

しかし、女性刑事ははっきりと現場を確認した。そしてその瞬間に二人の手をつかんだのだ。一階でエレベーターのドアが開くと兄弟は逃げようとしたため、ホールが大騒ぎになったのである。

大神がホールに着いた時、女性刑事は絶対に逃すまいと弟の足に必死でしがみついていた。弟は女性刑事の体を引きずりながら逃げようとしている。だが、彼女は顔をゆがませながらも手を離さない。

少し頼りないと思った新人だったが、やはり刑事だ。いざ本番となれば、ここまでやってくれる。腕力に劣る女性でも、経験のない新米であっても、刑事の誇りがすでに芽生えているのだろう。大物スリ相手に一歩も引かない。

「よくやった。さすがはデカだ」

大神は心底そう思った。

手錠をかけたとき、彼は「福岡県警を田舎警察と思って、なめるな」と弟に一発かました。

兄は逃げたが、指名手配の末、半年後に逮捕されている。福岡県警の大金星だった。

大神は今も、ホシの足にしがみついていた若き女性刑事の必死の形相が忘れられない。それこそが刑事の原点なのだと思うからだ。

厳しい現場だけが刑事を一人前に育てる。つくづくそう思う。

ところで、この話には後日談がある。

女性刑事の活躍から五年後のことだ。

平成一五年四月二九日、大神は博多駅の雑踏に紛れて周囲に目を配っていた。

この日は昭和天皇の誕生日だ。崩御後、「みどりの日」とされたが、「国民の祝日に関する法律」の改正で、平成一九年以降は「昭和の日」となった。

ゴールデンウイークには各地で様々なイベントが繰り広げられる。九州の玄関口・博多駅も行楽客で大混雑だ。お祭りやイベントはスリたちにとっては格好の稼ぎ場となる。お祭り見物の行楽客は多額の現金を持っている上に、気持ちがゆるんでスキだらけになるからだ。だからゴールデンウイーク期間中は全国のスリが自分たちの好きな猟場を求めて、大移動するのである。

大神は博多駅の人込みの中で、スリ眼を追っていた。

やはりいた。よく知った顔が遠くに見えた。地元のスリだ。腕のいいやつだ。そばには大分のスリもいる。どうやらつるんでいるようだ。

二人は切符を買った。目的地は隣の佐賀県・有田町のようだ。豊臣秀吉の朝鮮出兵の際に鍋島藩主・鍋島直茂が連れ帰った李参平が有田焼の祖といわれている。伊万里焼ともいわれ、柿右衛門などの伝統は今にいたるまで代々伝えられている。

有田町ではゴールデンウイーク期間中には陶器市が開催されている。メインストリートには陶器店や露店がぎっしりと軒を連ね、七、八十万人の観光客が押し寄せる。

狙いは分かった。大神も有田駅行きの電車に飛び乗った。

駅を降りると、陶器市は大勢の観光客でにぎわっていた。

その時だった。あの○○兄弟の弟の顔を見かけたのである。女性刑事のお手柄で逮捕されたが、すでに刑期を終えたのだろう。

あいつも来ているのか。もう一度勝負したい、という思いがチラリとよぎった。だが、今は別のスリを追跡中だ。今回はあきらめよう。二兎を追う者は一兎をも得ず。ここは初志貫徹だ。心残りだが、弟との再勝負は次回に持ち越しだ。

最近の行楽客はかなり高齢の人でもリュックサックを背負っていることが多い。このブームは、スリにとっては大歓迎なのだそうだ。背中には目がないから、高度な技を使うことなく、簡単に財布を盗むことができるからだ。

二人組のスリもリュックサックに手を差し入れ、財布を抜き取った。大神はすかさず二人を逮捕した。目的は達成した。それでも少し後悔していた。弟を追うべきだったのか、と。おそらくは有田のどこかでたんまり稼いでいるに違いない。

いつかもう一度この手で捕まえてやる、と心に誓った。

しかしその後、弟と会うことはなかった。兄もすでにこの世の人ではない。

「もう一度勝負したかった」

退職を迎え、彼はそう漏らすのだった。

大神は生まれも育ちも福岡である。昭和四五年、最初に配属された博多警察署では管区機動隊に入れられた。七〇年安保が燃えさかった時代。デモ警備に明け暮れ、竹槍で刺されたこともあった。

四年後には所轄の刑事課へ。盗犯係に組み込まれ、張り込みや取調べも経験した。じっくりと腰を据えて常習窃盗犯を捕まえたこともある。泥棒捜査は自分の性格に合っていると感じていた。そしてさらなる転機が訪れた。

昭和五四年に大阪府警でスリ講習を受けたのである。

府警のスリ刑事について街を歩いた。

「あれ、スリでっせ」

　地下鉄のホームで指導役の刑事がぼそりとつぶやいた。

　大神が「どれですか」とあわてて周りを見回したら、「あきません。動いたらあかん」と小声で怒られた。

　電車のドアが開くたびに、男が乗客とともに乗り込む。しかし、タイミングが合わないようだ。同じことを繰り返してはホームに戻っている。四回、五回……。そしてついに財布を抜いた。刑事が「タマとれ」と大声を上げた。

　ドアが閉まらないように足で止め、刑事は男に手錠をかけた。

「あれ見てしびれた」と大神は言う。福岡県警に戻るやいなや、スリ係を希望した。

　だが、やはり修行は厳しかった。先輩は何も教えてくれない。ただ後ろ姿を追う日々。先輩を見失うときもあった。

　だが、だんだん見えるようになるのだという。

「何がですか」と問うと、「けもの道です」とすぐさま答えが返ってきた。

　スリが通る道。人込みから人込みへと渡る。一般の人の通り道とは違った、スリだけが知る隠れた道筋がはっきりと見えてくるのだという。

　最初のタマは女スリだった。

「わたしは女のスリは手錠かけんとです。いつも手を引いて連れていきます」

　好奇の目にさらしたくないからだ。大神は女性に優しい。

　最初にカメ（痴漢）が見え、次にまんちゃん（万引き）。本当にスリが見えるようになるまでには三年はかかるそうだ。やはり目だという。目が落ちる。大神は、ある日突然それが分かるようになるのだという。

大神は裏街道の様々な人間模様も見てきた。

母娘を別々に逮捕したことがあった。

母親は三度逮捕した。スカートの中のパンストに札束をしこたま隠していたこともあった。なかなかのやり手だった。

「身寄りもない。子供のころ、中国人にスリを教わった」と彼女から身の上話を聞いたことがある。戦後すぐのころのことだそうだ。ハンガーにかけた背広から財布を抜く練習を何度も何度もさせられた。あとは実践だ。電車でスリの技をたたき込まれたという。

しかし、寄る年波には勝てない。大阪万博に出稼ぎに行った時には、相棒に「バッグごと持って行った方が楽よ」と置き引きを勧められた。しかし、指はまだ動いた。プロ野球の優勝パレードにも遠出して、荒稼ぎしたこともある。

だが、年とともに次第にスリがつらくなってくる。タイミングがつかめなくなる。何より指の力が弱ってくるからだ。

大神が三度目に逮捕した時は、バッグごと持ち去ろうとしていた。もはやスリではない。置き引きに成り下がっていた。

その娘もスリになった。

母親譲りで、腕もたいしたものだった。

平成一二年の暮れだった。娘を二時間ほど尾行していた。

目と目があったらそれでアウトだ。背後からは足元しか見ない。服装をしっかりと頭に入れておくことだ。途中で立ち止まったら通り過ぎる。彼はカバンにTシャツや上着をいつも入れていた。尾行が長くなると、途中で服装を替えるのである。

「ばってん、おっかなびっくりの尾行はいかん。相手は意外に気づいとらんとですよ。振り返ったとしても、もうだめと下がったらいかん。この辺りの呼吸も難しかとです」

娘は商店街の年末大売り出し会場を目指していた。

買い物のおばちゃんで大混雑だ。

娘はさーっと売り場を歩いた。彼女が通り過ぎた七、八人のおばちゃんのバッグのチャックが全部開いている。もう一度売り場を歩いた時には、すべてのバッグから財布を抜き取っていた。大神はその見事な腕前にたまげてしまった。

現行犯逮捕したが、この時も手錠はかけていない。女スリには優しいのである。

彼の手法は柔軟である。その場に応じて、何が最適かを常に考えている。

ホームレスに変装することもあった。

「現職の時は髪をぼうぼうに伸ばしてズダ袋を持ってみたり、デパートで試食したりしたこともあったとです。要はその場に溶け込むこと。ホシに『そこにあんたがいることは知っとったばってん、まさか刑事とは思わんかった』と驚かれた時は、刑事冥利に尽きると思いましたわ」

大神は現行犯逮捕だけにこだわっているわけではない。ホシを挙げるためならば、内偵捜査もいとわない。

スリ班のキャップ時代のことだ。ギャンブル場の集団スリには刑事の顔が割れていたため、なかなか逮捕できなかった。古い刑事は一対一の勝負にこだわった。だが、大神は「目的は犯罪の撲滅。どんな手も使う」と押し切った。

ギャンブル場の防犯カメラを操作し、犯行現場を押さえていったのである。

スリの瞬間、金の分配、財布の処分……。カメラには鮮明な画像が写っていた。捨てられた財布を回収し、指紋を採って、ついに半年がかりで組織を壊滅させたのである。被害届は一〇〇〇件に上った。

これだけの証拠を突き付けられては、集団スリの親分は完落ちするしかなかった。そしてその手口をスリ班の前で実際に披露までしてくれた。

最初にすれ違った時にまずコートのボタンをはずす。もう一度すれ違い、背広のボタンをはずす。そして次に接触したときに財布を抜き取る。細い指はしなやかだった。

スリ係の刑事にとって、内偵捜査は御法度という意識が強い。一対一の勝負にこだわるからだ。だが、それも時と場合によるのだろう。内偵捜査であっても、組織を一網打尽にすることができるのならばやってみる価値はある。

大神は逮捕したスリたちに毎年年賀状を送っていた。

今度こそ更生してほしい、という思いを伝えたいからだ。しかし、ネタをとれるかもしれないという気持ちももちろんある。

平成一一年六月、大神はタレコミ電話を受けた。

「年賀状ありがとう。ちょっといい話がある。三人組が高速道路のパーキングエリアを荒らしている。今は九州縦貫道でやってますわ」

パーキングエリアでバスの団体旅行客を狙うスリ団の一味である。たれ込んできた男もかつてはそのメンバーだった。電車の券売機で乗客からすり取ったところを大神が逮捕したのだが、その後仲間割れでもしたらしい。

一味が乗っている乗用車のナンバーは分かっている。間もなくNシステムで引っかかった。太宰府IC（インターチェンジ）から高速に飛び乗り、SA（サービスエリア）に先回りして待ち伏せした。

SAに車が入ってきた。男たちは安心しきっていた。まさか張りをかけられているとは露ほどにも思ってもいない。すぐに仕事に及んだ。もちろんその場で逮捕。余罪は一〇〇件にも上っていた。

大神は「スリ捜査は辛抱第一」と言う。

スリ眼を見分け、尾行して、一瞬の判断で逮捕する。いずれの技も体に覚えさせなければならない。そのためには現場で何年も鍛えられなくてはならない。職人技を身に付けるには「とにかく辛抱」が必要なのである。

彼は警察の機関誌にこう書いている。

――犯人の震えている指先を見ながら、声かけのタイミングをはかる。被害者のバッグから財布を抜き取り、ほっと息を吐いた瞬間、耳元で「けいさつ」と声をかける。

犯人はひと言も発せず頭をたれる。この瞬間に達成感を味わう。犯人を騒がせず、周囲にも分からないように逮捕する。その技も辛抱が教えてくれた。

「若い人は何時間にも及ぶ尾行に耐えられない。スリ眼が見えるようになるまでにも長い時間がかかる。後継者不足に悩むスリの世界も同じだけど、辛抱が足りない。いい刑事になるためには現場で辛抱重ねることですよ。

数時間に及ぶ尾行・張り込みなくして成果は得られない。逆に言えば、辛抱の先には成果が待っています。私は辛抱という言葉が好きだし、辛抱を楽しみながら刑事の仕事をしてきたのだと思っています」


スリ眼に始まって、スリ眼に終わる。

百戦錬磨のスリを上回る、刑事の技は師匠から弟子へと伝えられてきた。確かに時代は変わり、犯罪の形態も変化しつつある。しかし、刑事の思いは変わらない。どこまでも現場にこだわる。プロ対プロの戦いに命を懸ける。だからこそ、刑事たちは死にものぐるいで自分の技を磨くのである。

勝つか、負けるか。真剣勝負は今も続いている。

第七章　鷹の眼と蟻の眼

犯人の気持ちになることが大切。道路はどうなっているのか。駅までどのくらい離れているのか。実際に歩いてみて、犯人のアシ取りをたどってみる。現場の隅々まで観察して、犯人がなぜこの家に侵入したのかを考える。

◇

なぜ、なぜと思いながら、じっくりと見れば見るほど現場が語りかけてくるのです。大切なのは、なんとしても犯人を捕まえるという意志力。今の人にはそんな思いが欠けている。

◇

泥棒捜査は刑事の基本。詐欺は面識犯、殺しは動機がある。しかし、泥棒は何もないところから捜査をスタートさせなくちゃならない。そのうえ、徹底的に否認されたら打つ手がなくなる。ゼロからホシを浮かび上がらせ、尾行や張り込みをして苦労して捕まえる。

何度も自分に問いかける

なぜこの家が狙われたのか。

なぜ窓から入ったのか。

どうやってここまで来たのか。アシは車か、電車か、バスか、それとも自転車なのか。

下見はしたのか。飛び込みの犯行なのか。なぜ、なぜ、なぜ……。

警視庁捜査三課に二八年間在籍した富田俊彦は、臨場班として多くの現場を踏んできた。彼は現場に臨場すると、いつも心の中で、「なぜ」と何度も何度も自分に向かって問いかけるのだという。

「自分が犯人の気持ちになることが大切です。周辺の道路はどうなっているのか。駅までどのくらい離れているのか。実際に歩いてみて、犯人のアシ取りをたどってみる。現場の隅々まで観察して、犯人がなぜこの家に侵入したのかを考える。金がありそうだから。外から見えにくいから。死角になっている。逃げ道がある。ほかにも何か特別な理由があったのかもしれない。犯人になったつもりで推理するのです」

「なぜ」を解き明かすためには徹底的な現場観察が必要だという。

どこから入ったのか。塀を乗り越えたのか、玄関からか。窓を割ったのか、鍵をこじ開けたのか。どの部屋から物色を始めたのか。そしてどうやって逃げたのか。

手口のほかにも、観察するべき対象は多い。

家の構造はどうなっているか。

壁の色は。塀や生け垣は。庭木はどうか。目隠しになっている場所がどこかにないか。街の様子はどうか。道路は、駅は、停留所は。現場の状況をすべて頭にたたき込むことが必要なのだという。全体を広く見渡す「鷹の眼」である。

そのためには何度も現場に立つことだ。同一犯による連続犯行かどうか。常習窃盗犯だとしたら、張り込みで犯人を待ち伏せるよう撃捜査の場所をどこに絞り込むか。

その判断は現場観察抜きには不可能なのだから。

何度も現場を歩いているうちに、ホシの好みまで分かるようになるという。家の大きさ、形や色、敷地の様子、庭……。遠くから歩いていると、「やつはあの家を狙うに違いない」とピンと来るそうだ。

「そうなってくると、刑事がおもしろくなる。なぜこの家に入ったか、ホシの心が見えるようになるから」

そして、「未遂現場は特に重要です」と富田は言う。

泥棒は犯行に着手することを「ヤマを踏む」という。未遂に終わったなら、「カラを踏む」。しかし、カラを踏んだ事件こそが実は手掛かりの宝庫なのだという。

時にはガラスが破られただけと判断されて、所轄の窃盗被害の報告から漏れることもある。器物毀棄事案として処理されるのである。しかし、それが実は窃盗の未遂現場なのだ。埋もれた現場ということだ。それを探し出すことが大切なのである。

「なぜ犯行を中断したのか、それを考えることが大切。実はそこには重要なヒントが隠されているのです」

ここでもまた、犯人の立場になってじっくりと考えを巡らさなくてはならない。なぜ何も盗らなかったのか、あるいはなぜ逃げたのだろう、と。

誰かに姿を見られた可能性がある。ならば貴重な目撃証言が得られるはずだ。犬が吠えたのかもしれない。防犯カメラやセンサーを恐れた。あるいは犯人自身が何らかのミスを犯したのだろうか。頑丈な錠前で歯が立たなかったということもある。

様々なケースがあるだろう。いずれにしても、未遂現場では、犯人はあわてているはずだ。どんなに慎重な泥棒でも、そんな時には必ず失敗するものだ。現場に痕跡を残すのである。だからこそ、未遂現場では丁寧に聞き込みをしなくてはならない。そして、隅々にまで目を凝らして物証を探し出す必要がある。

なぜ未遂だったのか。それを見抜けば、犯人につながる手掛かりが必ずや得られる。

富田は現場に立つうちに鍵に興味を持つようになった。鍵のことなら捜査三課の中で誰よりも詳しかった。今や鍵の捜査官としても有名である。

臨場班は同時に手口捜査官でもある。特異な被害現場にはすべて出向く。現場を見る眼は確かである。

「臨場して、最初からあいつじゃないか、と先入観を持って決めつけると滑ってしまう。私一人の情報だけではだめ。他県警の手口捜査官とも情報交換していると、本筋が見えてくるのです」

現場に行ってみると、必ず何か発見があるという。そのためには深く突っ込んで、しつこいほどに見る。隅々まで観察する。得られるものは必ずあるという。

窓の破り方を見たら、うまい、へたが分かる。窓枠にドライバーをあてて、ひびを入れる二点三角、三点四角割り。きれいにひびを入れる腕のいい泥棒もいれば、何度も何度もこじってやっとひびが入る新米泥棒もいる。現場がそれを教えてくれる。

鍵も同様だ。ドア錠をこじる、握り玉を壊す。泥棒も体験を重ねながら、少しでも確実に、少しでも迅速にという方法を身に付けていく。現場の隅々まで丹念になめる「蟻の眼」である。

だからこそ、刑事の側も絶えず勉強が必要になる。

「例えば雨戸を下からこじ開けて侵入したとしたら、戸をはずしてみる。反対側に道具の痕跡がついていれば入り方が分かる。下から見る。反対側から見る。ここまでやるかというぐらいに、いろいろな角度から見てみる。

家人からの聴取も慎重に。こちらが聞かなければ答えてくれない。質問をよく吟味する。聞き漏らしがあったら重要な捜査資料が失われてしまうから。被害者は不安にさいなまれている。その心を解きほぐし、思いやりの心で接することが大切。そうでなければ知りたいことを聞くことはできません。

なぜ、なぜと思いながら、じっくりと見れば見るほど現場が語りかけてくるのです。大切なのは、なんとしても犯人を捕まえるという意志力ですよ。今の人にはそんな思いが欠けているように思う」

刑事には「鷹の眼」と「蟻の眼」の両方が必要なのである。

思いを引き継ぐ

東京・桜田門二階の警察参考室に一枚の日の丸が飾られている。第二機動隊の隊員が寄せ書きしている。

「きょうに生くる」
「平和日本は第二機動隊で」
「忍の一字」
「縁の下の力持ち」
「我この道に生きる」

昭和四七年二月二七日、あさま山荘を囲んだ隊員たちが書き残したのである。

全共闘運動の敗北後に生まれた過激派・連合赤軍は「総括」の名の下に、仲間を次々にリンチにかけた。殺害されたメンバーは一二人。群馬、長野県警が榛名山中の山岳アジトを急襲したが、坂口弘、坂東国男ら五人が脱出し、あさま山荘に立てこもった。

五人は管理人の妻を人質に取り、猟銃や散弾銃などで抵抗した。山荘を包囲した警官は一五〇〇人。当時第二機動隊員だった富田もその中にいた。運転担当として内田尚孝第二機動隊長に従ったのである。

攻防は一〇日間に及んだ。突入前日、富田は内田隊長から国旗を買ってくるように指示された。明日は命を賭した戦いになる。そこに待つものは「死」かもしれない。全員の心を一つに。覚悟を残そう、という隊長の思いがあったのだろう。

成田闘争、学園闘争、爆弾事件……と、機動隊員たちは当時、命がけの日々だった。内田隊長は隊員の無事をいつも願っていた。

旗は文字で埋まり、富田は「私の名前を書く場所がなくなりました」と隊長に言った。

「あとから書けばいいだろう。終わってから」

それが隊長の最後の言葉となった。

翌二八日、内田隊長は猟銃で頭を撃ち抜かれた。殉職したのは二人。伝令の隊員は散弾銃で片目を失明した。壮絶な戦いだった。

さらに一〇年後、富田は再び殉職という凄惨な現場に立ち会うことになる。警視庁刑事部の第二機動捜査隊に所属していたころの話である。

昭和五七年七月四日。東京都新宿区の自宅で、東大名誉教授が孫に殺害される事件が起きた。富田は同僚の警部補・根岸省二らとともに現場に急行した。

精神に変調を来していた孫は犯行後、姿が見えない。富田は道路の捜査車両の中で手配写真を配る準備をしていた。その時、家の中から「ギャー」という叫び声が聞こえた。孫は押し入れの中に隠れていた。根岸がふすまを開けると、孫はナイフで根岸の顔を一突きした。

顔から鮮血が噴き出していた。孫を取り押さえ、富田は戸板をはずして根岸を寝かせた。救急車はなかなか到着しない。仲間と共に大通りまで根岸を運んだ。

しかし、彼は助からなかった。

命を賭けた警察官の姿を間近に見て、彼は言う。

「あの時、自分が使命を全うできるのか。命を賭けられるのか、と真剣に考えました」

使命感という言葉でくくるにはあまりにも重い。果たして自分には命を賭ける覚悟があるのか。恐怖もあった。悩んだ。

それでも先輩たちの思いを引き継ぐしかない。自分は警察官なのだから。それが結論だった。

マジックを見破る

富田が最初に泥棒の世界に足を踏み入れたのは昭和四七年九月。その年の二月にはあさま山荘事件、五月にはイスラエル・ロッド空港で日本赤軍のメンバーが銃を乱射し、二六人の乗降客を殺害した事件が起きている。社会の混乱はいまだ収まっていなかった。

機動隊から心機一転、新たに飛び込んだ捜査三課はプロ集団、職人刑事の集団であった。そこでは尊敬に値する多くの先輩たちとの出会いがあった。

いつだったか。空き巣が物色中に家人が帰宅したため、二階から飛び降りて逃走したことがあった。空き巣は足にけがを負った。もう逃げ切れない。その時に前に捕まった刑事の顔が思い浮かんだ。

あの人は人情があった。どうせ捕まるならあの刑事に捕まりたい。空き巣は警視庁の当直に電話をかけた。「逮捕してほしい」と。名指しで自首してくるケースはなかなかない。富田はその先輩刑事を師匠と仰いでいる。刑事は紳士でなくてはならない。人の気持ちが分からなくてはならない。多くのことを教わった。

一緒に張り込みをした時のことだ。

深夜、そろそろ打ち切るか、と言った。

「ちょっと待て、細工しとくから」

先輩刑事はアパートの階段に土を置いた。

「帰ったらこれで分かる。踏んだあとがつくから。朝一番で確認しよう」

現場に出ると、その場で様々なアイデアを出した。被害者に話を聞く時には、細かなところまで徹底的に確認した。「ここまで調べてくれるなら、きっと犯人は捕まりますね」と被害者が感謝するほどに。

臨場班の先輩にはこんな刑事もいた。

昭和の時代の話である。

都内で通夜の家が狙われ、深夜香典がごっそり盗まれる事件が連続発生したことがあった。なぜこの家が狙われたのか。なぜ金のある場所が簡単に分かったのか。それを探るために、刑事は被害者宅を一軒一軒臨場した。

「なぜ、なぜ」は刑事の基本である。

部屋の隅々を見ても分からない。刑事は考え込んだ。

「ならば、夜と同じようにしてみよう」

雨戸を閉め切った。すると、雨戸から室内に細い光が差し込んできた。小さな穴が開いていたのである。外からキリで穴を開けて中の様子をうかがって、香典の置き場所を確認していたのだった。そして、家人が寝静まってから忍び込んでいたのだ。

刑事は、通夜の夜、雨戸に穴が開いた家を探し出して張り込みをかけた。犯人はその場に現れ、御用になった。

盗品捜査は質屋や故買屋で盗品を見つけ出して、そこから逆にホシをたどっていく手法である。ナシ割り捜査、ぞう品捜査ともいう。

腕時計、宝石、カメラ……。古い刑事は自分の専門分野を持っていた。

「盗品の指輪が出てくるとするじゃないですか。宝石を得意とする刑事のところに持っていくと、『一週間待ってくれ』って言うんですよ。きっかり一週間でその指輪を作った人を見つけてくるんです。昔はそのくらいのプロがいた。私自身もプロになりたいと思ったものです。これだけは負けないというものを持ちたい、と」

富田はそんな先輩の背中を追い続けた。そして鍵の第一人者となった。鍵の捜査官である。

臨場班の先輩に鍵に詳しい刑事がいた。しかし、手取り足取り教えてくれるわけではない。泥棒だって、新しい鍵が出ると、どう破るか研究を重ねている。刑事も鍵の構造や強度を勉強しないと追いついていけない。

現場でじっくり観察し、メーカーに通って話を聞く。どうやったら破れるのか、自分で研究するのである。そして先輩に質問すると、やっと口を聞いてくれる。こちらのやる気を感じてもらうしかない。

富田の眼力が生かされたのが、ピッキングとの戦いの現場だった。いち早く全国に警戒警報を発し、オールジャパンの体制を組んで中国人窃盗団に戦いを挑んだのである。

東京都内でピッキング盗の中国人グループが初めて逮捕されたのは、平成七年だったという。豊島区内の事務所に四人組が侵入し、バールで金庫を破ったのである。

富田はその被害現場に立って、妙な感覚に襲われたことを覚えている。まだ外国人犯罪と分かる以前の話である。

「どこかおかしい。今までとは違う」と不審感が湧き上がってきた。上から下の階まで事務所や部屋が軒並みやられている。金庫から机まで物色はめちゃくちゃだ。

「当時は、それが何だったかはっきりとは言えなかったけど、今までの泥棒のパターンと明らかに違っていた。侵入と物色に同一性がないというか。鍵の開け方はピッキングなのに、物色は部屋によって違う。ピッキングの道具も手製。鍵を開ける専門のやつがいるなと感じた。これまでにない異常な現場だった。なぜ、なぜと考え続けた」

鍵針状の特殊工具を使い数十秒でドアを開けるピッキングの場合、シリンダーに小さな傷が残る。当時は被害を見分けられる刑事はわずかしかおらず、無施錠と判断されることも多かった。富田はピッキングを見破ることができる数少ない刑事の一人だった。

それまで日本人でピッキングを使う泥棒は数人しかいなかったのだから、それも仕方ない。定石どおりに彼らを尾行しても、別の場所で被害が続く。ならば一体だれが……。正体は不明だが、明らかに異変が起きていた。

しかし、当時の都内のピッキング被害は年間一〇〇件程度。年間二万数件の窃盗被害の一パーセントにも満たない。富田は「何かが起きている。変だ」と感じたものの、まだそれが治安を揺るがす大異変の予兆であることまでは分かるはずもない。外国人窃盗団が大挙して襲いかかってくるなんて、誰も想像さえしていなかった。

平成九年に都内の被害が四五六件に増えた。翌年が一一〇六件。中国人の目撃が次々に報告されるようになり、警察幹部もようやく危機感を抱き始めた。

が、すでに遅かった。それでも、富田は全国の手口捜査官にピッキング被害を見分ける目を伝授し続けた。もたもたしていたら、被害はどんどん拡大する。情報の共有こそが勝敗を決めると信じて。隊長が身をもって示した警察官の使命を感じながら。

秘密兵器も開発した。

医療用の内視鏡を改良し、ドア錠のシリンダーに差し込んで、ピッキングの証拠となる小さな傷を写真に撮る捜査用スコープを作ったのである。各署に配備され、鍵の構造に詳しくない警察官でも傷跡を確認できるようになった。

しかし、平成一一年の被害は六一一一件。すでに手のつけられない状況に陥っていた。窃盗グループは見張り役、ピッキング役、物色役、換金役と分かれていた。最初は駅で集結していた犯行グループも、やがては日本人の運転手を雇うようになった。警察官の姿を見かけると、プリペイド式の携帯電話で一斉に警戒通報を鳴らして逃げる。換金役に日本人を雇う。

手口はどんどん巧妙化していった。

一つのグループを摘発しても、そこから枝分かれして、新しいグループが次々に生まれる。分裂と増殖を繰り返しながら、彼らは都心から関東近県、関西、九州へと侵食し、瞬く間に全国を席巻していった。

「こんなに早く広がるとは思っていなかった。マンションを狙う泥棒は、普通はベランダから入るとか、上から降りる。それが正面から堂々と入る。しかも軒並み。私たちの常識を超えていた」

と富田は述懐する。

彼らに県境は関係ない。高速道路を使って、東北にも北陸にも関西へも飛んでいった。津波のようなスピードで全国に拡散していった。警察の対応は後手後手に回らざるを得なかった。

それでも手口捜査官のオールジャパン意識は生きていた。第二章に登場した長崎県警の元手口捜査官・木坂節也が当時を振り返る。

「長崎でも被害があったとです。ピッキングで預金通帳が盗まれたんですが、富田さんの話を聞いていたので助かりました。すぐに手配して、銀行から現金を引き出そうとした日本人を逮捕しました。日本人を引き出し役にしていた中国人も逮捕されました。これもオールジャパンの成果ですよ」

外国人犯罪はヒット・アンド・アウェーだ。足が速い。捜査にも、相手を上回るスピードが求められる。

「現場に臨場して特徴を詳細に観察する。たとえ外国人犯罪であったとしても、その積み重ねは必ず役立ちます。ピッキングの時もそうでした。

例えばピッキングもグループごとにピック棒が違う。それぞれ材質や形を工夫している。一番やりやすいものに改造している。手口が微妙に違っていた。

それぞれの県警だけでやっていたら、全体像が見えない。被害はどんどん増えてしまう。みんなに実態を把握してもらう必要がある。特に外国人犯罪の場合、都内にアジトがある場合が多いですから。遠い県警だとなかなか腰が上がらない。少しでも早く情報を共有することが大切だと思ったのです」

と富田は言うのである。

ピッキングとの戦いは様々な教訓を残した。

一つは、現場の声に耳を澄ますことがいかに重要であるかということである。現場の捜査員が異変を察知したら、いかに伝えるか。幹部はその声をいかに吸い上げるか。ひとつひとつは小さな声であっても、それらを総合すると、警報を発することができるはずである。

情報を吸い上げ、的確に危機を判断するシステムが刑事警察にはなかったのであろう。そしてもう一つ。一瞬の判断の遅れが命取りになるということも、ピッキングの教訓は教えている。


富田は犯罪抑止を訴え、年間七〇回を超える講演を行っている。そこでは趣味のマジックを生かしているという。

手に持った花が消えた瞬間、シルクのハンカチとなって空を舞う。みんながびっくりした後にこう話すのだ。

「泥棒もマジックやるんです。知ってますか」

ピッキング泥棒は右手にピック棒と左手に小型のテンションと呼ばれる工具を持っている。それで鍵を開ける。

張り込みの警察官が近づいてきたら、泥棒はすぐに手を離す。すると、ピック棒と工具があっという間に消えるのである。マジックである。さて種明かしは。

ゴムでつないで肩から両袖の中に通していたのである。手を離した瞬間に、ゴムが縮んでピック棒と工具は背広の内側、肩の辺りに引っ張られる。跡形もなく消えてしまう。職務質問でポケットを探っても、証拠となるピック棒は見つからない。

外国人であろうと、日本人であろうと、泥棒は様々なことを考え出す。手口もピッキングからサムターン回し、焼き破りへと移行している。

泥棒の手口は脆弱なところを求めて絶えず進化する。ピッキングのように、これはいけると思ったら、際限もなく急増するものだ。手口資料の収集は地道な作業でもある。しかし、それがあるから新しい犯罪にも対抗できる。警察の手口資料は「書くは一人、使うは万人」といわれる。膨大なデータは警察の宝である。

富田はホシや現場の情報について、メモをとってきた。大学ノート二〇冊にのぼっているという。

彼はこう言うのである。

「刑事は自分で仕事を覚える。誰も教えてくれない。自分のメモを見返すと、そこにはヒントがたくさん詰まっているものです」

マジックは人の盲点をつくものである。あるいは錯覚を利用する。泥棒も同様だ。弱いところ、脆弱なところを巧みについてくる。

現場で鍛え抜いた刑事の眼でなければ、マジックの仕掛けを見破ることはできない。

大泥棒なんて虚名でした

さて戦後の泥棒史に残る大泥棒の話である。

盗犯情報八〇一号。昭和の時代、繁華街のビルを狙う事務所荒らしには、全国の刑事たちが振り回されたものである。東京だけではない。関西、九州、北海道……。被害は全国に及んだ。すでに七〇歳を超えたが、いまだに現役かもしれない。古い泥棒刑事ならば誰もがその名を知っている。しかし、ここで本名を明かすわけにはいかない。家族がいるかもしれない。だから、「田中」は仮名である。

一八歳の時に上京して悪の道に染まり、田中はいつの間にか大泥棒と呼ばれるようになってい た。やがて妻子を持つようになり、「このままではいけない」とアシを洗おうと何度も何度も考えたのだという。

だが、そのたびにくじける。盗んだ金をもとに事業を起こそうとしたこともあったが、失敗の連続だった。おそらくは地道に働こうと本気で思ったことは一度もなかったのだろう。いよいよとなったら、泥棒で稼げるとの甘えもあったに違いない。結局は、最後の最後まで立ち直ることはできなかったようだ。年齢を重ね、昔のように体が思うように動かなくなっても……。

彼の手記が残っている。原稿用紙一八枚にのぼる後悔の記はこう結ばれている。

――大泥棒なんて虚名でした。人様の建物に侵入するあの恐ろしさはもうごめんです。今は一、二分ですら中にとどまっていることが怖い。いつも追われている気持ちで、安ホテルを転々とするつらさも繰り返したくありません。

何もすることがなくて、一日中ただ時間つぶしのために無為に過ごすという苦痛な毎日もこりごりです。夜ドライバーを持ってうろつくときのみじめな気持ちはもう味わいたくありません。

何よりも頭上に鉄槌がぶら下がっているように思える、刑罰の怖さが身に染みています。

これからは子供の前途を傷つけることは絶対にできません。妻子の迷惑にならぬよう静かに暮らしていくつもりです。老後の蓄えもなく、もし路上にたおれて死ぬようなことがあっても、私なりに終わりよい生涯をまっとうした、と信じて瞑することができるように。遅すぎたかもしれませんが、枯草のような身になって、やっと気づきました。もう二度と盗みの生活に戻ることはありません——。


昭和六三年二月、五三歳の時に書かれたものである。手記と刑事たちの証言をもとに、まずは稀代の大泥棒といわれた男がたどった人生を振り返ってみたい。

彼が青森県から上京したのは一八歳の時。母一人を故郷に残し、大学に進学するつもりだった。しかし、学費を貯めるために職を転々とするうちに、偽物商品の行商の手伝いをするようになった。日本中を旅しながら、宿では宿泊者の金に手を付けることも。それが二度三度となり、いつしか罪の意識がなくなった。少年院を出た後は旅館荒らしの常習に。そのころに知り合った女性とは後に一児をもうけることになる。

神戸で逮捕され、最初の懲役は四年だった。手記にはこうある。


——自由な生活だけを渇望し、出所後の地道な生活設計は頭から抜け落ちていました。社会への妄想だけで過ごして、出所してまたあの女性と一緒になりました。けれども働いて生活を少しずつ築くことがわからず、安易な気持ちで独立することだけを考えていました。その資金は盗みしか考えられず、根本からまちがっていることに気づきませんでした。
　最初は安アパートを狙って泥棒を始めたのですが、アパートからマンション、ビルへと対象が進んで、宝石商の金庫破りまでするようになり、一〇年が過ぎました。妻と暮らしていても、何をしているのか不明という生活を妻はいつも気にしていました。その間にかなりの大金を手にしたこともありました。東京オリンピックのみやげもの作り、装身具の製造、防犯用のドア錠、倉庫業、宝石業といろいろやりましたが、すべて失敗でした――。

東京・銀座や都心のオフィス街で特異なビル被害が目立ち始めたのは、昭和四〇年代後半のことだった。事務所ドアの握り球をプライヤーレンチで切り、ドライバーを鍵穴に突っ込んでこじ開ける手口。上から下の階まで、事務所が軒並み荒らされ、手提げ金庫や机の引き出しから現金だけが奪われた。まさに手当たり次第である。同一手口とみられる被害が何年も続いた。
　警視庁捜査三課は昭和四八年、その年の参考通報第一号事件に指定し、共同捜査本部を設置した。八〇一号である。東京で一か月ほど被害が続くと、突然ぱったり途絶える。すると、同じ手口の事件が大阪で一か月ほどばたばたと起きる。そして犯人は消え失せる。と思うと、今度は福岡である。どうやら捜査の目をすり抜けるために、全国の繁華街、オフィス街を定期的に回っていたようだ。

　平岩勇はその当時、警視庁捜査三課の巡査部長だった。拝命は昭和三六年。その後、鑑識課、検視官、二機捜副隊長、捜査一課管理官、国際捜査課理事官、二機捜隊長などを歴任している。

様々な刑事部門を経験した平岩には、一つの確信がある。

「泥棒捜査は刑事の基本。詐欺は面識犯、殺しは動機がある。しかし、泥棒は何もないところから捜査をスタートさせなくちゃならない。そのうえ、徹底的に否認されたら打つ手がなくなる。ゼロからホシを浮かび上がらせ、尾行や張り込みをして苦労して捕まえる。そして否認させないようにがっちり周りを固める。調べ官の腕も問われる。相手はプロ。だから泥棒捜査は難しい。そこには刑事の基本がすべて詰まっている」

平岩はそう言うのである。ただし、いろいろな経験をすることは大切なことだ、とも。行き詰まったとき、別の角度から見てみれば、見えてくるものがあるのだという。

新人時代、大森署の交番勤務のころの話である。

公園で殺人事件が起きた。平岩は現場保存のために制服姿で現場に立った。見ず知らずの被害者を狙った強盗殺人事件であることは明らかだった。

しかし、ホシは「相手が向かってきたので無我夢中で刺した。殺すつもりはなかった」と言い張った。最終的にその供述を覆すことはできなかった。交番のお巡りさんの立場では何も言えない。

しかし、悔しさに震えた。それを突破するのが刑事だろう、と。いつか刑事になったら、口がきけなくなった被害者に代わって無念を晴らしてやりたい。ずっとそう思い続けてきた。

捜査一課の管理官時代にその機会は訪れた。

都内の運河にトランク詰めの殺害死体が漂着し、特捜本部が設置された。被害者はコロンビア人女性。間もなく同棲していた日本人の男が逮捕された。

捜査会議では、取調べの刑事から「落としました」と報告があった。

「殺すつもりじゃなかった。首を絞めてから呆然として、気がつくと五時間くらい経っていた。ふと見ると、部屋にトランクがあったので詰めて捨てた」

ホシはこう自供したというのである。

平岩は「ちょっと待て」と遮った。

「五時間ならばもう死後硬直している。手足を折り曲げるのも大変な力がいる。ホシは、そこのところは何も言ってないのか」

「いえ何も……」と取調官が答えた。

「なぜ聞かない。死後硬直が始まった遺体をトランクに入れるのは大変な力がいる。そこが全く抜け落ちた供述は信じられない。本当にそこのところを話していないのか」

「ええ、特には……」と刑事は言葉を濁した。

「そりゃおかしい。ホシは殺すつもりはなかったと言いたいんじゃないのか。殺意と計画性を否定しようとしているんだろうよ。もう一度調べ直せ」

刑事はうなだれた。やり直しである。

そして、結果は、平岩の言うとおりだった。ホシは再度の調べに対し、「じゃまになって最初から殺すつもりだった。トランクに詰めて捨てるのも計画どおりだった」と供述を翻した。三年に及んだ検視官の経験が、供述の嘘を見抜いたのである。

「殺しの刑事は鑑識をやらなくちゃだめだ。その経験が生きるときが必ずある。いろいろな経験をしていると、違った見方ができるようになる」

泥棒捜査には鑑識も含めてすべての捜査手法が詰まっている、とも言う。泥棒捜査はだからこそ刑事の基本なのだ、と彼は何度もうなずいた。

運も実力のうち

全国を股にかけたビル荒らしの被害は収まっていない。しかし、手口捜査でもホシは浮かんでこなかった。被害が発生するたびに、「またも怪盗」と新聞に書かれ、捜査幹部の苛立ちは募る一方である。

とはいえ、手掛かりが全くないわけでもない。いくつかの現場では同一の足跡が採取されていたのである。特徴のある靴底で、事件の同一性は判断できるものの、そこから犯人が割れるということはない。となると、狙われそうなビルを張り込むしかない。

よう撃捜査である。千代田区、中央区、港区など都内の中心部を担当する捜査三課・一方面担当とはいえ、警部補と巡査部長二人の計三人の小部隊にすぎない。その一人が平岩である。張り込み部隊は所轄の刑事が中心となって結成された。

捜査は実に一〇か月に及んだ。

八〇一号は現金しか狙わない。

しかし、同様のビル荒らしで貴金属が盗まれる事件も目立ち始めた。手口は似ている。慎重な犯人が、果たしてブツまで手を出すものかどうか。処分をすればアシがつくかもしれない。共同捜査本部の中でも、同一犯かどうか意見が割れた。最終的に別人の犯行と判断され、貴金属被害は参考通報八〇四号に指定された。

接近遭遇も何度かあった。上から下の階へとビルの窓に懐中電灯の光が映るのを、遠くで張り込んでいた刑事が気づいた。おかしい。あわててビルに向かって走ったが、犯人はすでに盗みを終えて現場から逃げ去っていた。

スーツケースを持ち歩く男に、麹町署の若い署員が職務質問したこともあった。男は「これから関西で貴金属の取引がある」と言いながら、スーツケースを開けて宝石を堂々と見せたという。

「もし商談がつぶれたらおまえのせいだ。責任を取ってもらうぞ」

若い警察官はそれ以上突っ込むことができない。「用がないなら行かせてもらうよ」と立ち去ろうとする男を引き留められなかった。

しかし、そのあとで近くのビルがやられたことが判明する。捜査員の経験不足は、時に捜査の足を引っ張ることにもつながるのである。

このときはさすがに平岩も地団駄踏んで悔しがった。

あと一歩だったのに……。

それでもただでは転ばない。警察官の証言で似顔絵を作成したのである。なかなかの出来映えだ。似顔絵は足跡とともに各署に手配された。

その後もよう撃捜査は続いた。平岩ら刑事たちの顔にも日に日に焦りの色が濃くなっている。

しかし、地道な努力を続けていれば、いつか突然、チャンスが到来するものである。

それを見逃してしまうか、うまくキャッチするか。その差は運という言葉だけでは片づけられない。チャンスをものにするのもその人の実力のうちである。

限られた状況の中でできることはすべてやる。どんな些細なことであってもぎりぎりまで詰める。小さな変化も見逃さない。あらゆる手を尽くし、そのうえで、絶えず目配りを怠らない。油断しない。

その姿勢に徹してこそ、数少ないチャンスをものにできるのである。ぼやっとしていればチャンスは逃げてしまう。手のひらからこぼれ落ちてしまう。

ある日、張り込み中の所轄の捜査係長が、ビルから出てきた男とすれ違いざまに目が合った。急いでいるようだ。髪は七・三分けでバリッとしたスーツ姿。眼鏡をかけ、手にはスーツケース。いかにもやり手のビジネスマンといった風情である。

捜査係長ははっとして振り返った。おかしい。似顔絵に似ている。もしかしたら……。相棒の若い刑事に尾行を命じ、係長はビルの中に入った。靴跡が残っていた。同じだ。やつだ。

「追え、野郎だ」

男は走り出した。しかし、若い刑事は長距離走の選手だった。その距離はみるみる縮まっていく。男は交差点で停車中のトラックの荷台に飛び乗った。

捜査係長が追いついた。

「もうおしまいだ。降りろ」

男は観念し、こう言い放った。

「おれは八〇一号、盗犯情報のホシだ」

捜査係長が男の両手の手のひらを見ると、犯行に使うレンチプライヤーのたこがくっきりと浮かんでいた。スーツケースの中にはレンチプライヤーが入っていた。全国を荒らし回った大泥棒の悪運もついに尽きたのだった。

しかし、田中は頑強に否認した。現場で逮捕された時に「八〇一号だ」と叫んだことさえも、「全く記憶にない」と突っぱねる。

勾留期間が切れるころ、ある事件が起きた。田中の妻は夫の正体が泥棒だとは全く知らなかった。朝はいつもスーツを着て、「行ってきます」と家をあとにしていた。貴金属のブローカーのような仕事をしていると思い込んでいた。

留守がちなのも、出張だと言われていた。それが、まさか犯罪者とは。幼い子供もいた。妻は悲嘆に暮れ、熱海で自殺を図り、地元の警察に保護されたのだった。

「奥さんは『待ってる』って言ってたよ」

刑事の一言に、田中は涙を流した。

そして落ちた。

余罪は一〇年間で一一〇〇件、盗んだ現金は一億円を下らない。途中からは金庫の貴金属も盗むようになった。八〇四号も田中の犯行だったのである。貴金属も加えると被害総額は数億円にのぼった。

手口も周到だった。

ある現場にコインロッカーの鍵が落ちていた。刑事たちは犯人の遺留品だと大喜びした。コインロッカーを開けると、道路地図、パチンコ玉五個、車の油をふいたような手ぬぐい、鼻炎の薬が入っていた。

共同捜査本部は、犯人はパチンコ好きで、車で移動していると判断した。鼻も悪いようだ。刑事二人に似顔絵を持たせ、都心のパチンコ店を当たらせた。だが、これも田中の策略だった。捜査を攪乱するため、わざと鍵を落としたのである。

関西では三億円相当の貴金属が盗難に遭った。

数日後、西成地区の公衆便所で被害品の一部が発見された。ホシは西成周辺にいると判断し、警察は周辺の聞き込みに振り回された。これも田中の仕業だった。特徴があり、値の張らない貴金属をわざと捨てたのである。

アシがつくようなまねはしない。金は溶かして売り払い、宝石は関西のズヤに処分を依頼するのが常だった。ズヤとは系図買いの隠語。盗品などの系図や由来を確かめずに買い上げる闇の故買屋をそう呼ぶのだという。

田中は実際に東京・上野の貴金属店に勤めたこともあった。それも本職である泥棒のためだった。

貴金属が大量に売買されることを知ると、相手の会社に忍び込む。合鍵を作るのである。鍵屋に勤めたこともあるからお手のものだ。貴金属が運び込まれると、その合鍵で堂々と入って、金庫から貴金属をごっそり持ち去る。もちろん鍵は閉めて引き揚げる。部屋は密室になるから、警察も内部犯行を疑うことになる。

何という悪知恵。しかし、悪運尽きる時は必ず来る。裁判官は「類例がない犯行」として、懲役九年を言い渡したのである。

――裁判が終わってから判事さんに旧約と新約の聖書をいただき、これから毎日少しずつ読んで終わるころには帰れるようになると、はげましの言葉をいただき、必ず手紙をくれるようにと言われました。しかしながら、これほどまでにしていただきながら、ここでもまだ本当にめざめて改心を自覚することができませんでした。聖書もひと通り目を通しただけで、気にかけながら手元に置かれただけで過ごしました。妻とは離婚しましたが、四歳の長男がいて、二人の行く末が気に掛かりました。でも、覆った水はもう元に戻らない。何度もそう口にして、未練を絶とうとしました。

府中では塀の外ばかり夢見て足もとのつらさから逃げていました。来る日も来る日も塀の外に壮大な妄想を描いて、頭の中では自分は王様だと思っていたのです――。

昭和五八年に出所した時は、四七歳になっていた。

自由の身になったにもかかわらず、今さら地道に働こうという気は起きない。そして再び人様のものに手を付けるようになった。しかし、今度は思うように体が動かない。すぐに御用となり、一年一〇月の懲役。網走刑務所を仮釈放で出た時も、今度こそ足を洗おうと決意した。

――就職の情報誌を見て、いざ働こうとすると、長い空白の年月からおびえのようなものがありました。何の技能も知識もなく、実社会でまともに働いた経験が何もない。未知の世界が無性に怖くて、飛び込む勇気がありませんでした――。

別れた妻と復縁したのはこのころだった。長男は高校生になっており、妻子を田舎に残したまま一人東京で暮らすようになった。妻は長男の大学進学に備えて一〇〇〇万円を貯金していた。それを預かったのが間違いのもとだった、と田中は述懐する。

東京では相変わらず定職のない日々が続いていた。事業を起こそうとするが、まともな話は一つもない。田舎の妻子には「給料からだ」と言って、月々三〇万円を仕送りしていた。もちろん妻の貯金から切り崩すしかない。

「お父さんの会社はどこなの」という長男の問いにも答えられるわけがなかった。

いつの間にか五〇〇万円を使っていた。穴埋めもできない。どうしたらいいか。盗みが頭をよぎった。

——いよいよ盗みの手段をとるしかないと思い詰めて胸苦しい日が続くようになりました。一件でも手を付ければやがては昔の悪夢の再現です。とにかく歩いてみようと、都内をぶらつきました。新しく建ったビルを見ながら、昔ならいくらでも中に入っていけたのに、気力が衰えてビルがみな巨大に見え、気おくれしました。刑罰の恐ろしさが身に染みていました。先のあった若いころと違って、一年が何倍にも感じられて重くのしかかります。私を頼りにする大事な二人もいます。

かつて私は大泥棒とおだてられ、内心少し違うと思いながら、自分でも気分的に楽なので、そう思い上がった気分でいたこともありました。塀の中でも大物視されて得するので誇大な評価に任せていました。ところがこうして歩いていると、たとえこそ泥であっても、今できるのかと危ぶまれました。

散々歩き回ってやっと入れそうな所を見つけて気力を振り絞って、決心して、ドア錠の隙間にドライバーを差し込んでこじ開けることはできても、今にも戸口に人が現れるような恐怖にかられ、とどまっているのが怖くて、どたばた駆け回るようにして、机やロッカーをこじ開け、一目散に逃げ出す有り様でした。

昭和六二年の春ころから、身辺に刑事らしい人が現れるようになって、いよいよ追いつめられました。犯行の前に酒をあおり、夜眠れずに酒を飲み、現場にドライバーを忘れたり、盗んだ金を落としたりするようになりました——。

彼らも人の子。情に飢えているんだよ

この時、平岩は捜査三課を去っていた。

そして、ここにもう一人の名刑事が登場する。警視庁の元臨場班・富田俊彦が師と仰いだ捜査三課の元警部・酒井誠一郎である。巡査、巡査部長、警部補、警部と三〇年以上も捜査三課に在籍。人情に厚い名刑事と後輩に慕われた刑事はそのころ、係長に昇任していた。

酒井は、出所後の田中が再び盗みを始めたことに気づいていた。手口捜査である。昭和六一年一月以降、ビルの配電盤の電源を断ったり、電話線を切ったりして侵入し、テナントの事務所を片っ端から荒らし回る被害が相次いでいた。刑事が張り込むと、遠いビルの窓に上から下へと懐中電灯の明かりが降りてくるのも、前と同じ光景だった。

一方面の各署が一斉に田中に照準を合わせた。

しかし、所轄がそれぞれ捜査するのでは、極めて非効率である。そんな時は捜査三課の出番だ。昭和六二年六月、愛宕署、神田署、麹町署、築地署による共同捜査本部が設置された。

ある日、被害者から連絡が入った。

「盗まれた小切手が戻ってきたんです。どういうことでしょう。不思議なことに、郵送されてきました」

宛名の筆跡を調べると、「田中に酷似している」という結果だった。

しばらく後のことだが、酒井は田中を捕まえた後に聞いたことがある。「なぜなんだ」と。

「ええ、私も金融の仕事をしようとしたことがあって、小切手がいかに大切か分かっていたんですよ。これがなくちゃ商売うまくいかないだろうと思いまして……」

根っからの泥棒だが、いいところもある。酒井はうなったものだ。


この時点では、的は割れても、居場所は分からない。そんな時は周囲に協力者を作るしかない。田中は将棋が趣味だった。将棋仲間に網を張った。

その周辺から、北海道に飛んだようだと情報が入った。

共同捜査本部は色めき立った。

やつならば、途中で列車を下車しては稼ぎながら北に向かうはずだ。青函連絡船を使うに違いない。しかし、時すでに遅し。七月九日の乗船名簿に田中の名前があった。すでに海を渡っていた。

北海道警に連絡を入れ、合同捜査本部が設置された。道警はすぐによう撃態勢を整えた。田中が狙いそうなビルに張り込むのである。果たしてそこに現れるかどうか。空振りに終わるかもしれない。しかし、田中の悪運は尽きかけていた。ビルに侵入した田中が警備員に捕まったのは、北海道に渡って九日後のことだった。

――北海道に行ったのは死に場所の下見のつもりもありました。札幌のビルに忍び込んで、首の根をおさえられた瞬間、妻子のことだけが気に掛かり、すまないとつぶやいていました。やっとめぐりあえた二人の宝物をまたも失って、最低の身に落ちながら愚かだった暴走をやっと止められてほっとする思いもありました。

東京から私の身柄を移して捜査するためにやってきた捜査官は、他人への誠実ともいえる関心を持つ人でした。自分のことしか考えられず、他人の迷惑をかえりみずに生きてきた私には、他人の痛みをわかろうとする人となりは目を見開くような発見でした。

私は長い間人に飢えていました。一日中誰とも言葉を交わさない日が続いていました。自分がよしとした人を信じて、すべてを打ち明けて自供して、もし不利益が生じても甘んじて受けようと決意しました。

盗みで得た金は本当にあぶく銭でした。何の役にも立たず自身を腐らせ、やがて必ず破局がありました。夜ドライバーを持ち歩いてかき集めた何万かの金はむなしく、大変な回り道をしてしまいました。どうかお許しください。ただ深くおわびするのみです――。

「本気になれば、泥棒にも心は通じる」

酒井の信条である。巨体は威圧感があるが、その目はどこまでも優しい。

彼は札幌に飛んだ。そして田中は彼の人情に触れて落ちた。しかし、手記にあるように本当に改心しようとしたのかどうか。泥棒人生に終止符を打とうと本気で思っていたのか。彼の手記はきれい事にすぎる。どこまでが真実なのか。酒井は今も分からない。


――もう盗みができなくなっていることがつくづくわかりました。金庫に厳重に保管されている宝石を盗むことなどもうできません。一、二分ですら中にとどまっているのが怖い。ドア錠を破ることも机もロッカーも荒らすことは無理になっていました――。


田中はそう書きながらも、一都一道二府一三県の金庫破り、事務所荒らし七四一件、被害総額二億三〇〇〇万円にのぼる犯行を自供している。やはり大泥棒である。この数字をみるならば、「人生を悔やんでいる」「真っ当な人生を歩みたい」という言葉を素直に信じるわけにはいかない。

酒井は、それでも最後は信じてやりたいという。人を信じたい。それがたとえ泥棒であっても、と。

「彼らも人の子。情に飢えているんだよ」

人情刑事の物語はさらに続く。

ホシからの電話

都心は朝から汗ばむほどの陽気である。

昭和五一年一〇月四日。東京・桜田門界隈では、背広を脱いで肩にかけた男たちが忙しそうに行き来していた。その日の読売新聞朝刊社会面には、女性警察官八〇人の採用に一八二二人もの応募が殺到し、なんと二三倍の競争率になったことが報じられている。

千葉の成田では空港建設反対のデモ隊が機動隊とぶつかり、六二人の逮捕者を出していた。

その年の二月、米上院多国籍企業小委員会の証言で、ロッキード社が大型旅客機・トライスターの売り込みで日本政府高官に買収工作を行ったことが発覚。これを機にスタートした東京地検特捜部の捜査はやがて総理の犯罪という未曾有の事態にまで発展し、戦後日本が抱えた闇の部分が白日の下にさらされることになるのである。

騒然とする世相の中でも、警視庁捜査三課の刑事たちは庶民の敵である泥棒をひたすら追い続けていた。巨悪の摘発も必要だが、庶民にとっては身近な犯罪の取締りこそが大きな関心事であった。泥棒捜査はそのシンボルでもあり、体感治安のバロメーターでもある。

その司令塔である警視庁捜査三課の卓上電話が小さな声を上げたのは、午前一〇時半のことだった。

警視庁担当の新聞社やテレビ局の記者たちが生きのいい特ダネを求めて、一人二人と刑事たちが詰める大部屋に姿を現し始めたころだった。

「もしもし……」。受話器の向こうから、くぐもった男の声が聞こえてきた。息が荒い。

「どうしました」と刑事が問いかける。

「実は……。酒井さんという刑事さんにお世話になった者ですが、いらっしゃいますか」

刑事はピンと来た。協力者からか、おそらくは泥棒本人からだ、と。もしかしたら情報提供かもしれない。酒井なら今は野方署の共同捜査本部に詰めている。すぐに電話を回した。

何の話かな。でかいネタが引けるといいけどな――。そんな思いが刑事の頭に一瞬よぎったものの、忙しさに電話の件はすぐに忘れてしまった。


酒井誠一郎は当時警部補であり、酒井班を率いていた。野方署の共同捜査本部はキャバレー荒らし。昭和五一年の春から都内全域で被害が出始め、美容室や喫茶店、事務所が狙われていた。バールで鍵をこじ開け、レジや金庫の金を盗むオーソドックスな手口である。

しかし、いくつかの店では従業員が朝方まで客席で仮眠していた。入口ドアの鍵穴にバールを突っ込んでこじ開けると、店内にバリバリという大きな音が響き渡る。仮眠中の従業員たちは目を覚ましたものの、恐ろしさから寝たふりをしつつも薄目を開けて見ていたのだ。

千鳥格子のジャケットにパナマ帽。太っており、髪が薄い。朝方に階段ですれ違った従業員もいたが、男の方から「おはよう」と声をかけられ、どこかの店のオーナーかなと気にも留めなかったという証言も得られた。手口捜査と似顔絵から、元芸能関係者の男が浮かび上がってきた。

男の逮捕は昭和五一年九月。中野区のキャバレーでボーイに追われ、たまたま出勤途中だった警察官に取り押さえられたのである。余罪は二八〇件。警視庁捜査三課に電話があったころ、酒井はその裏付け捜査に追われていた。

酒井は野方署の一室にある共同捜査本部で本部から回ってきた電話を受けた。

「自首したい。昔面倒みてもらったフクです。覚えていますでしょうか。ぜひとも会ってほしいのですが……」

フク、フク、フク……。ああ、いつだったか。若いころに扱ったのび師だ。名前は確かに覚えている。とはいっても捜査三課に配属されたばかり、巡査のころの話だから、もう一四年も昔のことである。

確か「ムササビのフク」と呼ばれていたな。

福島こと……。やつは大泥棒だった。それにしても、あの時の取調べは主任の仕事だった。おれはお茶くみをしたり、掃除をしたり、弁当を運んだり、雑用係の下積みにすぎなかった。それを面倒みたなんて、そんな大それたことはしていなかったんだが……。なぜおれが名指しされたんだろうか。どう考えても分からない。それに、自首したいとはどういうことだろう。

酒井は新米刑事のころのおぼろげな記憶を必死にたぐり寄せていた。

おふくろの味

昭和八年生まれの酒井は同二八年に拝命。振り出しは本田署だった。

なぜ警察官になったのか。そう問われるたびに、父の故郷である福井の田舎に疎開していたころの悲しい光景がよみがえってくる。男ばかり四人兄弟の長男、小学校五年のころの記憶だという。

母親に手を引かれて親戚に米をもらって帰る途中だった。道ばたで闇屋を摘発する警察官に呼び止められた。しかし、その警察官は子供四人を連れた母の姿をまじまじと見つめると、何も言わずに去っていった。もちろん闇屋などでは断じてない。

その警察官は腹を減らした子供たちを足止めするのはかわいそうだとでも思ったのだろう。だから何も聞かずに、ひと言も発しないまま立ち去ったのだ。

子供だった酒井にはそう思えた。あの時の警察官のやさしい目が忘れられない。警察官には人情があった。酒井は今もそう信じている。

福井の高校を卒業し、大阪で国鉄の試験を受けた帰りの汽車の中で、警視庁警察官の募集ポスターが目に飛び込んできた。子供のころに出会った警察官の顔がふいに浮かんだのは、その時だった。金沢駅で下車し、警視庁の採用試験を受けていた。

本田署の交番時代には何人もの自転車泥棒を検挙した。当時、自転車は貴重品だった。質屋に入れて金に換えていたのである。非番の時は刑事部屋に顔を出し、掃除や茶碗を洗った。三年後には念願の刑事に。

先輩には「鬼の……」「エンマの……」「仏の……」と呼ばれる猛者がそろっていた。「鬼」は管内の犯罪情勢を熟知していた。「エンマ」は被疑者の嘘を見抜く特技を持っていた。そしてナシ割りにかけては、「仏」の右に出る者はいなかった。所轄の刑事課はそんな男たちの個人プレーに支えられていた。

しかし、昭和三六年に配属となった捜査三課は別世界だった。

旧警視庁は一階が銀座通りと言われ、捜査一課の殺人係の部屋がひしめきあっていた。捜査三課は地下である。一号調べ室、二号調べ室……とこちらも小部屋がずらりと並び、酒井は一五号調べ室。調べ室といっても取調室ではない。八畳ほどの小部屋は刑事の待機場所である。チームは警部補の下に、巡査部長二人、巡査三人。それぞれの班が独立し、隣の部屋で何をやっているかは皆目分からない。へたにネタが漏れると、手柄を持っていかれるからだ。競争意識、秘密主義が徹底していた。

巡査の酒井の最初の仕事は、毎朝だるまやかんで湯を沸かし、先輩にお茶を出すことだ。当直の刑事に前日の被害を聞いて、作戦会議を行う。駆け出しの巡査が口をはさむことなんかできっこない。先輩の補助と雑用が主な仕事だった。仕事は先輩の動きを見て盗むのである。

フクと出会ったのはそんな時代だった。

彼は昭和三七年六月、警視庁に逮捕された。

のび師である。調べは上司の主任が当たった。酒井の役目は、調べを終えたホシの面倒をみること。ホシと言葉を交わしながら、調べやすい雰囲気を作り出すのが、仕事の一つだった。だから何とかフクと心を通わせようと思い、誠心誠意接するようにした。

昼飯時には主任が席を外すので、二人だけになることが多い。酒井は自宅から弁当を持ってきていた。ある日、フクはじっとその弁当を見ながらたくあんの切れ端を指さし、「それは田舎のですね」と尋ねた。

「そうだよ。おれも金ないから、田舎から送ってもらったんだよ」と答え、「どうだい、一つ」とひと切れを差し出した。「うまいですねぇ。さすがに田舎の味ですねぇ」とフクは大喜びだった。

たったそれだけのことだ。

「面倒みてもらった」といわれるには、あまりにも些細な出来事だった。それでも大泥棒は、たくあんひと切れの味を一四年間も忘れていなかったのである。ひと切れにはおふくろの味がこもっていたからだろう。

それから、長い歳月が過ぎ、フクは亀有署のすぐ前の公衆電話からかけているという。なにやら切羽詰まった様子である。酒井は不思議に思いながらもすぐに車で向かった。とにかく逃がさないことだ。心変わりでもされたら大変なことだ。

現場に到着すると、男が道路にぽつんと座り込んでいた。足に包帯を巻いている。けがをしているようだ。顔色も冴えない。

なにしろはるか昔のことだ。記憶も鮮明ではない。それでもまずはやつを安心させることが肝心だ。

「どうしたい、フクちゃん」

酒井はわざと陽気な声で呼びかけた。まるでつい今しがた別れたばかりのように。おまえのことならよく分かっている。だからおれに任せろ。悪いようにはしないから。そんな思いを言葉に込めたつもりだ。

「自首したいんですよ。一週間前に世田谷で仕事したんですが、家の人が帰ってきましてね。二階の屋根から飛び降りて逃げたんです。でも足を折ったらしくて。仕事にもならんし、かといって病院にも行けないし、もう不安で不安で……。それで電話させていただいたんです。前に親切にしてもらったんで、お名前を覚えていたんです。人情のある刑事さんだってね」

足をけがした後は、タクシーを五、六台乗り継いで自宅に戻ったのだという。昔から用心深さは徹底していた。だから、昭和四一年に出所してから一〇年間、一度も捕まらなかったのだろう。

「そうかい。で、それでどんな仕事をしたんだよ」と水を向けてみた。

「日曜日の朝のテレビ見ましたか。時事放談ですよ。泥棒に入られたと評論家の藤原弘達さんが怒ってらしたでしょ。あれはあたしです」

酒井はたまたまその番組を見ていた。確かに評論家が泥棒に入られたとカンカンになっていた。

確か、窓ガラスを炎で焼いて侵入する手口だった。お屋敷ばかり狙ったようだ。本当なら三桁ボシだ。いや四桁になるかもしれない。

「どのくらいやったんだ」

「そうですね、一〇〇〇件は下らないですよ」とフクは淡々と言った。

さすがはムササビの異名を持つほどの大泥棒だ。

酒井ははやる心を抑えながら、

「まぁ、まずは病院にいくか。足を診てもらおう」

と手を差し伸べた。

入った。

幸いけがはたいしたことはなかった。骨は折れていない。手当の後、彼は警視庁の留置場に入った。

ムササビの異名を持つ泥棒は、前にも紹介したように何人かいる。フクの場合はその中でもなかなかに由緒正しいようだ。先代の親分から襲名したというのだから。れっきとした二代目である。

本人は酒井にこう語っている。

「ガキのころからの根っからの泥棒でして。その昔、エンコ（浅草）にムササビとおそれられたのびの大親分がおりましてねぇ。あたしはそこに厄介になってたんですよ。軽業師のような技は見事でしたねぇ」

泥棒は先代ムササビの親分に仕込まれたというのである。

のび師だから、家人が寝ている部屋も物色する。目覚めて見つかりそうになると、両手足の指を使って、天井にへばりついてじっとしているのだそうだ。

まるで忍者だ。木の上に隠れて家人が寝静まるのをじっと待つことも。若いころは高窓に頭を突っ込んで侵入するのもお手のものだったとか。

軽業師のような侵入手口は先代が最も得意としていた。その弟子になった彼もまた、師匠の技を盗んだ。庭木の上で様子をうかがい、豪邸に忍び込む。浅草界隈の仲間うちからは、いつしか「ムササビのフク」と呼ばれるようになっていたのだという。

しかし、酒井との出会いから一四年の歳月が経ち、彼は四九歳になっていた。ムササビのような軽業はさすがに衰えをみせていたが、自らの生活のすべてを犠牲にして、泥棒の仕事にひたすら徹するストイックな姿勢は微塵も変わっていない。

「やつこそは本当のプロの泥棒だ」と酒井は言うのである。

　フクは仕事師の心得を語っている。

「まずはアパートを借りなきゃなりません。若いころは旅館でしたよ。でもそこでは思うような計画も立てられない。自由もない。特に今の警察の捜査方法ではすぐにアシがつきますな。

　アパートは下町に限ります。子供がいて昼間奥さんが家にいるような所はだめです。出入りの時にあまり人に見られることがない、二世帯ぐらいのアパートを借りるといい。これは必ず守らなきゃいかん。それから入居は必ず偽名。交番の連絡簿に書き込む時も、あわてずに妻と子供の名前、職業を書きます。妻子はもちろんいません。職業はあたしの場合、広告デザイナーでした。

　今のアパートにも二回お巡りさんが来て、『ごくろうさん』と応対しました。妻子の名前も含めてすべて事前に考えていました。町内会の人が来るときもあったので、あたしはそれらしく、頭にはベレー帽をかぶって出入りしていましたね。

　あとは大家さんとはうまくやることが大切ですな。自分のことを信用させなければなりませんから。

　それとですねぇ。のび師は夜出て、昼間家にいることが多いのですが、昼間寝ている間も、たとえ夏であっても雨戸は閉め切らなくちゃなりません。できる限り、朝八時ごろにはネクタイ姿で外に出るようにします。近所の目がありますからね。

女と暮らすのも厳禁ですな。盗んで隠しておいた貴金属を勝手に処分され、アシがつくこともありますから。あたし自身若いころそれで失敗していますから」

彼は午後三時ごろに家を出る。ネクタイに背広のサラリーマンスタイル。ショルダーバッグにはライター、ガスボンベ、手袋、靴下、黒っぽい上下の仕事着が入っている。近所の人と会っても頭を下げるくらいで、言葉は交わさない。もちろん狙う場所は地図で事前によく調べ、入念に下見しておく。

「駅を降りる場合は交番のない方の出口を選びます。目標の地域に入ると、アタリをつけて流す。駅から街の奥へ流す場合はゆっくりと、奥から駅に向かって流す場合は少し急ぎ足で。サラリーマンが帰宅する時間帯に一緒に歩いて流すこともあります。これならお巡りさんと会っても安全ですから。

ただし二度会うと怪しまれますね。そんなときはあらかじめ探してあった工事現場に飛び込みます。そこから目標の家の庭に入り込み、植え込みに隠れるのです。だいたい二、三時間流して、あたしの場合は暗くなったころにはお屋敷の庭に入ってますな」

庭で仕事着の黒装束に着替え、ターゲットから二、三軒離れた民家の庭木の枝や植え込みの中に潜んで、じっと時が来るのを待ち続ける。

五時間、六時間……。その間には道路を通過するパトカーや警察官の姿も観察している。夜食の弁当も枝の上で食べる。彼が動き出すのは家人が寝静まった午前一時過ぎ。それまでは雨の日も、雪の日も木の上で、あるいは植え込みの影で身じろぎしないまま待ち続けるのである。

周辺の住人が寝静まったころ、黒装束の男が木の上からするすると降りてくる。そして庭伝いに目を付けていた屋敷に入る。漆黒の闇の中をゆっくりとゆっくりと。決して急がない。時間をかけて地を這うように匍匐《ほふく》前進する。

ターゲットの屋敷にたどりつくと、ライターを取り出す。窓ガラスを焼き、濡れタオルで押さえて粉々に割る。

焼き切りである。その際も遠くから炎が見えないようにボール紙で目隠しするのを忘れない。昔とった杵柄で、高窓から侵入することもあった。

「あたしの場合、一軒で一〇万円以上の稼ぎがあればやめますが、少ないときは二軒、三軒と続けます。あたしの体験では、お屋敷の中がきれいに片づけられている場合、現金はあまりありません。散らかっている方があちらこちらに現金が置いてあるものです。部屋に入って電気をつけると、現金にぶつかるかどうかすぐに分かりますな」

彼の特癖がある。仕事が終わると、その家の風呂を沸かして入り、ひげをきれいに剃る。冷蔵庫を開けて、台所で飲み食いする。時にはすき焼き鍋を作ってビールで一杯ということも。

最後に現場をできるだけ元に戻して、そっと退散するのである。それからまたゆっくりとショルダーバッグを隠しておいた待機場所の庭に戻る。道路を横切るときでも、腹這いになって時間をかけて進む。慎重に慎重に……。街灯の光で遠くから目撃されることもあるからだという。

引き揚げるのは日が昇るのを待ってから。お屋敷街なので、自動車の迎えが多く、朝七時ごろでも人通りはない。堂々と門を開けて外に出るのである。駅近くまで歩いて通勤客に紛れれば、職務質問される心配はない。

それでもまだ注意は足りない。一睡もしていないから、疲れが顔に出ているかもしれない。疲れを見せてはならない。出勤のサラリーマンになりきるのである。誰に見られているか分からない。

ほとんどの通勤客は定期券である。朝の時間帯に切符を購入するのは少数派だ。それさえも、はたから見て不自然でないようにと振る舞っていたという。

電車もわざと乗り継ぎをして遠回りした。刑事の尾行を気にしていたからだ。そして、もう一つ。あまり早い時間帯に自宅に戻らないことだ。夜勤明けに見せるには午前一〇時ごろか。これもまた近所の目をごまかすためである。

「あれほどプロに徹した泥棒には会ったことがなかったよ。あそこまでやるかとね」

酒井はあきれたように言う。

ムササビのフクの犯行は本人が言ったように一〇〇〇件にのぼった。四桁ボシだった。お金持ちが住むお屋敷が多かったため、企業の社長、政治家、公務員、野球選手など被害者の顔ぶれも実に多彩だった。

その大泥棒が、けがで気弱になっていたとはいえ、若いころのひと切れのたくあんの恩が忘れられずに電話をかけてきたのである。

「今度こそ足を洗って真人間になります」

とムササビのフクは酒井に誓った。

酒井は「刑事は心だ」と言う。ホシであろうと誠心誠意接する。大泥棒ではあっても、刑事の人情にほだされることはある。

しかし、酒井は冷静であった。

「やつは私をだましたのかもしれない。足をけがして仕事ができなくなった。しばらく刑務所で過ごしてもう一度泥棒をやり直そうとしたのかもしれない」

そうなのかもしれない、とも思えてくる。ムササビのフクは昭和五四年暮れに出所。その直後から邸宅荒らしを再開し、昭和五五年一月には早くも警視庁・玉川署から指名手配されている。

彼は五二歳になっていた。まだ現役で十分に通用していたようだ。しかし、意外な盲点があった。待機場所の木の上で食べた弁当の包み紙が押収され、そこに残した指紋が決め手になったのである。

指名手配後も彼の行方はようとして分からなかった。おそらくはのび師に徹し、自ら決めた鉄則を守り通していたのだろう。


彼が次に逮捕されるのは平成の時代になってからだった。ムササビのフク、六三歳の時である。

当時の新聞にこうある。

「自称ムササビ。余罪は二〇〇件。五〇〇〇万円相当。手口は夜間の忍び込み専門。犯行時は黒いフード付きトレーナーに黒ズボン、地下足袋姿。前もって狙いを付けた家の窓をドライバーで割って侵入し、犯行後は趣味の釣りスタイルに着替え、釣り竿片手に素知らぬ顔で帰宅していた。

身寄りもなく、独り暮らしだったが、大家には『兄弟が靴屋をやっており、金には不自由しない』と話し、六畳二間バストイレ付きのアパートの家賃八万円はきちんと払っていた。犯行時、署員に見つかり、高さ一・五メートルの窓からムササビのように飛び降りたが、二〇〇メートルほど逃げて息切れした。『おれは仕事師。五年前なら決して捕まらなかった』と話しているという」

どうやらのび師であり続けるために、自らに課した鉄則を守り続け、都会の片隅で息を潜めて目立たないように暮らしていたようである。だからこそ、警察の捜査をかわしながら、還暦を超えてまで現役を続けることができたのだろう。

さらに記事にはこうある。

「都内で捕まっては、警視庁の刑事に顔向けできない」と昭和五七年に千葉に引っ越し、それからは千葉県内を中心に荒らし回っていた、と。

人情刑事・酒井の心は伝わっていたのだろうか。真っ当な人間になるつもりはなかったのかもしれない。改心はしていなかったかもしれない。しかし、刑事の心にこたえられなかったことに、わずかでも罪の意識を覚えていたのかもしれない。

酒井は引退してから風の便りに聞いたことがある。

ムササビのフクは亡くなった、と。どうやら病気をこじらせたようだった。

一度人の道を踏み外した泥棒が真人間に戻るのは本当に難しい。

ムササビの生涯を振り返るたびに、つくづくそう思えてくるのである。

第八章　答えは現場にある

いったん捜査に入ったら、階級の上下、年齢、経験は関係ない。誰もが自分の意見を述べる。大泥棒にどんな捜査手法で向かっていくか。毎日毎日捜査員全員が知恵を絞り出す。それが捜査会議ですよ。若い、経験の浅い刑事から意見が出て、それをベテランが料理する。

◇

先に相手に気付かれれば逃げられる。ライオンだって風下から、後方から音を立てずに忍び足で近づき、瞬時に捕らえる。どんな釣り名人でも、魚がいないところでは獲物を釣り上げることができない。エサが悪かったり、仕掛けの出来がおそまつだったりすれば釣れない。

◇

緊張感をもっていなければ。ホシは必ず逃げようとする。証拠を隠滅しようとする。そのことをいつも忘れてはいけない。必要なのは、正しく恐れること。少しの油断があっても、ほころびが生まれる。狩りと同じ。手負いにしないように一発でしとめないと、二度目は難しい。

◇

刑事には階級がない。警視の刑事が正しいか。巡査の刑事か。それは分からない。どっちが偉いか。偉いのは強い刑事。被疑者を落とせる刑事。ネタの取れる刑事。階級では捜査に通じない。

刑事に階級は関係ない

昔の刑事は一匹狼だった。それぞれが誰にも負けないという得意分野を持ち、自分のスタイルにこだわる。もちろんネタ元は明かさない。張り巡らせたアンテナに何かが引っかかると、ひそかに動き出す。仲間にも悟られないように。

しかし、今は時代が違う。組織犯罪やプロの泥棒には、個人プレーではとても太刀打ちできない。昔ながらのスタイルではなかなか通用しない。刑事人生のほとんどを捜査三課に身を置いてきた酒井にとっては、捜査は組織でやるものだという確信がある。それは信念でもあるという。

刑事一人ひとりが力をつけるのは当たり前のことだ。解決の糸口を見つけるのは確かに個人プレーかもしれない。しかし、その次の段階からは組織力、団結力こそが必要になる。組織捜査こそが警察の強みなのだと断言する。

「いったん捜査に入ったら、階級の上下、年齢、経験は関係ない。誰もが自分の意見を述べる。仲間意識を持つこと。何でも言える環境を作ること。大泥棒にどんな捜査手法で向かっていくか。毎日毎日捜査員全員が知恵を絞り出す。それが捜査会議ですよ。若い、経験の浅い刑事から意見が出て、それをベテランが料理する。理想ですね」

知恵がいかに大切か。捜査が行き詰まったとき、それを突破するのは知恵しかない。酒井は長い経験からそのことを身に染みて感じている。

一方で、個人の知恵には限界がある。経験が浅いからこそ飛び出す新米刑事の斬新なアイデアがある。また、ベテランならではの経験に耳を傾けることも大事なのである。事件は日々その姿を変える。軟体動物のように。だから刑事たちもみんなで知恵を出し合って、解決に導くために最適な捜査手法を探っていかなくてはならない。

それが警視庁の名刑事、酒井誠一郎の持論である。


豊島、練馬、板橋区内のアパートの鍵穴にドライバーを差し込む手口の空き巣が頻発したのは、昭和五一年二月から翌年の七月にかけてだった。

手口捜査の結果、一人の男が浮かんだ。当時三四歳。「一番星」と自称する泥棒である。刑務所を出所後、女と同棲していた。定職にも就いていない。それなのに金遣いは荒い。我慢できずに仕事を始めたに違いない。

共同捜査本部が設置され、酒井班の的割り《マト》捜査がスタートした。

一番星はオートバイ、自転車、徒歩、タクシーと、その日の気分で足を替える。どうやら的にかけられたことにも気づいたようだ。歩いていても振り返ったり、豊島区の自宅の周りを点検したりする。

「おれを取りたきゃ取ってみろ。今日はやるぞ」

と暗闇に向かって、侵入道具のドライバーを振りかざしながら大声で怒鳴ることもあった。

張り込み中の若い刑事が見つかってしまったことがある。

「このやろう、なんで尾行する」

と一番星はすごんでみせた。

その刑事は酒井に失態を報告した。しかし、彼は怒らなかった。

「いいんだ。言わせとけ。ただな、今度見つかったら、言い返してやれ。おまえは悪いことしてるだろう。だったら、『おれのところに自首してこい』ってな」

そして、その「今度」はあった。

またも尾行が気づかれ、一番星がすごい形相で向かってきたのである。刑事が酒井に教えられたとおりに言い返すと、一番星は「うーん」とうなったまま背を向けて立ち去ったという。

尾行や張り込みがばれたとしても、常習者は犯罪から手を引くわけではない。何とか尾行をまいて稼げるだけ稼ぎたいと考える方が多い。だからたとえばれていたとしても、揺さぶりの効果ぐらいはある。尾行班を使った心理作戦で、相手の失敗を誘うのである。

実は酒井自身にも失敗があった。

一番星は深夜、豊島区内の映画館に入っていった。客席の入り口ではない。事務所に上がったのだ。

その日は酒井自身も尾行班に入っていた。なかなか出てこない。そこに寝泊まりしているのかもしれない。酒井はそう判断して、足音を忍ばせて中に入ろうとした。入り口から男が引き返してきたのは、その時だった。

やばい。やつだ。なんと鉢合わせである。

「なんだ、おまえ」と声をかけられた。

「いや友だちがいるので……」

酒井は慌てて言いつくろう。

「そんなもん、いるわけねぇだろう。おまえ泥棒か」

泥棒に泥棒呼ばわりされるとは。ここでむっとしてはいけない。平静を装わなくては。「おかしいなぁ」と首をひねって、なんとかごまかしながらその場から立ち去った。

しかし、その一部始終はほかの場所で張り込んでいた部下に見られていた。恥ずかしい。申し訳ない。

「何やってんだよ、主任は」という非難の声が聞こえてきたような気がした。何よりも、この失態で捜査がつぶれたら……。そう思うと、いても立ってもいられなかった。

後日談である。酒井はこの時のことを犯人に当てたことがある。しかし、全く覚えていなかった。

「その時に思ったね。尾行は大胆に、というけれど本当だったと。気づかれたと自分で思ったら終わっちゃう。もちろん細心であることは大切だけど、大胆にということも同じぐらい大切。気づかれたらと、あまり弱気になりすぎてはいけない。臆病になりすぎる必要はない。いつ見つかるかとびくついていたのでは、うまくいくはずもない」

酒井は失態の直後に映画館を捜索し、映写室から手袋、ドライバー、ペンライトを発見した。一番星は映画館の映写室をアジトとして使っていたようだった。

しかし、まだ押収するわけにはいかない。それだけでは逮捕状が取れないからだ。相手に警戒心を抱かせないように、こっそりと元に戻しておいた。今やらなければならないことは、相手の行動を一つひとつ裸にしていくことだから。

刑事の尾行はその後も失敗続きで、犯行現場まではたどりつけなかった。

どうしたらいい。酒井はこれまでも的の家のドアの隙間にたばこの吸い殻を詰めたり、小さなドロまんじゅうを階段に置いたりして、自宅の出入りを確認したことがあった。現場でできることは何か。今回も刑事全員で知恵を出し合わなくては。

尾行はあくまでも手段だ。要は、途中で見失ったとしても、容疑者が侵入した痕跡を被害者宅で確認できればいい。そのためには、どんな仕掛けが考えられるか。

頭を使え、知恵を絞れ。

若手の刑事も含めて、連日のように意見を出し合った。

薬品のようなものは使えないか。痕跡が現場に残るようなもの。それも一見しただけでは容疑者にばれない。もちろん人体に無害なもの。自宅の周辺にまいて、オートバイや靴底に付着させる。それを現場であとから確認する。

検出された物質が同一あるいは同種という鑑定さえ出れば決め手となる。それならば逮捕状も取れるだろう。

刑事たちとの会話から、酒井は漠然とそんな方法はないものかと考えていた。最初から無理だと思えば何もできない。アイデアがひらめいたらまず動いてみることだ。そうしないと前に進まない。知恵を絞った後は行動あるのみ。失敗すればまた最初からやり直せばいい。

部下たちがメーカーに足を運んだ。

そしてたどり着いたのが極光蛍光体だった。ブラウン管に使用されていた物質である。特殊な薬品を混入させ、成分を分析すれば市販のものと違うことがはっきりと分かるように工夫もした。

駐車場やアパートの出入り口周辺に粉末をまいておくと、靴底や手袋に付着する。途中で見失ったとしても、被害者宅を物色した部分に紫外線を当てると、薬品が黄緑色に浮かび上がるはずである。

昭和五二年五月。アジトの映画館の前にオートバイが停まっていた。信号無視でいつも尾行を振り切られる、あの憎きオートバイである。酒井はいよいよ新兵器を使うことを決断した。極光蛍光体の粉末をハンドルやペダルに付着させたのである。

一番星はオートバイに乗った。刑事のオートバイもあとを追う。しかし、何度も道を曲がり、信号を無視して突っ走り、ついに振り切られた。いつもどおりの展開だった。

翌日、中野区のアパートに住む主婦から空き巣被害の届出があった。机の引き出しの封筒に入れてあった現金が盗まれていた。酒井は封筒に紫外線を当ててみた。すると黄緑色に光った。鑑定の結果、同種の極光蛍光体と判明した。ついにやった。

一番星は手袋のまま封筒を破っていたのだろう。誰も考えつかなかった新しい捜査手法が編み出され、犯人特定の決め手となったのである。

アパートの聞き込みから、犯行後、住人に目撃されていたことも判明した。面割りから一番星に間違いないと証言した。物事がうまく動き出すときは、どんどんいい方向に転がり、視界が一気に開けるものだ。

またも朗報が寄せられた。一番星が麻雀で負けて遊び仲間に払った五百円札を入手したのである。それが盗品と特定された。被害者は札を小さく折りたたんでお守りとして財布に入れていたのだ。碁盤の目のように折り目が残った札は容疑の裏付けになる。

これまでの証拠を根拠に逮捕状がついに発行された。しかし、やつは「否認の神様」の異名を持つほどの泥棒だ。ナシ割りで浮かんだ盗品を突き付けても、「もらった」「拾った」とのらりくらりとすり抜ける。そんな厄介なホシは現場で押さえ、現行犯逮捕をするに限る。

それがどうしてもうまくいかないならば、最悪でも仕事帰りにバンをかける。職務質問である。ひと仕事終えて油断している時に急襲して、身に付けている侵入道具を押さえるのである。

そしてもう一つ。彼はわいせつ写真を盗むのが癖だった。家宅捜索をして、写真が出てくればもはや言い訳はきかない。自供に追いこめるかもしれない。

一番星が落ちた

昭和五二年七月二〇日。映画館前の暗がりで張り込んでいた刑事から連絡が入った。

「今、オートバイ出ました」

いつものように待機していたオートバイが追尾を開始する。一番星は信号を無視して走り続ける。瞬く間に引き離され、見失った。これも毎度のことだった。

しかし、この日は違った。現行犯逮捕はあきらめる。仕事帰りと判断したら直に当たると方針を決めていた。もちろん懐には逮捕状をしのばせている。

張り込み班は自宅近くで帰りを待ち続けた。

帰宅は午後一〇時ごろ。遠くでオートバイのエンジン音がはじけた。と思うと、突然その音が途絶えた。自宅から数十メートル離れた路上でエンジンを切ったようだ。刑事が物陰から目を凝らしていると、オートバイを押す黒い影がゆっくりと近づいてくる。

かなり用心しているようだ。刑事はひと仕事終えて戻ったところと判断した。

刑事がその前に立ちはだかった。

「君には逮捕状が出ている」

「なに。証拠はあるのか」

一番星はその場から逃げ出そうとした。しかし、別の刑事たちが左右から両腕をつかみ、近くの車に押し込んだ。ポケットには手袋、ドライバー、ペンライトが入っていた。

取調べはやはり難航した。

「目撃なら間違いもあるだろう」

「道具は金に困ったら盗みをやろうと思って持っていただけ。一回も使っていない」

完全否認の構えを崩す素振りもない。

さらに自宅からは一枚の手紙が見つかった。

「刑事さんたちへ」——とある。

——暑いのに毎日ご苦労様。私を何処で見張っていても無駄です。私は何もやっていない。刑事さんが何処と何処にひそんでいるか、私には分かります。

家の前のアパートの廊下の板のすきま。映画館前の建設工事中の建物のひと部屋を借りていることも知っています。

尾行するならもっと真剣にやってもらいたいと思います。いくら服装を替えても顔が同じでは何にもなりません。私が刑事さんたちを尾行して、刑事さんたちの隠れ家を突き止めたのも、尾行がうまかったからですよ。刑事さんが後ろを振り返っても、私が見えなかった。これも尾行がうまいからです。

　これからも暑くなりますので、体に十分注意してください。一番星より――

「もしも逮捕されたら、せめてもの敵討ちに、というつもりで書いたんです。おれは泥棒はやってない。これを警察の偉い人に見てもらって、刑事さんたちの仕事がいかにまずかったか、ばらそうと思いましてね」

　と彼はうそぶいた。ふざけた野郎である。

　ドライバーは現場の道具痕と一致したという鑑定が出た。足跡も同様だった。何よりも盗まれたわいせつ写真が出てきた。これだけ裏付け資料があっても頑として口を割らない。盗んだ写真についても、「もらった」「拾った」と繰り返すだけ。

　さすがは「否認の神様」。取調室ではにらみ合いが続いた。そして、ついに否認のまま起訴となった。

　だが、酒井もあきらめたわけではなかった。

　なにじっくりやるさ、時間はたっぷりある。

　落ち着いたものである。

　一番星には内妻と子供がいた。勾留も長くなり、二人と会わせてやったことがある。内妻は前の夫の籍から抜けていない。酒井は親身になって相談に乗ってやった。

「親切なのは落とすためなのか」

　と一番星から聞かれたことがある。

「違うよ。刑事と泥棒、立場は違うけど、せっかくこうして出会ったんだ。仕事以外はお互いただの人間同士だろうよ」

一番星は黙って聞いていた。そして、その日もいつものように取調べが終わった。

「よし、終わるか」と酒井が笑顔で言った。

一番星はしばらく黙っていた。そして突然口を開いた。

「今日は夕飯食ったら、もう一度出してください。全面自供します」

逮捕から三五日。「否認の神様」が初めて落ちた。

酒井の人情に触れて、一番星も心を許したようだった。

しかし、逮捕状の容疑を読むと、

「分かりません、もう一回言ってください」

と首をひねった。

「なんだ、気が変わったのか」と一瞬疑ったが、そうではなかった。

「何百件もやってますから、いちいち覚えちゃいられません。とりあえず認めるという調書だけ取ってください」

その後、彼は余罪をすべてしゃべった。

犯行現場は自宅からせいぜい一〇キロメートル圏内。

「あらゆる裏道を知っているから、逃げ切れる自信がありました。盗みを終え、家が近いと泥棒スタイルから早く着替えられるので安心もありました」

前回刑務所を出た時に、警察に捕まらないためには、三つのことを厳守しようと心に決めたのだという。

① 共犯者をつくらない。
② 物品に手を付けない。
③ 外の女をつくらない。

「警察の尾行は分かっていましたけど、落ち着いて、なるべく後ろを振り向かないようにしていました。ちょっとのスキに身を隠して尾行をまいて、盗みをしていました。私は何回となく警察に捕まってきました。そのたびに、少しずつ勉強しています。今回の尾行は目立つ人二人ぐらいを前面に出して、うしろに目立たない人を配置しているのが分かりました。

でも失敗は働いていなかったことと、一度使った道具をずっと持ち続けたことです。それと、ブツには手を付けないという決まりが守れなかったことです。わいせつ写真です。それが失敗でした。ブツを盗んでも捌くのが大変です。たくさん持っていると言い訳もできません。絶対にブツには手を出さないと誓っていたのですが……。写真ぐらいならと甘く見たのが失敗でした」

難事件の捜査の過程で、局面を打開するために新たな捜査手法が編み出された。捜査員が知恵を出し合った結果である。そして、ホシであっても相手のことを気遣う刑事の人情が「否認の神様」の心を溶かしたのだった。

しかし、彼は「足を洗う」とは最後まで口にしなかった。

「今回また勉強しました。今まで警察がやってきたことは今後、私には通用しませんよ。警察は私に対して、新しい手を考えてこなければなりませんね」

自信なのか、過信なのか……。いずれにしても懲りない男である。

絶対にあきらめるな、緊張感を失うな

都内で高所狙いの空き巣が頻発したのは、昭和五三年の暮れからだった。マンション屋上から樋やひさし、物干しなどを伝ってベランダに飛び降りる、猿のように身軽な怪盗だった。昭和五四年一〇月、捜査三課は盗犯情報四〇四号に指定し、目白、富坂、巣鴨、滝野川、王子、赤羽各署とともに共同捜査本部を設置した。その時点で被害は八一件、被害総額六四〇〇万円に達していた。

被害品の腕時計について重要品触れを手配し、目撃者に写真面割りをお願いしたが、当たりはない。手口捜査からもこれという常習者は出てこない。どんなやつなのか、一向に姿が見えてこない。

土地カンのある泥棒約五〇〇人をピックアップし、ひとりひとりつぶしていった。身辺捜査とひと口に言うが、これは並大抵の苦労ではない。張り込み、尾行でシロクロを判断するのだが、長い場合は数か月、短くとも一週間はかかる。ここでリストから漏れてしまえば、もう一度容疑者リストに復活させるのは難しい。だから徹底的な捜査が求められる。五か月で一〇七人の常習者がシロと判断された。それでも怪しい男は浮かんでこない。

昭和五五年三月八日、都内の銀行で現金一〇〇〇万円が盗難に遭う事件が発生し、共同捜査本部の人員が減らされることになった。

もはやここまでか。いやそんなことはない。どこかに突破口があるはずだ。見落としがあるはずだ。

共同捜査本部には所轄から経験の浅い、若い刑事が送り込まれることが多い。勉強してこい、という刑事課長の親心もある。彼らは本部の捜査員にもまれて、一人前の刑事に育っていく。酒井は彼らにいつも言っている。

行き詰まったら、現場に戻る。みんなで必死になって考える。ベテランも若手もない。何かいい知恵はないか。絶対にあきらめるな。緊張感を失うな――と。

容疑者の姿が見えないまま、被害はすでに一〇〇件を超えた。だが、やつはいい気になっている。いずれぼろを出すに違いない。そのときこそがチャンスだ。そのときのために、こちらの士気を衰えさせてはならない。緊張感を持続させなければならない。数少ないチャンスを確実にものにする。そのためには目配りを怠らないことだ。

捜査は突然大きく動き出した。

王子署の警察無線が緊迫した声を上げたのは、一〇〇〇万円盗難事件から一週間後の三月一五日夜のことだった。

五方面系の無線ががなり声を上げた。

泊まりの席には一人の若い刑事が座っていた。王子署から共同捜査本部に派遣され、酒井のチームに加わっている刑事である。彼らも宿直だけは署に戻る。

転落事故の一報のようだ。隣の滝野川署管内だ。ビルから男性が落下し、病院に運ばれたという。刑事は無線に耳をそばだてた。

もしかしたら、おれたちが追っている泥棒かもしれない。時間帯もいい。やつかもしれない。そう思うと、眠気が吹き飛んだ。

滝野川署から派遣されている刑事に連絡を取って、現場に向かってもらった。

男は四階のベランダから落ちたものの、途中の屋根にひっかかったために奇跡的に助かったという。現場にはバールが落ちていた。足跡も一致している。

刑事は酒井に電話をかけた。

「主任、当たりです。安心してください」

ホシはベランダに飛び移ったものの、窓ガラス越しに家人と目が合い、あわてて手を離して真っ逆さまに落下したようだった。

一か月後、男は退院した直後に逮捕された。捜査開始から半年が経っていた。

「ぼやっとして泊まっていたら無線に気がつかなかっただろう。捜査が行き詰まっていても、若い刑事は緊張感を失っていなかった。油断していなかった。だから無線に反応できた。若い刑事はおれが教えたことをきちんと覚えていてくれた」

酒井は若手が機転を利かせてくれたことが何よりもうれしかった。

捜査は個人プレーだけではうまくいかない。重要なのは組織捜査である。酒井はそう信じている。しかし同時に、その前提にあるのは一人ひとりの刑事の力であるとも語っている。所轄の若い刑事が現場で鍛えられ、一段とたくましくなって署に戻っていく。それは共同捜査本部という組織捜査の醍醐味の一つでもあるのだろう。

組織捜査の前提には個人の力がある。酒井はそう言いたいのではないだろうか。

答えは現場にある

体感治安は悪化しているという。

一時期二〇パーセントを切った検挙率も抑止策が功を奏して、刑法犯の認知件数は減りつつある。それにもかかわらず国民の不安は増大している。

一体なぜだろう。外国人犯罪が席巻した記憶がまだ生々しいのかもしれない。凶悪犯罪の連鎖、インターネット時代の新型犯罪の登場、不可解な少年犯罪……。理由は様々であろう。その一つは、国民が犯罪を身近に起きるものと感じているからである。かつてのピッキングがそうだったように、いつ自分が被害者になるか分からない、と真剣に考える人が増えたのである。

身近な泥棒被害が収まらないとするなら、住民は不安におびえる日々を送らなければならない。まだ捕まらないのか。いったい警察は何をやっている。なぜ野放しにしているのか。居直り強盗や凶悪事件に発展する可能性だってなくはない。そうした不安がやがては警察に対する不信につながることもあり得る。その不信が、国民の体感治安をさらに悪化させることになる。

もちろん警察も手を拱《こまね》いているわけではない。必死で捜査をしている。しかし、手口捜査でも、聞き込み捜査でも、ナシ割り捜査でも犯人像が浮かばない。いくら手を尽くしても被害が増える一方だとすれば……。

悪夢ではあるが、言い訳は一切効かない。警察がなすべきこと。それは、とにかく犯人《ホシ》を割り出して逮捕することである。答えを出すことである。

そうでないと、住民の不安は解消しない。犯罪発生の抑止も大切なことだが、悪いことをした人間を捕まえ、罪を償わせる。当たり前のことができてこそ、初めて信頼が回復される。そのための捜査力である。そして、それを支えるのは刑事の力であることは言うまでもない。

いかに犯人を追いつめるか。

人情刑事・酒井は自らの警察人生をその一点に賭けてきた。手掛かりが全くなく、無駄とも思える捜査を重ねるしかなかったこともあった。ひとかけらの可能性に賭けて。徒労に終わったことも何度あったことか。すべてが裏目裏目に出て、前途に希望が見えなくなり、ため息を漏らしたことも一度や二度ではない。

それでもあきらめることは許されない。たとえ無駄かもしれないと思っても、何度も何度も挑戦する。失敗してもなお、次の手はないかと煩悶する。犯人を追いつめるとは、捜査とは、そういうことなのだ。どんな過酷な環境が待っていても、ただひたすら前に進むしかない。

そんな刑事たちを支えるのは信念なのだという。

「すべては現場。答えは現場にある」

と酒井は断言する。

都心で同一手口と見られる雑居ビル荒らしが頻発したのは、昭和五三年一月からだった。ビルの隣には工事現場がある。足場が組まれ、ブルーのシートがかけられている。犯人は足場をのぼり、隣接のビルの窓ガラスを割ったり、無締まり窓から侵入しているのである。シートが目隠しとなり、外部から姿を見られることはない。

盗犯情報三〇四号に指定され、その年の七月二一日、万世橋署に共同捜査本部が設置された。

だが、手掛かりはほとんどない。手口捜査も難航し、ようやく犯人を逮捕したのは翌五四年の五月九日だった。

「行き詰まったら、現場を何度も何度も洗い直す。何か見落としはないか、手掛かりを忘れていないか。被害者から聞き漏らしたことはないのか。再臨場がいかに大切か。それを改めて思い知った事件だった」

捜査は二転三転した。

その経緯を酒井が振り返る。

工事現場の足場を使って隣のビルに侵入するのは、シートが目隠しになっているからだ。無人の雑居ビルではゆっくり仕事ができる。ホシは金庫を寝かせた後、バールで鍵をこじあけ、現金から貴金属類までごっそり盗み出している。しかし、盗品を処分している形跡はない。まずは手口捜査の出番である。

土地カンのある雑居ビル荒らしは二三五人。その中でも最も疑わしい常習者の的割り捜査がスタートした。二人一組の刑事が二交代制で、午前五時から午後一〇時まで張り込み、尾行を行う。しかし、動き出す気配がない。どうやらはずれのようだ。

共同捜査本部が設置されて一か月後、上野署に六一歳の事務所荒らしが逮捕された。雨樋を伝って雑居ビルに忍び込んだが、非常ベルが鳴って警察官に逮捕されたのである。年齢に似合わず身が軽い。これはかなりいい線だ。酒井が取り調べたが、やはり三〇四号ではないようだ。

空振り続きの間も、都心では被害が続いている。現場からは犯人のものとみられる血液が採取された。鑑定の結果、O型と判明。二人とも血液型が違うことが分かり、容疑線上から完全にはずされた。

洗い直しである。二三五人の中から一〇七人に絞り込み、そのうち何人かを的割りにかけて尾行を続行する。が、これという成果はない。足跡、遺留指紋からも有力な手掛かりはつかめなかった。

捜査は暗礁に乗り上げた。その間も新聞は「都心に軽業小僧出没」などと報道し、「まだ捕まらないのか」と刑事部幹部は怒り心頭に発している。

それでも酒井はあきらめない。行き詰まったら現場に戻る。これが鉄則だ。同一手口と判断された現場をすべて再臨場するのである。

動態調査は犯行時間に近接した時間帯の通行人、通行車両に当たって目撃情報を集める捜査手法である。何日か続けると、思わぬ目撃者が現れることがある。殺人事件では必ずといっていいほど登場する手法だが、窃盗捜査では珍しい。しかし、酒井は被害現場の臨場の際にも動態調査を積極的に取り入れていた。

酒井が神田の被害現場に再臨場した時のことだった。動態調査を続けながら、雑居ビルの前に設置されたわいせつ雑誌の自動販売機がふと目に入った。

もしかしたら……。裏を見てみると、連絡先が記されている。わいせつ本ならば昼間堂々と入れ替えできないだろう。集金も深夜に行われるのではないか。

連絡先に問い合わせてみるか。

会社に電話をすると、担当者がつかまった。

「ええ、あの夜は自販機の入れ替えをしました」

しめた。当たりかもしれない。

「何か変わったことはなかったですか」

と酒井が尋ねると、「実は……」と担当者が切り出した。

あの夜、自販機の本を入れ替えている時、ガチャンという音とともに何かが落ちてきた。袋のようである。「何だろう」とじっと見ていると、ビルの工事現場から男が飛び降りてきた。袋を持って男は走り去る。担当者は不審に思って後を追った。

すると、暗闇から車が急発進してきた。男が乗ってあわてて逃げたようだった。

担当者はスバルだと証言した。車に詳しいので、エンジン音で分かるという。ナンバーも覚えていた。

証言が確かなら、犯人特定の決め手になる。共同捜査本部は色めき立った。

しかし、いくら調べても所有者に不審な様子はない。事件との関係はないのか。

そこまでだ。所有者の身辺捜査はいったん中断されることになった。

一方、別の現場を再臨場した結果、さらに新しい事実が発掘された。

届出のほかにも被害品があったことが分かったのである。

被害届にはなかったが、電信電話債券が盗まれていた。ほかの現場も再臨場してみると、金庫に入っていた電信電話債券が盗まれていた。これは現金化される可能性がある。酒井は電々公社を通じて金融機関に手配を依頼した。

昭和五四年になり、捜査は再び膠着状態に陥っていた。その間も手口捜査で浮かんだ容疑者の尾行は続いている。浮いてはつぶれ、浮いてはつぶれ。これはという有力容疑者は一向に浮かんでこない。

「男が電信電話債券を持ち込んだ」という連絡を金融機関から受けたのは、その年の四月二一日のことだった。自分の当座預金に金を入れるように要求したという。

早速身辺捜査が開始された。なんと乗用車はスバル。ただし所有者ではない。兄から借りたものだった。ナンバーは神田の目撃者の証言と二か所違うだけだった。

五月九日、酒井は逮捕状を持って、男の自宅に向かった。男は掘りごたつに座ったまま動かない。おかしい。ピンと来た。

こいつは何か隠してるな。

「立ってみろ」と肩に手を置いた。

刑事がこたつの床をはがす。土中にはカメが埋まっていた。

電信電話債券、貴金属、金塊、そしていかにも高価そうな磁器類……。金庫から盗んだお宝がその中に入っていた。

男は妻子には電気の夜間工事と偽り、毎晩作業着に着替えて家を出ていた。帰宅は朝方。風呂に入ってから寝るのが常だった。妻子は泥棒で生計を立てているとは思ってもいなかった。なにしろ毎月給料袋に入った金を受け取っていたのだから。真面目な勤め人と信じ切っていた。

車には電気工事の道具が一式積まれている。金庫を破るバールがあっても疑われることはない。ビルの明かりが消えるのを車の中で待っていて、警察に職務質問されることもたびたびだった。しかし、「これから夜勤です」と疲れた顔で言うと、警察官からは「ご苦労さん」とやさしい声をかけられるだけ。あやしまれたことは一度もなかったという。

余罪は一六五件、被害総額一三〇〇万円にのぼった。

「臨場は一度きりでは駄目だ。何度も何度も再臨場する。被害者にも繰り返し会って話を聞く。現場には必ず新しい発見がある」

と酒井は繰り返す。行き詰まったら現場に戻る。再臨場である。どこかに見落としがないか。被害者だけでなく、周辺の聞き込みをもう一度やってみる。

あきらめてはいけない。打つ手がなくなったら、現場に帰る。現場にこそ答えがある。

酒井の強い思いが伝わってきた。

小さな獲物でも、神経を研ぎ澄まさなくちゃいかん

目を閉じると、子供のころの原風景が浮かんでくる。

一面の雪景色。見上げると、水墨画のような趣の鳥海山がそびえ立っている。秋田県と山形県にまたがる標高二二三六メートルの活火山である。

日本海に注ぐ子吉川に近い、八〇戸ほどの集落。茅葺き屋根の家々の前の細い道は、前夜に降り積もった雪で埋まっている。子供たちの通学の前には、大人たちが踏み俵でやわらかな雪道を固めるのが朝の日課だ。

自宅の裏には雑木林が広がっていた。

休みの日の朝、降り積もった雪に小さな体が埋まりそうになりながらも、子供たちは懸命に前に進もうとしている。幼いころの自分もその中にいる。雪上に点々と続く小さな足跡。ウサギ道

だ。雑木林には前日のうちに針金を輪にしたわなを仕掛けておいた。果たして獲物はかかってい
るだろうか。

子供たちから歓声が上がった。わなにはウサギがかかっていたのである。
やった。大成功だ。今日は兄貴と一緒にごちそうだ。囲炉裏では肉は焼かない。外の小屋で七
輪にかけて食べる。

当時は身近に鉄砲をかついだマタギもいた。子供ではあっても、一人前のハンターのつもりに
なっていたのかもしれない。遊びとはいえ、獲物をとった時の喜びは大きい。わなの出来と仕掛
ける場所が成功の鍵になる。だからこそ、子供たちは必死になって頭を使ったものだった。

明日の雪はどのくらい降るだろう。どこに仕掛けようか。もっといいわなは出来ないものか。
ウサギに気づかれないためにはどうしたらいいのだろう。ああすればいい、こうすればいいかも
しれない……。

長い冬の一日、兄や弟たちと相談しながら、そんな思いを巡らせているだけで楽しかった。中
学生になったころにはもうすっかり一人前だ。ひと冬に三〇羽は獲って自分でさばいたものだっ
た。

神奈川県警捜査三課の元中隊長（警部）である佐藤栄治郎は秋田県由利本荘市に生まれた。
二〇〇五年に合併する前は由利郡由利町である。

五人兄弟の次男。鳥海山のふもとにある雪深い地の米農家が豊かであろうはずがない。子吉川
はかつて暴れ川であった。幼いころには、川の氾濫で実りの季節を迎えた稲が全滅したことも
あった。

橋が流されると、船で川を渡って学校に行かなくてはならない。一度鉄橋を走って、汽車に轢かれそうになったこともあったという。わずか数メートルまで迫ったところで急停止したのである。

佐藤は厳しい自然の中で、たくましく伸び伸びと育ったようだ。

「獲物に気づかれないようにわなを仕掛けるのは結構難しい。ウサギに気づかれないように周囲を枝でカモフラージュしたり、月の光に照らされても反射しないようにワラで黒くなるまで焼いたり。川で魚やドジョウを捕るのだって頭を使わないと。小さな獲物に向かうときでも、神経を研ぎ澄まさなくちゃいかん。子供心にもそんなことを感じていました。刑事になって、獲物が泥棒になったとしてもそれは同じですよ」

佐藤はそう言って、にこりと笑った。

釣りが「フナに始まってフナに終わる」と言われるように、刑事は泥棒に始まって泥棒に終わるのだという。盗犯捜査は刑事の基本であり、奥が深い。すべての捜査に通じる、という意味である。

佐藤の盗犯刑事歴は三五年以上。うち県警本部の捜査三課には三〇年在籍した。彼は後輩に捜査の極意を問われた時、いつも「狩り」に例えるという。

「先に相手に気付かれれば逃げられる。百獣の王のライオンだって風下に立ち、後方から音を立てずに忍び足で近づき、瞬時に捕らえる。泥棒を捕まえるのにも創意工夫と努力が必要。どんな釣り名人でも、魚がいないところでは獲物を釣り上げることができない。魚がいてもエサが悪かったり、仕掛けの出来がおそまつだったりすれば釣れない。

プロの泥棒も同じ。彼らを捕まえるには基本に忠実に、地道な捜査をするしかない。ただしなめちゃいけない。いつも緊張感を持っていなければ。ホシは必ず逃げようとする。証拠を隠滅しようとする。そのことをいつも忘れてはいけない。必要なのは、正しく恐れること。だから図上訓練、装備の点検が重要だ。少しの油断があっても、ほころびが生まれる。狩りと同じ。手負いにしないように一発でしとめないと、二度目は難しい。

どんな小さな獲物であっても全力を尽くす。神経を研ぎ澄ましていなければならない。油断があれば失敗する。

大きい事件でも小さな端緒から解決されることがある。捜査はどんなところに手がかりがあるか分からない。手を抜いたなら、好機を見逃してしまう。

ほんのちょっとしたことで捜査が一気に進むことだってある。それも経験がものを言う。小さな端緒、些細な工夫、ふとしたアイデアが大きな結果につながる。だから私は壁にぶち当たったら、巡査の意見にも耳を傾ける。少数意見も吸い上げてアイデアをいただく。

私は刑事には階級がないと思っている。警視と巡査の刑事、どちらが正しいか。それは分からない。どっちが偉いか。偉いのは強い刑事。被疑者を落とせる刑事。ネタの取れる刑事。階級は捜査に通用しない。

迷った時は刑事の基本に戻る。必ず道が見つかります」

これが彼の持論である。

拝命は昭和三六年四月。最初の勤務は戸部署。横浜駅前の交番だった。そこには樺太出身のべテラン警察官がいた。当時五五歳の大先輩である。

職務質問が上手だった。不審者は目をそらせながら脇道にそれようとする。呼んでも聞こえないふりをする。逆に向こうから話しかけてくることもある。警察官に道を聞くふりをすることも。

そんな不審者を見つけたらまず声をかける。職務質問は、臆せず数多く当たれば必ず結果が出る。

大先輩はおかしなしぐさを見せる不審者に自然に接していた。まずはやわらかに「みなさんにご協力していただいていますから」と声をかける。相手は必ず、「何もやってない」「何も持ってない」と逃げようとする。

「申し訳ないですね。でも危ない物を持ってないならご協力お願いします」と笑顔を絶やさない。そして、「いいですか」といつの間にかポケットに手が伸びている。ドライバーやバールを見つけ出すと、近くの交番へ。小さな端緒から大泥棒たちを次々に逮捕していったのである。

平成二〇年の全国の窃盗犯検挙者数は一七万四七三八人。このうち地域警察官による検挙は九割の一五万八〇六四人にのぼっている。万引きなどを抜いた侵入盗犯は一万一〇七九人で、地域警察官のお手柄は五五二七人。これも五割に達している。地域警察官の職務質問は、泥棒検挙に大いに貢献しているのである。

どんなときも手を抜かない。基本に忠実に。彼からは多くのことを教わったという。

大先輩の思い出話で覚えていることがある。

樺太の警察官時代、ホシを護送することになったが、警察署に到達する直前になって、顔を刃物で切られて逃げられたことがあった。

「あと一息という油断が失敗を生むのだ」

彼はそう述懐していたという。

佐藤も大先輩を見習って、不審者の職務質問に精を出した。交番に連れていき、カメラを持っていたら、「どこから持ってきた」とたぐり捜査を行う。製造番号をたどって盗品と判明すれば緊急逮捕である。検問をやったとしても、まともにパトカーの前を歩いてくる犯罪者はいない。その直前に脇道にそれていくやつを押さえる方がはるかに効果的だということも、交番勤務時代に学んだ。

もう一つ、大先輩から教わったことがある。

佐藤は緊張すると、唾液が出なくなってしまう。

そんなときは心の中で「君が代」を歌うんだよ。ゆったりとした調べが心を落ち着かせてくれる、と。

大先輩の教えを、佐藤は今も実践しているという。

戸部署の刑事課に上がったのは、二五歳の時だった。泥棒刑事の第一歩である。

まずは被害届を見て自分の捜査録に特徴を書き込み、一日に何軒もの質屋を回る。盗品を手配する品ぶれもチェックしなければならない。

質屋では台帳を見ながら盗品を探し出す。住所・氏名と製造番号を見る。特に常連以外の新規の客は要注意だ。偽造や被害者の身分証明書が使われるケースもある。これを見破らなくては、盗品は見つからない。

泥棒が質屋に盗品を質入れすることを、刑事たちはグニ込むという。質屋はグニ屋である。グーは五。五十二＝七というわけだ。質と七をかけた隠語なのだという。イチロクとも言われている。

質屋回りに縄張りはない。神奈川県警の刑事が東京に出てきても構わない。その代わりに警視庁の刑事が神奈川の質屋に顔を出しても文句は言えない。

要はどれだけ質屋のご主人と人間関係ができているかである。顔見知りになれば、向こうから「おかしい」と連絡してくれることもある。盗品捜査は実力次第の自由競争なのだという。

盗品からホシをたどる捜査をナシ割り捜査、ぞう品捜査という。駆け出しの泥棒刑事は、佐藤のようにまず質屋や古物屋回りからスタートする。ほかの刑事がまだ動き出さない、朝一番で質屋に顔を出したり、背広や着物などあまりほかの刑事が手を出さないものに目を付けたり、それぞれの刑事が工夫しながら回るのである。

所轄の泥棒刑事の仕事は質屋回りだけではない。被害臨場もある。しかし、捜査車両で乗り付けるなんて余裕は所轄にあるはずがない。鑑識係員の運転するスクーターの後部座席にまたがって現場に向かうのだという。

鑑識の補助員として自分で指紋や足跡を取ることもあった。泥棒だけやっていればいいというわけでもない。所轄はいつも手が足りない。強盗や殺人事件の捜査本部が設置されれば応援にも駆り出される。

「現場に行って、被害届を取って実況見分をするだけではだめ。何のためにやっているのか。当たり前のことだが、すべては犯人検挙のため。所轄の刑事は忙しいかもしれない。でもそこで学ぶことは、自分で絶対に犯人を捕まえてやるという気持ちです」

ホシを泣かせる

佐藤は巡査部長に昇進し、昭和四七年に本部の捜査三課へ異動となった。神奈川県警の捜査三課は課長の下に中隊長（警部）が配置され、その下に班長（警部補）がいた。班はベテラン巡査部長でもっており、彼らはその昔、畏敬の念をこめて「ボースン」と呼ばれていたという。いかにも横浜らしい。船乗り用語で甲板長。彼らは経験豊かで、船の隅々のことまで頭に入っている。陸《おか》のボースンも海千山千の刑事たちの仕切り役だ。ホシを挙げるまでのナビゲーターでもある。時代が変わって、今はボースンという言葉も使われなくなったことだろう。

警視庁の部屋長、デカ長、宮城県警の探偵長はまだ健在だろうか。いずれにしても、軍隊でいうところの鬼軍曹に当たる、古参の巡査部長の存在は実に大きかった。

捜査三課での最初の大仕事は、大物泥棒との対決だった。

相模原署に空き巣の常習者が捕まったのだが、全く落ちる気配がない。取調べの応援が欲しいと本部に署から要請があったのである。

当時の課長は「佐藤をやれ」と命じた。おそらくは駆け出しの刑事なら、落とせなかったとしても、捜査三課の恥にはならないとでも考えたのだろう。決して期待されていたわけではない。こうして佐藤は単身で署に送り込まれることになった。

しかも、相手は四四歳のベテラン泥棒。天涯孤独で、刑務所暮らしは二二年にも及んでいる。

佐藤はといえば三〇歳を超えたばかりの若造である。

「よろしく頼む」と初対面のあいさつをしても、相手は事件についての質問には一切無視を決め込んでいる。手も足も出ない。

泥棒は左手に指輪をはめていた。

「はずせ」と言うと、「お袋の形見。痛くてとれない」とそっぽを向いた。留置場では指輪は取るのが規則だ。石鹼をぬってはずしたが、よくみればエンゲージリングである。盗品だろう。しかし、照会しても品触れには該当がない。今は我慢だ。今追及したところで本当のことを言うわけがない。指輪や事件には一切触れず、毎日世間話に明け暮れるしかなかった。

手口原紙には「愛情に飢えている」とある。前に調べた警視庁の刑事に問い合わせると、「面会もないですから、自分は下着を差し入れてやった」と返事があった。早速試してみたが、同じ手が通じるわけがない。

ただ時間だけはたっぷりある。生い立ちをたどって、彼の話をずっと聞き続けた。

お盆が近い。両親の話になった。

「あんた親が亡くなったというが、墓はあるのか。墓参りはどうした」

「東京のお寺にあります。一〇年前に行ったことはあるが、今は行き方も分からない」

「あんたねぇ。自分じゃ大泥棒と思っているかもしれない。でもおれに言わせれば違う。人生の半分が刑務所。それは向いてないということじゃないか。

そろそろアシ洗ったらどうだ。最初から泥棒になろうとしていたわけでもないだろう。親だって、まさか泥棒になるとは思ってなかったはずだ。このままいくと獄死だぞ。墓参りに行ってないのは親不幸だ。お盆も近い。どうだ、行ってみるか」

佐藤は引き当たりの態勢をとって東京に向かった。もちろん容疑者を連れて。本来はやってはいけないことだが、ここが勝負どころだと腹を決めた。

寺は簡単に見つかった。手錠を洋服で隠しながら墓を探していると、お年寄りの女性とすれ違った。

「○○家の墓は分かりますか」と問うと、お年寄りは「あそこです」とすぐに指さした。

先祖代々の墓である。

容疑者は墓の前でひざまずいた。

「父さん、母さん。長い間ごぶさたして申し訳ありませんでした」

そう言って手を合わせる容疑者に、佐藤は静かに語りかけた。

「さっきのおばあさん、よく墓の場所を知っていたなぁ。何かの縁かなぁ。お父さん、お母さんが引き合わせてくれたのかもしれんなぁ」

自供がないのだから、もとから引き当たりなんてあるわけない。墓参りが終わればまた相模原署に戻るしかない。「すぐには帰りたくない」とホシが言うので、川べりで弁当を買って食べた。

帰りの車の中でホシは黙ったままだった。

翌日、留置係の警察官が「話があると言っている」と伝えてきた。

相手は佐藤の目をまっすぐに見ながら頭を下げた。

「部長さん、すみません。すべて話します」

「じゃあまず聞こう。形見の指輪。あれは違うんじゃないのか」

「なんだ。分かってたんですか。言ってくれればすぐに話したのに」

自供した余罪は七八件にのぼった。新米刑事の人情がホシの心を動かしたのである。

捜査三課の面目も立った。今なら利益誘導だと批判される行為かもしれない。しかし、取調べは真剣勝負である。とともに、駆け引きでもある。相手の琴線に触れることは大切なことだ。

「被疑者を泣かせることは大切なこと。取調べは、おまえさんのためにやっていると分からせる。相手の心に訴える。家族の話、親の話、子供の話……。こっちもしんみりする。人として扱えば心は通じる。被疑者を泣かすことができる刑事は一人前といっていい」

それでも常習者には完落ちはないという。

「いくら面倒を見ても、肝心なところはしゃべらない。心が通じたと思っても、気を許したふりにとどめておいた方がいい。プロの泥棒は捕まったことを失敗したと反省しても、法を犯したことへの反省はしない。盗みも自分の貯金をおろすような感覚。ホシを泣かせても、自分が本当に泣いていてはだめだ」

佐藤もまた、ほかの泥棒刑事たちと同じように「未遂事件の現場が大切」という。

「未遂の現場は何かがあって犯行を中止した。理由がある。目撃者がいるか、遺留品があるか、痕跡が残っている。ドロ逃げの一一〇番では、現場に行くことも大切だが、現場から徒歩や自転車で遠ざかろうとする者、車で走り去る者を捕捉することも重要。刑事はそこまで目配りしなければならない。たとえ誤報であっても全力でやる」

横浜や川崎、都内で幹線道路沿いの会社事務所のドアがバールでこじ開けられ、現金や貴金属、手形などが盗まれる金庫破り事件が相次いだ。その中には国会議員や地方議員の後援会事務所も含まれ、平成五年二月、神奈川県警は指定盗犯七〇号事件として捜査本部を設置した。

佐藤は警部補に昇進し、捜査三課の班長になっていた。警視庁とも連携を取った捜査になったが、犯人はなかなか浮かんでこない。やむなく捜査本部は、関連事件の掘り起こしをすることにした。いくつもの現場をもう一度徹底的に洗い直す。狙いは何か。埋もれた未遂事件の発掘である。佐藤は現場を回った。

平成五年三月一五日に川崎市宮前区で起きた事務所荒らしの再臨場もその一つだった。周辺の被害をチェックすると、同じ日に近くの化粧品店から一一〇番通報があったことが分かった。住居侵入未遂事件である。

午前四時、一階の化粧品店のセンサーの発報で四階の住人が下を見下ろすと、男二人が逃げていく。現場に駆けつけた地域課の警察官は二〇〇メートル先の路上に駐車していた無人の乗用車のナンバーをチェックしていたが、事件とのつながりは薄いと処理されていたのである。佐藤は通報した住人を当たって、警察官が車のナンバーをメモしたようだという話を聞き出したのだった。

車の持ち主は都内に住む元宅配便の運転手。しかし、道路に詳しいだけあって、オートバイ四台、車五台を使って追跡しても失尾の連続だった。

六月二日も元運転手は猛スピードで走行し、尾行の車は途中で見失ってしまった。しかし、それまでに何度か失尾した地域を捜索していると、横浜市保土ヶ谷を回っていた刑事から駐車中の車両発見の一報が入った。すでに日付が変わっている。

捜査員が集結して周辺を検索すると、近くのビルから元運転手が出てきた。共犯者もいる。ビル事務所の金庫からは現金二七四万円が盗まれていたことも確認した。四二日に及ぶ尾行張り込みの結果、五人を逮捕。余罪は六一八件、被害総額二四億七二〇〇万円にのぼっていた。

解決のきっかけは埋もれた未遂事件の浮上であった。

小さなひらめきの勝利

小さな端緒やひらめきが大事件を解決したケースは枚挙にいとまがない。

こんなことがあった。佐藤の同僚刑事の話である。

平成二年二月、横浜市金沢区の金融機関から盗難カードでＣＤ機から金を引き出されたと通報があった。

刑事は瞬時にひらめいた。

「ゴミ箱のゴミを捨てないように」とお願いしたのである。

ＣＤ機のわきのゴミ箱を回収すると、やはり出てきた。被害者の名前で引き出した利用控え券が残っていたのだ。鑑識に回すと、指紋が検出された。

容疑者はすぐに割れた。

ドライバーでベランダの窓を割って侵入する空き巣の常習者である。電話をかけて留守宅かどうか確かめる。特癖欄には「男性愛好者」とあった。刑事は東京のその関係の雑誌社を訪れ、顔写真の掲載をお願いした。しばらくして、沖縄の読者から通報があり、御用になった。

刑事の瞬間の判断が二五都道府県に及ぶ大泥棒の検挙につながったのである。

もう一つ、別の事件を紹介しよう。

空き巣犯が、侵入した家の自転車を盗んで逃げたのを隣人が目撃した。

佐藤は一計を案じた。

同じ自転車に子供を乗せるキャリーをつけて手作りの手配書を駅の周辺に配ったのである。数日後、地域警察官が駅の自転車置き場で発見した。

施錠されている。犯行現場まで乗っていくために置いておいたに違いない、と佐藤はにらんだ。張り込みをかけると、案の定男が現れた。長崎から出張してきた大泥棒だった。JR沿線のいくつかの駅に盗んだ自転車を置いて、それに乗って周辺で空き巣を重ねていたのだという。盗んだ金で、「東京に家を三軒建てられるほどに稼ぎまくった」と豪語し、貴金属は夜の街にばらまいていた。

これもまた小さなひらめきの勝利である。


「刑務所から出所して真面目に働いているようです。クリーニング店の集配車に乗って民家を回り、注文をとっているということです。」

ある男の周辺捜査の報告を聞いて、佐藤はかすかな違和感を覚えた。クリーニングの集配車なら住宅街を回っても怪しまれない。本当に注文をとっているのか。改心したのか、あいつが……。もしかしたら集配車を隠れ蓑に使っているんじゃないか、と。

横浜の住宅街では実際に空き巣の被害が頻発していた。疑ってかかるのは刑事の性《さが》である。戸塚署に捜査本部を置いて、集配車の尾行を始めた。集配車がいつも通る街道に数百メートルごとに拠点を設けて、佐藤が通過の報告を受ける。

「A地点通過、B地点通過、C地点通過、D地点来ません。」。C地点とD地点の間でわき道に入ったに違いない。

全員が住宅街の検索に入った。すぐに集配車が見つかった。誰も乗っていない。キャップの佐藤もじっとしていられなくなって、外に飛び出した。自転車に乗って、一人で住宅街を回ってみる。庭の植木の向こうにちらっと人影が見えた。

あれっ、誰かいる。庭に入ると、ガラスが割れている。その向こうの部屋に男がいた。目が合った。

とっさに体が動いた。室内で取っ組み合いになり、二人とも転がりながら庭に落ちた。

「県警の佐藤だ」

そのひと声で男は静かになった。

読みどおりだった。集配車で街を流しては、留守宅を狙って侵入していたのである。余罪は二五〇件・被害額三〇〇〇万円にのぼっていた。

この男には妙な特癖があった。盗んだ金や貴金属を自分の部屋のあちこちに隠すのである。畳の下や鴨居、押し入れ、下駄箱の奥に粘着テープで貼り付ける。ふすまをカッターで切って中に隠す。釣り竿の中にも指輪が入っていた。

ただ反省していることもある、と佐藤は言う。

ホシを自分一人で捕まえたことがよかったのか、と今も少し後悔しているのである。

「部下の手柄を持ってっちゃったような……。あの時はみんなを呼び集めればよかった」

佐藤の機転で国際的な窃盗団の存在が明るみに出たこともあった。香港や台湾の爆窃団である。彼らは壁をぶち破って貴金属をごっそり盗み出す。二〇年近く前から日本各地を荒らし回っている。

横浜と川崎の貴金属店が爆窃団に襲われたのは、平成六年九月のことだった。

現場にはカバンの遺留品があった。中には、油圧ジャッキ、カッター、軍手、切り出しナイフ、ドライバー、ハンマー、角材、のこぎり……。巻尺も入っていた。油圧ジャッキの先端を尖らせ、角材を土台にして、手動で壁に穴を開けたのである。

鑑識に持ち込んだが、「どこからも指紋は検出されない」という返事だった。

鑑識も職人気質の集団である。しかし、佐藤は「別の方法でやり直してくれ」と食い下がった。

「向こうが職人なら、私も刑事という職人。いやがられても言うことは言う」

佐藤に押し切られ、鑑識が別の方法でやり直したが、結果は同じだった。普通ならこれで終わる。しかし、佐藤はあきらめなかった。なおも考え続けた。そしてあることが思い浮かんだのだった。

「巻尺のスケールは伸ばしたのか」

「いいえ、やってません」

「なんだって、ばかやろう。すぐにやってくれ」

指紋が出た。犯人たちは油圧ジャッキに取り付ける角材の寸法を測るために巻尺を使っていたのだ。本番では指紋が付かないように手袋をしたようだが、下見の時には油断していたのだろう。しっかりとした指紋が三つも検出されたのだった。

　警察庁に遺留指紋として登録してから一か月、大阪の貴金属店を三人組の爆窃団が襲い、逃げ遅れた一人が逮捕された。台湾の男である。府警の調べに対し、「買い物に行くからついてこいと言われただけ」と否認を通した。

　しかし、神奈川県警の遺留指紋と一致した。身柄は神奈川県警に移された。

「犯行にはかかわっていない。外にいた」

　男は見張りをしていただけだと言い張る。

「おまえ、日本では外にいて指示するやつは親分格だ。おまえは主犯なんだな」

　と佐藤は脅しをかけた。

「いえ、ちょっとだけ中に入ったかもしれません」

　爆窃団も意外に情けない。

　総勢六人の爆窃団が割れた。

　台湾と香港の混成部隊である。貴金属をカバンに詰めて香港に送ったが、空港でカバンが破けてこぼれ落ちた。

　このドジがきっかけで、香港警察の捜査で四人が逮捕され、主犯の台湾人も別の窃盗容疑で現地の警察に逮捕された。一年後、警部に昇格し、捜査三課の中隊長になっていた佐藤は台湾に渡った。通訳を介してだが、主犯の男は日本での犯行を認めた。余罪は二五件・被害額五億円相当にのぼった。

「ただ漫然とやっているだけではだめだ。おざなりはいけない。犯人がなぜこれを持っていたのか。何に使ったのか、考えながら仕事をする。それがプロ。下見の油断を見破って、一つの指紋が国際的な大事件の解決につながった。要は、刑事はいつも神経を研ぎ澄ましていなければならないということ」

長い刑事生活の間には失敗もある。

昭和六一年ころの話である。

東京や神奈川、千葉で連続空き巣事件が発生した。盗犯情報五八号事件。宵の空き巣である。そのころ、横浜北部の住宅街が狙われていた。佐藤は手口からある常習窃盗犯の犯行とにらんでいた。

横浜市緑区の主婦から通報があったのはそんな時だった。

犬を散歩させていたら、自転車に乗った男が屋根に石を投げている。何度も何度もぶつけている。おかしい。その通報を受けて交番の警察官が現場に向かった。

警察官の姿を見て、男は走り出した。五、六メートルの崖を飛び降り、田んぼの中を必死で走る。男は足をくじいたようだったが、フェンスを上って栗林を突っ切った。警察官は二〇〇メートル追跡したが、ついに見失った。

ハーフコートと片方の靴が現場に遺留されていた。ポケットにはダンヒルのライターとマールボロのタバコ。タバコの箱からは指紋も検出された。

近くでは空き巣の被害があった。石を投げていたのは留守かどうか、確認していたのだろう。

佐藤が目星を付けた男は前にもこの辺りを荒らしていた。通報した主婦に写真を見せると、「この男に間違いない」と答えた。

念のために男が以前に付き合っていた女性にハーフコートを確認してもらうと、「自分がプレゼントしたものだと思う」という証言が得られた。

あとは指紋で最終確認するだけだ。それで自信を持って逮捕状が取れる。

しかし、とんでもないことが起きた。係員が採取した指紋を紛失してしまったのである。佐藤は怒った。ゴミ箱をひっくり返して捜したが、見つからない。

大失態である。

写真面割りは怖い。だから慎重に、ということは十分に承知していた。しかし、ハーフコートもある。これだけでもいける。そう判断して逮捕状請求に踏み切った。

ひとつミソが付くと、流れは変わるものだ。悪い方へ、悪い方へと行ってしまう。捜査にはそんなことがよくある。事件が解決する時は、いい方向へいい方向へと追い風が吹くものだ。逆の時もあるのだ。

指紋紛失以来、捜査はつきに見放されたようだった。連続発生がピタリと止まってしまった。仕方ない。できることをするしかない。小田急線沿線の駅周辺を一つひとつつぶす。飲食店、銭湯、バーなど駅前の店を片っ端から当たったのである。生活の痕跡はどこかに残っているはずだ。

大和市内のクリーニング店にアシがあった。

「この人でしたらズボンに指輪が入っていたので返したことがあります」

中華料理店では「出前を頼まれた」と証言が得られた。

しかし、アパートは数週間前に解約されていた。電話帳に残った指紋で本人と確認されたが、すでに姿を消していた。ここまでか。佐藤も天を仰いだ。

壁にぶつかった時は、捜査員全員の知恵を借りる。それが佐藤の信条である。

銀行捜査をやったらどうだろう、という意見が出た。

男は札幌に姉がいた。送金しているかもしれない。金融機関に依頼すると、偽名口座から姉の口座への送金が確認された。全国あちこちの支店から札幌の姉の口座へ総額一〇〇〇万円もの大金を送っていたのである。早速、札幌の金融機関に問い合わせると、最近になって五〇〇万円が引き出されたことが分かった。

ついにしっぽをつかんだ。

佐藤は部下とともに札幌に向かった。

近所でひそかに聞き込みをすると、男は近くのビルにスナックを開店するという。愛人がいるようで、大工を頼んで工事中だった。張り込んでいると、まもなく男が一人で戻ってきた。

「神奈川県警だ。分かっているな。すぐに支度しろ」

近くの警察署の一室を借りて取調べが始まった。

逮捕状は持っている。

だが、その支えはといえば、写真面割りである。その怖さは十分に承知している。

人の記憶はあいまいなものだ。頼りにならない、と。だから自供がなければ執行はしないと決めていた。

「何のことですか。警察官に追われたなんて。私は全く知りません」

カンがない。嘘をついている気配はない。目を見れば分かる。だめだ、違う。逮捕はできない。

愕然とした。大失敗だ。誤認逮捕になるところだった。丸太で頭を殴られたような衝撃だった。

しかし、これで引くわけにはいかない。やつは泥棒はやっている。大金を送っているのだから間違いない。何とかしなくては。

佐藤は内心の焦りを隠しながら、覚悟を決めた。

この場で落としてやる、と。

「この件は分かった。しかしなぁ、ほかにもたくさんやっているだろう。観念したらどうだ」

だめかと思ったが、男は落ちた。横浜の空き巣で、家の人に見つかって逃げたと供述した。今度は留守部隊がしっかりと裏付けを取った。

男は四六〇件の余罪を自供した。愛人にスナックを開店させる計画もあきらめた。金の切れ目が縁の切れ目。愛人も去っていったのである。

誤認逮捕はあやうく免れた。危ないところだった。しかし、横浜市緑区で警察官に追われた男は誰だったのだろう。

捜査をイチからやり直す。佐藤はそう決心していた。

それから一か月後、警視庁が一人の空き巣を逮捕した。逮捕歴九回の泥棒である。

この男は横浜市緑区で警察官に追われて逃げたことを供述した。崖から飛び降りて足をくじいた後も松葉杖をつきながら空き巣を続けていたという。こちらも新宿のクラブオーナーと称して、スナックホステスの愛人に毎月三〇万円の手当を渡していた。

二人の空き巣の顔は確かによく似ている。ともに愛人に貢ぎ、最後は見捨てられたのである。それにしてもあやうく誤認逮捕になるところだった。

裁判で写真面割りの信用性が否定されたこともある。

面割りの時に誘導的な言動があった。提示写真の枚数が少ないなど、全体として公正な手法だったとはいえないと判断されたのである。

妥協があったり、おごりがあったり、油断があったり、スキがあれば、こつこつと積み上げてきた捜査を台無しにすることがあることを忘れてはならない。

佐藤は言う。

「写真面割りは怖い。やってはならない失敗をしでかしたからこそ、私はいつも部下たちにしつこいくらいに言っていた。裏取りは徹底的にやれ、と。

裏取りでは妥協は絶対にしなかった。だから、私は部下に嫌われていたと思う。裏取れ、裏取れと言い続けていたから。でも刑事に情けは禁物。真夏や真冬の張り込みでも、最後の五分が我慢できるかどうか。泥棒捜査はそこで決まる。そうでなければホシは捕まらない」

今おれたちがやらなきゃ誰がやる

昭和六三年一二月は病床の昭和天皇の闘病報道に明け暮れていた。昭和天皇は前年の九月に開腹手術を受け、一年後に吐血。「下血」「輸血」という生々しい言葉が、新聞紙面に毎日のように出ている。人々は昭和という激動の時代の終焉を予感し、世紀末にも似た重苦しい空気が、社会の隅々にまで浸透しつつあるようだった。

佐藤は宵の空き巣に目を付けた。民家の窓を割って侵入し、内側からドアチェーンをかけてからゆっくりと仕事にかかる。被害は都内や神奈川、千葉県内と広範囲にわたっていた。

世間の関心は昭和天皇の闘病にしかない。そんな時に「宵空き」一人を挙げたところで、マスコミには見向きもされないだろう。

しかし、これがおれたちの務めなのだ。自分たちの立場で、今できることをするしかない。泥棒一人を逮捕することは、こつこつとためた金を奪われた庶民の敵を討ち、安心して暮らせる社会を取り戻すことである。

今おれたちがやらなきゃ、誰がやる。

それが刑事の心意気である。

藤沢北署に共同捜査本部が設置された。内側からドアチェーンをかけるのは、家人が帰って、ガチャガチャやっている間にトンズラするためだ。時間稼ぎである。

窓の割り方は二点三角、三点四角と自在である。かなり手慣れている。目撃者の証言から、背広にセカンドバッグのサラリーマンスタイル。目元がすっきりした細面の男前である。

佐藤は土地カンのある一人の男の姿を思い浮かべた。似顔絵がそっくりだったのである。その昔、窃盗と放火で扱った男である。しかし、この男は覚醒剤におぼれ、とても泥棒ができるような状況ではなかった。余談だが、この男はその後、窃盗だけでなく、強盗、強姦を繰り返し、平成一〇年八月、大和市内の主婦二人を殺害した事件で、死刑判決が下っている。

ともあれ捜査は振り出しに戻った。

もう一人似顔絵に酷似した男がいた。手口もぴったりだ。

こいつだという確証は何もない。しかし、ほかに手掛かりがない時はとにかく動くしかない。被害の分布を分析すると、ホシは東京から来ているようだ。おそらくは東海道線で横浜駅まで来て、最近はそこから相鉄線に乗り換えている。

ならば、似顔絵に酷似した男の写真を持って駅に張り込むしかない。駅張りである。勝算は薄い。しかし、じっとしているよりはずっとましだろう。辛抱の駅張りが始まって、二か月近くがたっていた。まだそれらしい人物は現れない。やはり無謀なのか。そんな思いがどうしても頭をよぎるが、誰も口にはしない。いったん言葉にしてしまえば、何とか支えている共同捜査本部の士気が崩れてしまう。

一二月一日の読売新聞朝刊には「天皇陛下　相当量の出血　六〇〇CC超す輸血」とある。

その日の午後、佐藤を師と慕う捜査三課の巡査部長・若松強は三人の刑事とともに、相鉄線・横浜駅の人込みの中に紛れ込んでいた。手に持った写真の顔は頭にたたき込まれている。

改札から構内に流れ込む乗客の顔をいつものように一人ひとり確認する。大都会の雑踏の中からたった一人を探し出すことは、広大な砂漠の中から一粒の砂を見つけるに等しい。可能性が小さいことは十分認識している。しかし、万が一にもやつが改札を通るなら、見逃すわけにはいかない。彼らは改札を通る乗客の顔を追い続けた。

あれっ。あいつ……。

写真の男が若松の目に飛び込んできた。

やつだ。カーキ色のトレンチコートを着込んでいる。もう一度目を凝らした。間違いない。ほかの三人に目で合図を送り、あとを追って電車に乗り込んだ。車内はかなり込んでいる。やつは警戒の素振りも見せない。まだノーマークとタカをくくっているのだろう。郊外の住宅街の駅で降りても、後ろを振り向かない。

若松は名刺に「応援を頼む」と走り書きして駅員に渡し、

「県警に連絡してほしい」

と伝言を託した。

実は、若松の意図はほかにもあった。

ホシの動きを、警察官以外の人に印象づけることも大切なことなのだという。警察官だけでなく、一般人の証言があれば客観性が担保される。令状請求や公判の時にも役に立つことは間違いない。言葉は悪いが、一般人を巻き込むメリットは大きいのだという。

さすがは佐藤の弟子である。抜かりがない。

刑事四人は男のあとを尾行した。大きな屋敷がゆったりと並ぶ住宅街はもう闇に包まれている。しかし、見通しが良すぎる。男が大きな住宅の前で立ち止まった。周囲を見渡している。刑事たちはあわてて物陰に隠れた。

若松は庭に入り込む人影を確認した。

仕事にかかる。やるぞ。

四人で屋敷を取り囲んで、じっと待ち構える。外に出たら飛びかかる手はずだ。千載一遇のチャンスだ。だが、なかなか男は出てこない。あっと思うと、隣家の玄関前で影が動いた。いつの間にか屋敷を抜け出していた。刑事たちがあとを追う。ここまで来て逃げられたらどうしようもない。こんな幸運は二度と訪れないかもしれない。

刑事たちが一斉に走り出した。

ひとりの刑事がコートの袖をつかんだ。男が振り返る。間違いない。写真の男だ。しかし、次の瞬間、男が押しつけたバッグで刑事が転倒した。男は脱兎のごとくに走り去る。やがて後ろ姿は闇の中に溶け込んでいった。

逃げられた。せっかくの幸運を逃してしまった。刑事たちはその場に倒れ込んでしまった。

確かに痛い失敗だった。しかし、物は考えようである。男は屋敷から、現金七〇万円と株券を盗んでいた。刑事が現認したことで、窃盗容疑の逮捕状がとれたのである。駅張りも間違っていなかった。もう一度気力を振り絞ろう。そして失点を取り戻そう。

佐藤は意気消沈の刑事たちにハッパをかけた。

「もう一度駅張りだ。やつは必ず動く」

佐藤にはもう一つ気がかりなことがあった。警視庁や千葉県警もやつを追っている気配があるのだ。これは競争になる。ここまで追いつめたのだから、なんとしても身柄はうちのものにしたい。

しかし、一二月一五日に関東管区警察局で調整のための会議が開かれることになった。神奈川県警、千葉県警、警視庁の協力態勢を徹底するためである。

そうなれば、ホシをもっていかれてしまうかもしれない。もう時間はない。その前にやれるだけのことはやっておこう。

縄張り意識なのかもしれない。しかし、おれたちは神奈川県警だ。警視庁には負けない、という強烈なライバル意識が時に大事件の解決にもつながる。ホシはおれがとる。その気持ちこそが、刑事の力の源泉である。

最後の最後まで駅張りを続ける。

一二月一四日の読売新聞は昭和天皇が、昨日も四〇〇CCの輸血を受けたことを報じている。昭和という時代は終焉に向けて時を刻み続けている。

その日、若松は東京駅の東海道線ホームの雑踏の中に立っていた。階段を上がってくる乗客の顔を追っているのである。東京駅には五組一〇人の刑事が張り込んでいた。

最後の勝負である。明日には管区の会議が控えている。

まさか、こんな僥倖があるとは……。だれも予想だにしていなかった。

若松は目を疑った。しかし、エレベーターを上がってきたのは紛れもなく、写真の男だ。二週間前に取り逃した男である。男はホームを歩いて、ベンチに腰を下ろした。

若松と相棒が両脇に座った。

名前を呼ぶ。

男はぎょっとした表情を浮かべた。返事はない。

間違いない。男はそのまま共同捜査本部のある藤沢北署に連れていかれた。

数日後、男は自供した。

「刑事さんに追われて、必死で逃げたんですが……。疲れ切って、動けなくなってしまったんですよ」

熱を出してしばらく都内の自宅で寝ていたが、体調がようやく戻ったので、「久しぶりに仕事をしよう」と二週間ぶりに家を出たところだったという。

まさにその日、東京駅で逮捕されたのである。

奇跡だった。それを呼び込んだのは刑事たちの執念である。何があってもあきらめない。失敗すればもう一度やり直す。何度も何度も。それが刑事の力なのであろう。

「どんな小さな獲物に向かう時でも、神経を研ぎ澄まさなくちゃいかん」

佐藤は何度も繰り返した。幼いころのうさぎ狩りの思い出を振り返りながら。

逆境にあっても努力を怠らない者だけに、幸運の女神が微笑みかける。できることはすべてやる。それが奇跡を呼び込む。犯人逮捕につながる。

名刑事はそう言いたかったのかもしれない。

余罪は関東一円で三〇〇件以上にのぼった。

年が明け、刑事たちはホシを連れて連日のように引き当たりに出ていた。

昭和天皇が一一一日の闘病を終え、皇居で静かに息を引き取られたのは一月七日だった。時代は昭和から平成へと移り変わっていた。

あとがき

日本の地盤沈下がおさまらない。

「ジャパン・アズ・ナンバーワン」とかつて讃えられた経済大国は、ふと気がつけば長引くデフレにもがき苦しみ続けている。社会のあちこちに深刻な格差が広がり、今や年収二〇〇万円以下のワーキングプアは一〇〇〇万人に達するという。奇跡と言われた高度成長を経て豊かな社会が実現したはずなのに、一転して今や「貧困」が蔓延し、若者たちは輝かしい未来を思い描くことができなくなってしまった。

戦後の繁栄の礎を築いたものは「ものづくり」であったことに異論はないだろう。職人の匠の技とプロ意識こそが、日本を経済大国へと導いたのである。

職人は厳しい修業時代を経て一人前となる。

しかし、その間師匠が手取り足取り指導してくれるわけではない。技とは盗むものだからだ。師匠の動きを見て、何度も何度も失敗を繰り返しながら確かな仕事をその腕に覚え込ませる。師が教えるものは技術などではない。その道一筋のプロの厳しさ、仕事にひたすら向き合う心構え……。職人としての生き方を弟子に伝えることこそが、実は師匠の最も大きな務めなのだという。

職人の心とは愚直に日々の務めを積み重ねること。その心を受け継いだならば、長い歳月をかけて、自らの技を現場で鍛えていくしかない。挫折や失敗も含めて、現場で血のにじむような経験を積んだ者だけに、プロと呼ばれる資格が与えられるのである。

伝説と呼ばれる刑事たちを取材しながら、いつも同じ思いにとらわれていた。彼らもまた、ものづくりと同じように職人の世界に生きているのだ、と。

スリの新米刑事は師匠となったベテラン刑事の背中を追い続ける。しかし、師匠は「教えるものはない」と突き放す。弟子は師匠のあとを必死で追いかけるしかない。何足、何十足もの靴をすり減らし、やがてスリの「けもの道」が見えるようになる。その道をたどって、通勤客や買い物客に紛れ込んだスリを探し出す。獲物を狙ってわずかに落ちる目を拾うのである。スリ眼を見破る技は何年もかかって自分の力で会得するしかない。毎日毎日の積み重ねの末に、一人前の刑事が誕生する。

ここでも、師匠が弟子に伝えるものとは、刑事としての生き方そのものなのである。ひとつの妥協も許されない。ホシを追いつめるにはどれほどの覚悟が必要か。師匠は自分の背中でそれを教える。

まさに職人の世界ではないか。

現役記者の時代から、そんな刑事たちの物語を書きたいと思っていた。

私自身、長い間警察記者、つまりはサツ回り記者を続けてきた。世間の耳目を引く殺人事件や汚職事件は新聞でも大きく取り上げられる。しかし、泥棒やスリが新聞で大扱いされることはまれだった。サツ回り時代は派手な殺人事件の取材に追われ、窃盗事件をじっくりと取材したことはなかった。

しかし、泥棒捜査は刑事の基本である。「刑事は泥棒に始まって泥棒に終わる」と言われるほどである。

本書の中でもある刑事がこう語っている。

「殺しには動機がある。詐欺は面接犯。泥棒は何もないところから捜査をスタートしなくちゃならない。そのうえ徹底的に否認されたら打つ手がなくなる。ゼロからホシを浮かび上がらせて、尾行や張り込みをしてやっと捕まえる。そして否認させないようにがっちりと余罪を固める。相手はプロの泥棒。たえず警戒をしている泥棒を追うのは難しい。そこには捜査の基本がすべて詰まっている」

確かに派手さはないかもしれない。しかし、それは命を賭けた真剣勝負の舞台であった。泥棒刑事は現場に立つと、「無形の遺留」を探る。手口や特癖から犯人を推理する。日本警察の父といわれた川路利良大警視が語った「姿なきを見て、声なきを聞く」である。現場を何度も何度も踏むことで、普通の人の目に見えないものが見え、聞こえないものが聞こえてくるのだという。

「答えは現場にある」と断言した伝説の刑事たちはすでに第一線を去っている。時代の変遷の中で、刑事の世界も、泥棒やスリの世界も変わりつつあるという。

本書の中にも、「最近の若い者はちょっと怒鳴るといなくなる。辛抱がない。この仕事ももう終わりかもしれない」とため息を漏らすスリの親分が登場する。「いい泥棒がいい刑事を育てるものだ。昔はよかった」と振り返る刑事もいた。スリの後継者はともかくも、刑事の熟練の技が途絶えるようなことがあってはならない。時代とともに変わるものも確かにある。しかし、変えてはいけないものもあるはずだ。

本書は平成二〇年四月から平成二二年三月まで続いた「捜査研究」（東京法令出版）の連載「刑事《デカ》の視点――伝説の刑事の事件簿――」をまとめたものである。その間、毎日のニュースを扱う新聞の世界に身を置いていたのだが、日本の衰退ぶりを実感することがなんと多かったことか。そしてそのたびに、一途な生き方を貫く刑事たちの姿が浮かんだものだった。

プロとしての誇りと信念、職人技の伝承……。これらは「ものづくり日本」復活のキーワードでもある。そうであるならば、伝説の刑事を追うことは大きな意味のあることではないか。そう信じて取材を続けてきたつもりである。

伝説の刑事の物語はまだ終わったわけではない。今もなお、全国には真剣勝負に賭ける刑事たちがいる。私はこれからも彼らの背中を追い続けたいと思っている。職人の心意気こそが、日本の元気を取り戻すカギになると信じて。

最後になったが、東京法令出版の編集者・植村大祐氏には連載当初から大変お世話になった。この連載を始めたきっかけは、同じく東京法令出版の関良幸氏から北海道時代に「ぜひ刑事物語を残してもらいたい」と言われたことだった。その言葉に今、とても感謝している。また取材に応じていただいた全国の刑事たちにもこの場をお借りしてお礼を述べたい。

平成二二年四月

三沢　明彦

著者略歴

三沢　明彦（みさわ　あきひこ）
1956（昭和31）年生まれ。早稲田大学政経学部卒。'79年に読売新聞社へ入社し、横浜支局を経て、社会部に配属。警視庁捜査一課担当を始めとして、警視庁クラブキャップ、警察庁クラブキャップ、社会部デスクを務め、犯罪事件と捜査現場を長年取材する。
著書に『捜査一課秘録』（新潮文庫）など。

本書に関するご意見、ご感想はメールにてお寄せください。
police-law@tokyo-horei.co.jp

刑事眼《デカガン》 —伝説の刑事の事件簿—

平成22年5月28日　初版発行
平成22年6月10日　初版2刷発行

著者　三沢明彦
発行者　星沢哲也
発行所　東京法令出版株式会社

112－0002　東京都文京区小石川5丁目17番3号　03(5803)3304
534－0024　大阪市都島区東野田町1丁目17番12号　06(6355)5226
060－0009　札幌市中央区北九条西18丁目36番83号　011(640)5182
980－0012　仙台市青葉区錦町1丁目1番10号　022(216)5871
462－0053　名古屋市北区光音寺町野方1918番地　052(914)2251
730－0005　広島市中区西白島町11番9号　082(516)1230
810－0011　福岡市中央区高砂2丁目13番22号　092(533)1588
380－8688　長野市南千歳町1005番地
〔営業〕TEL 026(224)5411　FAX 026(224)5419
〔編集〕TEL 026(224)5412　FAX 026(224)5439
http:// www.tokyo-horei.co.jp/

ISBN978-4-8090-1236-5